日本史籍協會編

島津家書翰集

東京大學出版會發行

緒言

書翰ノ史料トシテ、重要ナル價値ヲ有スルコトハ、今更ニ贅言ヲ要セズ。本會ハ普ク諸家ノ尺牘文書等ヲ渉獵シテ、其優秀ナルモノヲ蒐集シ、書翰集ヲ編纂セントシテ先ヅ本書ヲ刊行セリ。猶搜索蓄積ノ結果累次之ヲ刊行セントス、必ズヤ史界ノ幽光ヲ闡クニ就テ貢献スル所大ナルモノアルヲ信ズ。

大正十二年三月

日本史籍協會

島津家書翰集　目次

目次

書翰集卷之一

一多喜樂春院へ韓晟ノ假面兒戲畫ノ懸物ヲ賜フタル事實

湯前精一郎ノ書翰寫

樂春院ノ箱書寫

右韓晟ノ懸物ハ樂春院ノ孫多喜晴之助ナル者家政困頓ノ爲メ先年當時日本橋區本銀町黑岩靜山(淺田宗伯ノ弟子ナル由)ナル者ニ典シテ三拾圓ヲ借レリトゾ現ニ黑岩之ヲ所藏ス

湯前精一郎ナル者ハ鹿兒島縣鹿兒島郡上伊敷村二百三十九番戸ニ住セリトゾ年齒ハ凡六十才位ノ者ナリト云フ

多紀代々ノ本住ハ日本橋區矢ノ倉(當時村松町ト云フ)ニ住居セリトゾ

多紀ハ本姓ハ丹波氏丹波康賴(典藥頭ナリシ人ナリ)ノ末孫ニテ丹波國多紀郡ニ住シテ氏トス現戶主晴之助迄四十五代ノ舊家ナリトソ公家中錦

小路家トハ同祖ノ縁アリト云フ

安政二年卯夏薩侯罹不眠之病先托治洋醫伊東玄朴戸塚靜海二氏診曰是則爲神經病二人相議施治凡六旬余而無寸効依テ薩藩侍醫田宮安實一日公ニ謁シ諫テ曰公偏ニ洋法ヲ信シ服藥既ニ六旬余ニ及フト雖モ其効ヲ見ス嘗其効ヲ不見ノミナラス日々羸瘦加リ殆危篤ト信ス願クハ自今漢醫ヲシテ診セシメ漢藥ヲ服用セラレンコヲ懇願ス公若臣カ諫ヲ不入ニ於テハ臣ハ君臣ノ義ヲ絶チ永遠ノ暇ヲ賜ハランコヲ請フ公奮然怒曰汝カ望ニ任ス直ニ此所退去スヘシト言リ安實頓首謹曰臣祖父以來醫ヲ以テ仕厚恩ヲ蒙ルト雖モ未タ毫末ノ報恩ヲ能セス臣醫ノ職ヲ以テ君側ニ居リ君ノ大患坐視スルニ不忍故ニ身ヲ忘レ微衷ヲ吐露スルモ君不聽以テ臣ニ永遠ノ暇ヲ賜ヘリ臣敢テ不望モ止ヲ得サルノコナリ舊恩ヲ謝シ退去ス時ニ安實ノ居所京橋ナリ觳觫トシテ吾カ門ニ入ラントスルニ當リ公急馬ノ使ヲ以テ召喚セラル欣然トシテ使ト共ニ薩邸ニ至リ到著ヲ報ス則チ君ノ病床ニ召サル

君安實ニ對シテ曰過刻汝退去ノ后熟考スルニ予カ病苦ヲ察シ身ヲ忘レ忠諫スルモ數日ノ苦惱ニ不堪是非ヲ不辨今汝ニ面スルモ耻可シ依テ非ヲ改メ汝カ諫ノ如ク自今漢醫ニ轉シ服藥スヘシ直ニ侍醫志々目謙受ヲシテ執匙ヲ命セラル又曰漢醫ニ轉スルニ於テハ豫テ依賴ノ幕府尙藥多紀樂春院ヘ來診ヲ乞ヒ相議シ以テ藥ヲ與ヘヨト命セラル依テ井上正太郎ヲ多紀氏ヘ遣シ其旨ヲ傳フ樂春院モ亦依賴ニ應シ直ニ往テ診シ相議所進ノ方劑柴胡加龍骨牡蠣湯去鉛丹加紫石英ナリ三服ニシテ數日ノ不眠凡二時間熟睡ヲ得ラル食亦增加シ日追テ全癒ス爾後使者ヲシテ謝シテ曰予先生仁慈ノ一匕ヲ以幸出萬死而得一生故ニ或日起蓐之祝宴ヲ開欲ス先生幸枉駕セヨ其祝宴ノ際多紀氏ヲ第一ノ賓客ト爲シ伊東以下ヲ從トナス其時多紀氏ニ贈ルニ島津氏累代所傳ノ明畫一軸ヲ以テ謝セラル伊東戸塚志々目三人ヘ金百圓宛ヲ賜フ時ニ田宮安實ニ示サル此度吾大患汝カ忠諫ニ依リ再生ヲ得タリ故ニ汝カ所望ノ物ヲ與ヘン安實頓首再拜シテ答臣安實固陋短才ノ

分ヲ不顧所奉ノ鄙言ヲ寛容サレ幸ニ大患平癒ニ至リ今日ノ祝宴ヲ奏ス臣カ身ニ於テ千金ノ賜モ不過之望既ニ足レリ後日君又安實ヲ召曰汝望無シト雖モ何物カ與ヘサレハ吾心不安勿辭ト叮嚀ニ示サル爰ニ於テ安實慮ルニ固辭スル時ハ反テ君ノ深慮ヲ傷フ依テ請願ス臣安實性書ヲ好ム然レ圧小身ニシテ所欲ノ書ヲ購ヲ得ス願ハ二十一史張氏醫通ノ二部下賜アランヿヲ冀望ス公琉球在番某ニ命シ二部ノ書籍ヲ田宮安實ヘ下賜セラルト云フ

右ハ僕奉君命嘉永度ヨリ安政度ニ至リ業ヲ茝廷多紀先生ニ受ケ在家塾ノ時舊君薩摩守罹病殆危篤其際同藩侍醫田宮安實忠諫ノ顛末安實ノ直話僕記臆ノ次第ヲ詳記シ送附可致旨多紀晴之助氏ノ依賴ニ付記臆ノ概略ヲ書以テ送之

明治廿一年七月三日識

鹿兒島縣士族

湯前精一郎

薩侯有疾綿滯累月使元堅處藥既而快瘳侯抽此幅謂曰予藩世傳書画不肯許與人此則雖舊所藏今特貺子謝其勞耳元堅深感其恩遇之渥更喜逸品之歸插架仍識數言以遺子孫其勿失墜之

安政二年歲在乙卯三月七日

丹波元堅印

不肖孫多紀晴之助寫

○

文久ハ誤安政四年丁巳

文久四癸亥春國ゟ返事

サツ（後年御書入レト見ユ）

御返事覺

第一ヶ條之儀御尤ニ奉存候差極難申上候得共臨機應變之場合と存候上方近邊ニ候ハヽ所司代御城代ゟ承り合セ東海道ニ候ハヽ駿府御城代等ゟ引合所置仕候外有間敷存候事

一二ヶ條是又差極考も無之候得共

公儀御差圖次第と存候
一三ヶ條之儀致拜承候小子所存は參府之上程克可申上候
一四ヶ條之儀先達高輪田町手當伺候得共未タ御沙汰無之候其節外守衛十
分ニ難行屆旨申上置候其上被　仰付候ハヽ、其時之樣子次第と奉存候
一五ヶ條田町砲臺築出シは伺濟相成寂早取掛居申候高輪は其儘ニ候得共
此間致傳承候へは
公儀ゟ屋敷前ニも築出有之哉ニ承り申候
一六ヶ條參勤人數は定例之通ニ候廿五六日比二ヘロトン二「ヘロトン」ハ人員百二十余名ナ
リ程之人數差立候去年も別段一ヘロトン程は遣申候樣子次第ニ而は又
々二ヘロトン可遣候手當は申付置候
一七ヶ條此義外ニ考も無之候得共内々傳承之趣内藏ゟ申含候間御勘考專
一ニ奉存候猶參府之上聞合可申上候
一八ヶ條此義極而難申上深宮は未タ不相分しかし先歌橋かと存候へ共是

又參府之上可申上候
一九ヶ條此義先便申上候通
近衛殿ゟ
殿下ヘ密達有之内々關東ヘ被　仰遣候と相伺申候水戸ヘも
殿下ゟ御直ニ被　仰遣候と存候
十ヶ條
一魯奴御考之通と奉存候筒井等之義論行屆兼候樣ニ内々承り申候
一十一ヶ條別段使は不遣手書遣し返事も參候取込ニ而委細不申來候得共
根源可惡樣子ニ申來候カラフト之境界種々義論有之樣子ニ御座候
一十二ヶ條此義別段内藏ヘ申含候中休之相違無之候
一十三ヶ條參府は寂早伺濟ニ相成申候琉人も承知ニ而手當罷在候
一拾四ヶ條渡唐船便無之候間委細不相分候
一十五ヶ條此雛形江戸ヘ有之候
一船之圖伺濟ニ付今日内藏ヘ相渡申候

一十六ヶ條九大夫尋次第何なりと申聞又は見セ候樣申付置候
一十七ヶ條願書出候得共未タ返事無之候此義於江戶留守居より御家來ニ申上候由故寂早御承知と存候細川云々之儀崎陽通詞共內々所持之品と存候右樣之品は隨分當時も入手相成事も御座候

〇

（安政四丁巳三月十五日付）
一琉球之義何も不相分候處此節飛船參候去年九月末佛船壹艘參候而直ニ歸帆之段申來候兎角約條と相違之事色々申掛以後右樣之義有之時は國王之耻辱ニ可相成段品々申立候よしニ御座候皇國ニ而も御存知之とをりゆへ何分いたし方無之候間約定條ニ基き取計候外有間敷段申遣し天守敎之事は彌嚴重ニ取計候樣急度申遣候事ニ御座候萬事手後ニ相成候得は猶更難題申掛候間手早ニ下知も致度候得共遠海ニ而行屆兼殘念ニ奉存候唐國彌朱氏盛ニ御座候段評判申來候賊船益多盛ニ候との事佛人申候よしニ御座候先此段申上候以上

別啓

三月十五日

書翰集卷之二

○

霜月廿七日之貴書相達忝奉存候寒冷之節愈御清安奉恐壽候小子ニも漸々廿五日歸著仕候日々繁用取込罷在候扨魯奴も又々入津三度程奉行所に出候よしニ御座候先々無事平穩之樣子と承り中候美濃も出帆迄は滯在之よしニ御座候何卒來春は無爲ニ相成候樣致度候

一例之御一條何も宜敷樣御勘考奉希候

一乍末

將軍

宣下も無御滯被爲濟重疊恐悅至極奉存候無爲太平之御代ニ相成夷人退去候樣朝夕念願罷在候歸著後取込早々如斯御座候恐々謹言

十二月廿九日　　薩摩守

樂春院樣

尙々時氣御加養專一奉存候余は來陽萬々可申上候以上

○

八月十二日之尊書辱致拜見候其後愈御安榮恐壽之至奉存候然は被仰下候趣委細致承知候

一例之義云々致承知候過日申上候通發足爲仕候此上運次第と奉存候乍然八月中旬美濃辰ゟ參承候得共未タ何分難申候參府は早き方宜敷被申候由實六ケ敷事ニ候ハヽ早くとも被申間敷やと存候樣子相知候ハヽ早々致承知度候

一ヲロシヤ未タ滯船之由御返事無之內は致歸帆間敷との風說ニ御座候其後如何之御評決ニ候哉不存何分不容易事ニ候

一其後御手當等被仰出候哉此度之所置ニ而天下之安危眼前ニ可相分奉存候

一唐國其後不相分乍然中々可治光景無之由ニ御座候當秋渡唐之琉人甚恐怖之由ニ承候唐藥差支之事と存候

一野田源三郎ゟ段々藥草致到來候其内草菓厚扑者土地相應と存候相思子木綿等中々寒氣難凌哉と存申候外之手筋ゟ丁子生木入手ニ相成候是また寒氣之節如何と存申候當年は茘枝龍眼實結不申昨年之寒氣ニ相見得申候

先は貴答迄艸々如斯御座候恐々謹言

九月廿九日　薩中將

樂眞院樣

猶々御自愛專一奉存候

御別帋御退隱之尊慮之由末々御壯健之義夫ニは不及とは存候得共風月之御樂も是又御尤之義奉存候乍然小子方は是迄通ニ相願申候御退隱之義扠々御浦山しき事ニ御座候先は早々頓首

○ 樂眞院樣 貴答　　　　薩摩守

四月廿四日之貴書五月廿九日相達致拜見候追日暑氣甚敷相成候處愈御清榮奉賀壽候然者被仰下候條々逐一奉拜承候早速實子屆之儀所置可致處南部娘は同人ゟ申上候通當三月中旬婚禮相濟候段下著之上承申候右ニ付而は周防娘も御座候間早速被仰下候通實子屆取計可申處小事ニ而も萬端同苗ゟ差圖を請不申候而は不相成都合故押付而取計も致兼候上此度下著ニ而皆々對面仕候處周防娘ゟは溪山末子安藝娘十六才ニ而相應之樣子之ものニ御座候戸澤同樣之比合ニ而至極よろしく御座候間直ニも御屆之儀取計度存候へとも周防娘を差置安藝娘實子屆之處同苗所存難計其上萬端差圖之事ゆへ同苗ゟ不申參候而は所置仕兼候尤南部娘ニ候へは寂初ゟ被仰候上貴書被仰下候間夫ニ而取計跡ニ而同苗ゟ貴書

爲持候而申遣よろしく候得共周防安藝之内ニ候而は此方ニ而取極候義難致候間戸澤之處とても不相成候ハヽ南部江今度委細申遣候通同苗江御沙汰被成下同苗ゟ安藝娘之義申參候へは早速所置可仕其節貴書ニも被下候樣仕度色々内味申上恐入候得共無據奉申上候尤安藝娘御存之譯無之候間先便貴公ゟ御尋ニ而書付差上候而御承知之處ニ仕度今度同苗江は貴所樣ゟ御尋ニ付周防安藝娘兩人ツヽ年付ケニ而申上候旨何となく申遣置候條南部江細事申遣候間御尋被下候而宜敷御勘考可被下南部娘婚義之事著早々可申上處大方戸澤ニ而御用濟と考候上初而下國故色々取込延引ニ相成恐奉存候右ニ付而も少々入組之譯も有之と存候間旁安藝娘治定難仕候間宜しく御談合之上同苗江被仰聞其上貴公ゟ同苗江も被仰聞候間早々取計候樣ニと被仰下候樣又同苗ゟも早々京地國元江申遣候樣御談可被下候色々自由申上候得共何も成就相成候樣仕度早々奉申上候姉小路殿江も程能御傳可被下候

一先便書物被下忝三部被下候内は一部小子頂戴仕候二部之品今一部ツヽ
拜戴奉希候尚秋便ゟ差遣し來春迄ニは北京ヘ爲差登候樣可申遣候
一中山之樣子兎角根深ニ相成候而中々可引取樣子ニ無之候其上近年中ニ
は　當國ヘも追々可參光景色々符合も仕候條別而心配罷在候不入義ニ
候得共萬一浦賀邊渡來候ハヽ別而混雜之義と奉存候左樣之節は第一御
委任之仁專一之事と奉存候水戸之老公等之如き御方ニ御座候ハヽ諸人
一和可致やニ奉存候實ニ不入義と思召恐入候得共心配之余り御咄ニ奉
申上候近年中ニは　當國中山共ニ是非商舘取建可申趣色々符合之譯有
之極密閣老ヘ此度內奏仕候乍然呉々御內々ニ奉希候先者先日之貴答迄
可申上如斯御座候余は後便可申上候恐惶謹言
六月五日
尚以時氣御自愛專一奉存候宗益老ヘも申上候ヘ共細事は不申上候條
此書面御見セ可被下此上は南部等御談合ニ而御取極メニ而御所置可

被下遠路ゆへ中々御示談難調候間よろしく成就之程御工夫奉希候甚夕乱筆宜敷御推覽可被下候以上

○

一先比戸田戸澤娘の內
近衛樣御養女ニ被成
御緣談の御事仰入られ候由右御一條未關東より御挨拶も御座なく候へとも此うへ御賴之趣下向前御書ニ而仰越れ候に付私儀女子壹人國許ニ罷在候處病身ニ付御屆も差出し不申候へ共久々ニ而見請候處至極丈夫の樣子仍此度御屆差出候儀申上候へは猶又仰越れ候ニは右之者ニ御座候ハヽ猶更の御事何れニも御養女ニ被成御整ニ相成候樣御願被成度御手前樣迄右之段宜申入候樣ニ御申越ニ御座候私ニ置候ても御整ニ相成候へは厚有難奉存候何分よろしく御賴申入度先御內談申上候伊せ守殿へも兼而懇意にも仕候間內狀ゟ申入候而も宜哉程合計兼候故右之處も

宜御差圖御賴申入候以上

薩摩守

齊彬上

○樂春院樣机下

花

雲井より野山をかけて色も香も
さかりのとけき花の白妙
消やらぬ雪とや見まし吉野山
さきものこらぬ花のさかりは

郭公

しのひこし比は過ぬとほとゝきす
なく音ひまなき五月雨の空
夏ころもうらなくなれて此比は

こゝろをおしまぬ山ほとゝきす

月

幾千里みかく光もひときハに
名にあふ秋と月や澄らむ
天津空雲ものこらぬ秋かせに
ひかりみちたる月のさやけさ

雪

松竹のけちめもみえすつむ雪ハ
としゆたかなる光とそみる
幾重にかひかり重てつもるらむ
きみかみそのゝ雪の白妙

戀

もの思ふ袖のけしきをとひ顔に

またふりいつる夜半の村雨
一すちに猶や頼まむひたち帯の
かことはかりの契なりとも

書翰集卷三

嘉永二己酉年十一月十五日

封紙

上　修理大夫

上　修理大夫

申上

寒冷之節御座候得共益御機嫌能被遊御座恐悦御儀奉存候然者先日者御國製御脇指幷ニ石摺品々拜領被仰付誠ニ以テ恐入難有奉存候御禮早速可申上處先月中久々風邪ニ而引入罷在リ大延引ニ相成何共恐入奉存候先者右御禮申上度御側迄奉申上度如斯ニ御座候恐惶頓首

十一月十五日

尙以寒氣折柄被遊御厭候樣奉存候豚肉兩種進上仕候以上

別啓

別紙申上候御立寄之御都合等申上候ニ付不存寄拜領モノ誠ニ恐入奉存候宗ヘモ早速頂戴爲仕候處御禮申上度屋シキ迄參リ申候一枚者國元醫學館ヘ遣シ額ニ仕リ候筈ニ御座候茶之御說モ茶道之心得ニモ相成候間茶道詰所ヘ額ニ取立仕候事ニ御座候一枚ハ私居間之小座ヘ掛候義ニ御座候

一小梅之義誠ニ難有奉存候イツニ而モ罷出候樣可仕御沙汰次第略供ニ而罷出候而モヨロシク御座候何卒御都合ヨロシキ節罷出御目通リニ而万々申上度奉存候

一牛痘之義最早御聞ニ入候ヤ此節內々肥前守持越シ小兒ヘ十人程モ植付申候近々私方小兒ヘモ植付候筈ニ御坐候蘭說通リ少シ之掛念モ無之ヨシ當地蘭醫之者共モ感服之ヨシニ承リ申候序ユヘ奉申上候

一下曾根モ十一日ニ歸著仕候竹橋御筒モ廻リ候處是迄役ニ立不申トノ事

ニ而御仕舞ニ相成居リ候處ニ少シモ申分無之打試出來候ヨシ誠ニ以德廟之御賢慮之程顯レ候而難有事ニ奉存候井上田付不用之筒モ申上居リ候處ニ申分無之義西洋之鐵筒誠ニ感心仕候
一海岸之儀被仰出無之如何之儀ニ御座候ヤ又々其内渡來候ハヽ如何御處置ニ相成候ヤ閣中モ異論有之哉ニ内々承リ申候恐入候儀ニ奉存候
一大井溜リ之義書圖近日中差上可申只今清書爲致居リ候へ共余リ長引候間先此段奉申上
一肥前モ著仕リ両三度面會仕候不相替壯健ニ罷在候蘭書等モ格別珍書モ不參ヨシニ御坐候
一先日申上候綿之義申上樣不宜御分リ兼被遊候ト恐入奉存候先比入御覽候テルシキートト之製法申上候事ニ御座候猶々近々肥前ニモ承リ候ハヽ可申上候
一小梅之儀恐入候得共當月ハ御祝義等ニ而登城多御座候間來月ニ御座候

得者別而難有奉存候先者右可申上如斯ニ御座候頓首敬白
霜月十五日
○
嘉永二己酉年十二月廿七日
封紙
上
書添奉申上候
嘉永酉十二月
一牛痘之苗奉差上候廿日比落痂仕候種不宜夫故延引ニ相成申候幷ニ牛痘新書和解相添入御覽申候私子供之儀御尋難有奉存候當時男子兩人三才當才罷在候三才之方兎角病身ニ而當時モ不快中ニ御座候間植付出來兼候故當才儔二郎ト申モノヽ植付申候兩方ヽ八ケ所付候處不殘出痘仕候
一極祕被仰付候義承リ合候處ニ御金被進候義不存ヨシ御守殿女中向前以

ヲノ御手當之御反物御目錄等者不殘御本丸御取仕立ニ而御內々相廻申
候ヨシ其外何モ不存ヨシニ御座候
一小梅之義來年ニ相成候而申上候樣可仕候
一甚タ恐入候得共先達御歌被下候ニ付腰折レ之御請申上候義如何之義ニ
御座候哉世上ニ而少々存知候モノ御座候ヨシ肥前ヨリ心得ニモ可相成
知ラセ申候間以後之爲ニモ可被爲成ト御內々奉申上置候當時之有樣乍
恐　御評判申上勝チニ而夫ニ付而者肥前守伊達幷ニ私等之評判善惡ニ
付申候モノ多ク甚タ配心仕候肥前ニ者別而色々評判有之ヨシ當人モ承
知ニ而外々ゟ參候而モ余程例ヨリ愼罷在申候加樣之義申上候モ恐入候
得共御心得被爲入候ハ、何ソノ御都合ニモ可相成ト奉申上候先者書添
此段奉申上候恐々頓首
廿七日
猶々牛痘二十日位ハ苗モ取用ニ相成候ヨシニ御座候人痘之痂植付ト同

樣ニ而宜敷御座候ヨシ
一かん氣モッヨク御コマリ被遊候由イツレニモ追々不被遊候而者ユルミ申マシクイツ方ニ而モかん者增長致シヤスク中ニ者不所存之時候相發シ氣候之和ラキ候爲之邪魔ニ相成甚タ痛心仕候義ニ御座候中々恐ロシク奉存候以上
又添而奉申上候牛痘植付樣之事只今醫師申出候ニ者落痂植付ランセツタ宜敷乍然工者ニ無之候而者人痘程付キ兼候由御座候間大槻俊齋江御尋被遊候方可然申候條此段奉申上候以上
別紙奉申上候
別紙御請奉申上候（以下六行原朱書）
琉國之儀其後何事モ不申參候別紙御屆書之後又々渡來仕候事ト存候得共何事モ不申參候追々異船渡來甚タ心配之義ニ御座候浦賀江渡來之異

船樣子モ內々承知仕候誠可惡事ト奉存候此度ハ何卒御處置被仰出度事ト奉存候種々申上度儀モ御座候ヘ共其內可申上候此度諸役人江モ存寄書之事被仰出候ヨシ御前ニモ　思召書被仰上候ヤ御內々伺度奉存候

一蘭書目之儀別紙奉差上候外ニモ宜敷書物御座候ヘ共高直ニ而余リ無益ニ御座候間乍殘念買入不仕候此義先日井戸對馬江モ申談候處來春ヨリ者相當之處ニ相成候樣折角骨折可申トノ事ニ御座候御笑草ニ申上候

一熕鉄書未タ全備不仕候肥前家來玄朴方江度々申遣候ヘ共イマタ不殘遣シ不申候一二冊ニ而宜敷御座候ハヽ追々差上候樣ニ可仕候

一燧石之道具被仰下候通リ分リ兼申候則道具入御覽申候御工夫奉願候此義モ承リニ遣置候間當秋ハ可相分ト奉存候間知レ候ハヽ早々可申上候

一印影鏡之儀少々道具モイタミ其ウヘ仕カケ樣不宜ニヤ十分ニ相成不申其內十分ニ出來候ハヽ可奉入御覽候

一市ケ谷モ此度ハ四ツ谷御相續被仰出重疊之儀奉存候小子ニモ兼而懇意

ニモ仕候事故暇乞旁先日罷越候間誠ニ不入事ニ者御座候得共若ヤ國家御一助ニモ可相成ヤト西洋諸國之光景幷ニ海岸防禦一條細々申上置候御引移後モ追々可申上候間御都合宜敷節追々被仰立ニ而寛猛之内御治定ニ相成如當時其節計リ御手當等無之大丈夫ニ御處置有之候樣ニトノ事何卒被仰立候樣申上置又攝津守ニモ細々申聞候處同人ニモ厚引請候樣子ニ御座候間

御前ヨリモ市ケ谷者勿論攝津守ニモ被仰下候ハヽ別而可然

御前幷ニ市ケ谷両公厚御沙汰御座候ハヽ、閣老初メ張込モ可宜哉ト乍恐

此段奉申上候甚タ延引恐入候ヘ共先日之御請旁奉申上候以上

追而最早度々尊書被成下候而モ掛念之儀モ薄ク御坐候間恐入候得共

此段奉申上候以上

○

令披閲候琉國屆書落手模樣モ粗相分忝存候此上共申來候ハヽ、致一覽度

候浦賀之事ニ付諸役人へ存寄書差出候樣被　仰付候由右ニ付下官モ致建白候ヤトノ御申聞何モ承リ申候下官儀ハ幼年ヨリ異船之事憂居候故必也使無訟乎之意味ニテ家督以來十ケ年前ヨリ上書建議數十度ニ及候其頃ハ有志之大小名等モ於營中咄申候ヘハ下官致過憂候テ笑ヒ候程ニテ下官ノミ區々之心底已ムニヤマレス數十度之建白ニ及候實ニ天下之御爲ヲ存候餘リセメテモノ義國中之武備整候ハヽ非常之節一方之御爲ニモ可相成ト種々心配致候耳ニテ蒙　御勘氣候處其年ヨリ追々異船渡來先年ヨリ建白之通リニ相成リ一人之先見此ニ至テ驗アル樣ニテ甚恐多存候乍然只今ニテハ有志之人々ハ勿論其外ニモ目ヲ覺候者不少於幕府モ本文之通リ夫々之存寄被遊　御聞候程ニ相成候上ハ諸有司モ手揃之事ト存候ヘハ定テ良策モ有之御決斷ニ相成候半ト存候敗軍ノ將同樣之下官何事モ不及申候

恩ふ事いはてたゝニや止ぬへきといふ古歌抔思ひ出て

今更に何をかいはんむさし野の

蓬か中のあさましの身は

トノミ存候　御一笑々々呵々乍略義貴書へ認加申候御海恕可給候ニ

修理殿　　　水戸隱士

再答

此朱書ノ處ノミ切テ先ヨリ來ル書中へ朱ニテ書加へ遣ス

別呈

別紙奉申上候溝口願之儀者宗に同人ゟ被賴候間心當リ之處ヨリ可相願趣ニ而一昨日持參仕候間奉願候溝口事志モ有之海岸等之儀乍不及種々心配仕候者ニ御者〔坐カ〕候

一印影鏡譯書延引恐入奉存候

一當年風說書之樣子ニ而者近年中英船渡來且北亞船モ可參事ト扠々痛心

仕候夫ニ付而モ中山之光景甚タ掛念罷在候近年中大事到來必定カト奉存候只今急ニ所置可仕時宜ハ無之候得共中山之所置

御賢慮モ被爲在候ハヽ委細ニ拜承仕度先ツ當時無事平和之由ニハ御坐候得共內々傳承ニ而ハ追々根深ニ可相成形勢扠々心痛仕候事ニ御座候

天下之爲ニモ御座候間

御賢慮內々伺置度左候ハヽ又々所置可仕都合モ可有之奉存候先ハ御內々奉申上候頓首

八月廿七日

封紙

上　　修理大夫

御請

尊書被下難有拜見仕候余寒之節ニ候節益御機嫌能被遊御座恐悦奉存候然ハ先比差上候書物御用濟御返被下奉請取候且御國産之鯛頂戴仕難有

奉存候右御請迄乍恐奉申上候恐惶頓首

正月廿四日

猶々時候折角被遊　御厭候樣奉存候以上

○

返翰扣但シ竹ノ一ハ別紙ニ有リ

櫻花如雪之時無御障令抃賀候過日ハ大竹到來深謝之至此燧石袋供一笑候也

三月朔　　水　　隱

修　理　殿

參

○

上　　修　理　大　夫

御請

過日者尊書難有奉拜見候追日冷氣相成候處益御機嫌能被遊御座恐悅御

儀奉存候然ハ先日ハ珍書拜見難有則返上仕候且又車船雛形奉備貴覽候
先ハ御請迄早々奉申上候恐惶謹言
十月十六日

○

返翰扣
過日者舟形御示シ芳意不淺卽及返璧候新考可喜事ニ候也
十一月廿日（嘉永戊之）　水戸隱士
修理大夫殿
布復
二白寒氣相增候折角御厭專一ニ候此味噌漬國產ニ候乍微少供笑柄候
也
別紙御請
御別紙拜見仕高牛痘御用相成候由難有奉存候

一海岸御達モ外ヨリ御覧ニ相成候由肥前ニモ此節ハ何モ論等不申出余程用心之様子ニ御坐候

一琉人參府之事代替ニ參府仕候御沙汰之事誠ニ的中恐入奉存候此儀者内實心配仕候事ニ而色々勘考仕候得共致カタモ無之意味ニ御座候　公邊ゟ被仰出候譯ニ者無御座候滯夷中々歸國之様子無御座候

一大竹御用之由幸ヒ參居候間奉差上候

一螢蠅抄海外新話之儀此間披見仕候

一廿八日御登城之節両姫君御同道被仰出候由恐悅奉存候

一内々申上候儀云々拜承仕候御詠歌モ難有奉存候

一南部ニ御縁組之儀幷山野邊之御一條恐入奉存候兎角無事平和ニ而役人任セノ人ニ無之候而ハ何方モ請不宜世上扠々恐入奉存候役人任ニ御坐候へハ事ニ預候面々ハ都合モ宜敷可有之候得共其向ニ無之面々又ハ下々難義之余リニ不思議之企ニ成行候事可恐事ト奉存候

一此間小梅之義運阿彌迄申談置候其内御聞ニ入候事ト奉存候以上

廿四日

○

上　　　　　　　　　　修理大夫

御請

先比ハ尊書難有拜見仕候追々暖和之節御坐候得共益御機嫌能恐悦奉存候然者兼而相願置候御書物早速頂戴被仰付難有永重寶可仕萬々難有奉存候此品誠麁末之至ニ御座候へ共御禮之心迄進上仕候甚タ延引恐入候へトモ御請迄奉申上候恐惶謹言

四月三日

猶々時氣折角被遊御自愛候樣奉存候以上

○

扣

大平之　朝儀萬里一和如春薰愛度申納候御起居愈勇猛被致加年令抃賀
候隠棲依然御放意可給候右春詞如此候也

孟春十又八

修理大夫殿　　齊昭

參

二白舊臘ハ寒中御尋問入御念候兎角不時之暖氣御厭可被成候御屬託之
額字致一揮候處于今腕痛不致全快甚醜御他へ御申付可被成候不一

愼獨

其身より國民迄に及ひなむ
誠を物のはしめとハして

○

上　　修理大夫

御側中

入梅中鬱々シキ天氣御座候處益御機嫌能被遊御坐恐悦奉存候然者其後久々御不沙汰御申上恐入奉存候先比者

御好之燧石袋頂戴被仰付誠ニ以テ難有奉存候此程ヨリ御機嫌伺旁呈書可仕處色々取込罷在何共恐入奉存候此節如何之品ニ御座候へ共例之豚肉御内々呈上仕候被下ニモ相成候へ者難有奉存候此譯書ハ此節和解爲仕候間不（敢脱カ）取入御覽候圖ハ近日中ニ差上候樣ニ可仕候先ハ御機嫌伺且御請延引之御詫旁可申上如此御坐候恐惶頓首

五月廿一日

猶々乍恐時候折角被遊　御厭候樣奉存候以上

○

返翰扣

如諭鬱々之天氣無御障令抃躍候陳ハ新譯之砲書爲御見感謝之至ニ候然ル處右書ハ圖迄一部手ニ入候間讀合致返璧候此段御答迄早々申進候也

五月念三夜
二白時候御厭専一ニ候豚肉御恵贈令多謝候燧嚢之御謝詞入御念候事ニ候眼病中燈下乱筆御海恕御推覧可給候不備

修理大夫殿　　　　水戸隠士

布復

○

上

一別紙中上候琉參之一條云々御不審御尤ニ奉存候何卒丸薬同様之譯ト思召奉願度此御請甚タ當惑仕候名利姑息之世ノ中御賢察奉願候

一小梅之一條先月十五日運阿彌ゝ何トナク相尋候處御察之通運阿彌失念仕候ヨシ内實外ニ可申上程之義モ無之候得共小石川ニ而滯リ候而山送（ママ）失念ニ相成候様子之口振リニ御座候山送（ママ）モ困リ候様子ニ申聞候公邊之方ハ少シモ御差支ハ無之候ヘ共御屋形之カタ今少シ之處ニ御坐候内分

申聞候一席故心得ニ相伺申候山迄ハ寒方ニ御座候也如何ニ心得ヨロシク御座候ヤ奉伺度候
一丸薬之儀云々恐入奉存候宗ゟ紅葉之儀モ先比モ申談候事モ御坐候へ共隨分紅葉之承知之様子ニ候へ共長女モ半信半疑位之ヨシニ申居候阿閣ト長女之儀ハ此比ハ長女之方ハ宗ゟ申聞余程ヨロシク相成候ヨシニ御坐候又極内外ヨリ承候ニ大奥惣体ハトカク丸薬ヨロシク阿モヨロシクハ御座候へ共恐レ候様子ニ而丸薬程ニハ無之ヨシニ承リ申候中々宗位壹人ニテ申候而モ急ニハコヒ候様ニハ相成間シクト奉存候
一松前又々漂流御坐候ヨシニ承リ申候
一此節種々珍説申フラシ候間以來急度雜説申フラシイタスマシク一昨日伊セゟ申達ニ相成候大目付廻狀相廻申候
一目付ゟ阿ヘ出候モノ書付モ虚說ニ候ヨシ承候へ共又内實承候へハ阿ヘハイマタ不申候へ共目付内調ハイタシ候由ニ而其書面モレ候間全ク虚

説ニ相成候ヨシモ承リ申候
一海岸見分モ十三日出立候此節ハ御入用モ御カマヒナク十分ニ御手當申出候様ニトノ事ノヨシ内々承申候勘定浦賀邊參候節ニ異船ヲ見セ度モノニ御座候左候ハヽ又少々都合モ可相成ト奉存候
一先比ヨリ呈書可仕筈ニ御坐候へ共内實ハ國元少々混雜之譯有之候而嫌疑之譯モ御座候間呈書モ先々差扣罷在候最早平和ニ可相成樣子ユヘニ余リ延引ニモ相成候間呈書仕候無理ニ寒氣ヲ止メ可申ト企候モノ有之其事破レ候事ニ而甚タ心痛仕候へ共先寒氣之儘ニ而嚴察ニモ不相成平和ニ可相成樣子ニ御座候誠ニ可恐事ト奉存候伊達ニモ毎々出會仕候先ハ内密御請可申上如斯御座候
五月廿一日(花押)
○
別啓仕候此度異船渡來之儀書翰御請取後如何之評議ニ候ヤ伺度萬一商

法御免ニ相成候ヘハ英佛魯三國必定可參其節之御斷六ケシクト奉存候
於琉球英人申候ニハアメリカ商法相開キ候得ハ英佛魯三國ハ是非同樣
ニ相成候間左候時ハ琉地ニモ追々可參トノ事モ申候ヨシ旁一大事之御
時節ト奉存候タトヘ夫ハ兎モ角モ御備ハ無之候而ハ不相成軍船御造立
專一之儀ト奉存候此節御捨置相成候而ハ最早不相濟事ニ御座候間何卒
貴公十分御建白御座候樣奉存候出帆後ハ琉地ヘ又々參候事ト奉存候其
後之樣子相分不申候其御地之樣子モ細々ト相伺度奉存候蘭船モ未タ入
津無之亞船之樣子見合候哉ト奉存候於琉亞人申候ニハ先年ゟ日本ニハ
蘭人ニ而交易之義モ申越候得共返答無之此度ハ是非取結之考ニ而萬一
之節軍船手當モイクシ候段申候ヨシ一通リ之義ニ而ハ相成間敷何分一
年モ延ヒ候樣御返事ニ相成候而其ウチ十分之御手當御座候樣奉存候水
老公ニモ辰閣參上之ヨシ兎角老公ニ海防之儀委任無之候而ハ何分恐入
候事カト奉存候小子等色々申上兼候得共貴公ニハ金枝之御身分此節コ

ソ十分ニ御建白ニ相成候樣吳々モ奉存候
一唐國モ彌爭乱相違無御座候十八省之内六五省之分ハ被奪取候由其南京省ハ北京之要路ニ候處被攻取候ヨシユヘ殊之外兵粮等差支候而及飢死候モノモ有之賊之カタハ所々藏ヲ開キ仁政ヲ施候間降參之モノ多キヨシニ而大將ハ明之裔ニ而朱氏之ヨシニ御座候清國右通ニ候間海賊之恐モ御座候間旁十分ニ海防無之候而ハ後來何トモ恐入候事ニ奉存候先ハ極内此段申上候宜敷御披見奉希候以上

六月廿九日

○

封紙

越前守樣　　　　修理大夫

貴答

過日者尊書忝致拜見候愈御清福恐壽之至奉存候扨テ相願置候雲丹澤山

ニ御惠投被下千萬忝奉存候早速貴答可仕處種々繁用ニ而延引恐入奉存
候且無名氏上書歸リ候間差上候此鴫乍輕少致進上候先ハ先日之貴答旁
如此御坐候頓首

十月九日

尙々時候御加養專一奉存候海岸之儀少シモ沙汰無之候如何之事ニ候
ヤ誠ニ不思儀千萬辰ノ口ニテモ如何存候也
貴所樣ヨリ何トカ御尋可然奉存候
小石川御立寄モ相濟御都合ヨロシキヨシニ聞得申候兎角ニ奸未タ消
ヘ不申時々雪ヲ催候ヨシ早ク春暖ニ相成候ハヽ
老公御大慶ニモ可有之奉存候市ケ谷モ先々可也之樣子シカシ追々ニ
無之候而ハトテモ十分ニ御所置ムツカシクト存申候四日ニハ寬々御
逢申上候淸風軒ニ而七ツ比ヨリ暮迄御ハナシ等有之候得共內密之儀
者何モ無之候イツレ拜眉萬々可申上候以上

○

封紙

越前守様　　　　　　　　薩摩守

貴答

過日者尊書忝奉存候愈以御清安奉賀壽候然ハ亞船之珍器拜見忝雖形寫
シ候上龍土江相廻候様ニ可仕候扠
炎上之儀奉言語候天災打續キ何共歎息之至奉存候又々少々痰氣ニ有之
候而今日モ不參仕候十五日ハ押而モ登
城之心得ニ御座候色々兆（マヽ）近日參上萬々申上度候龍土江モ御逢ト奉存候
佐久間氣之毒千萬長々滯船候而ハ彌增不締ニ可相成ト存申候以後之御
所置實ニ一大事ト奉存候先ハ早々如斯御座候頓首

卯月十一日

猶々御自愛專一奉存候此火繩弊國製ニ御坐候間致進入候御入納被下

候ハヽ大慶奉存候以上

ボートホーキツスル之圖何卒拜見奉願候以上

○

封紙

別紙

別啓仕候阿閣〻面會之儀ハ琉國之義ニ而是迄日本通信清朝〻對シ押隱ニ相成居候得共此節之場合ニ而ハ打捨置異人自儘ニ被致候而ハ不相成候間此方〻打明ケ是迄不申聞候得共琉國ハ屬國ニ相違無之譯申聞候方可然評議ニ候彌夫ニ而可然ヤトノ事ニ御座候尤之事候得共彼國所存モ御座候間篤ト申諭シ候上ニ致度申候處其通リニ而是〻追々彼方へ可申遣ト存居申候阿被申候者左樣ニ相成候ハヽ琉モ悅ヒト被申候間中々左樣ニハ有間敷大カタ難澁可申立ト存候旨申置候左候而彌左樣ニ候ハヽ萬事下田之規則ニ習ヒ候樣御達御坐候樣且又外〻ハトモカクモ小子ニ

ハ琉球引合モ御座候間下田應接之次第取繕無之處不致承知候而ハ不都合眼前ニ御座候段申述候處至極尤ニ候間應接人歸著之上委細可申聞トノ事ニ御座候是ニ而事實可相分ト存申候來三月ゟハ彌商道取結之相談相違無之樣ニ被存申候左候而大船成就之上ハ此方ゟモ出張商法之心得ニ而ハ無之哉ト被察申候追々樣子承リ可申上呉々モ極祕ニ相願申候扠又閣中モ以後手當之義ハ余程心配之樣子ニ候得共御救助等之沙汰ハ頓ト無之ヨシ外ニ手段ハ無之ト存申候トカク閣中始メ商之方可有利潤ト存込候口氣ニ御座候

一水老公御登　城モ全ク世上之人口ヲ恐レ候譯ト存申候全躰前日承候而御登　營ニ而ハ輕々敷候間此節ハ無之方ト龍土ヘ申遣シ同意モ候得共申上候間モナク候處跡ニ而承候ヘ者藤田ヘ松河內ヨリ是非ト申候而夫故御勸メモ申上候哉ニ聞得候廿六日ニハ御斷ニ相成申候御登　城之節モ何事モ不申上表通リ之御居等之書付入御覽候計リ之ヨシニ御座候

一ボート砲圖龍土ヨリ拜見イタシ候早速寫申付候且又遐邇貫珍之義御返却ニ相成落手仕候

一愚娘之義未タ何之沙汰モ無之此間辰之口氣ハイツレ何トカ返事イタス筈ニ候得共存之通色々御入用御事多之中ユヘ少々靜ニ相成候迄ハ何分難申ト被申候隨分含之樣子ニ候得共長引可申光景扨々困リ入申候相願候義モ御座候ハヽ又々可申上候

一墨奴應接モ此前ヨリ宜敷トノ事ニ候得共市中歩行且品物取入等ハ不相替我儘之樣子下田七里方箱館五里方ハ無相違自由ニ歩行御聞濟來三月ヨリ品物交易始候トノ事密々承リ申候水尾両公如何程仰候トモトテモ可被行光景ニ而ハ無之候猶追々可申上候立花彌御救助之願差出シ不相叶候ハヽ守衛御斷申上度願書モ出候ヨシ岡山モ何カ申立候樣子ニ候得共例之通長引未タ決定不致ヨシニ御座候下谷不相替鎗鈒之世話イタシ候ヨシ每々咄有之候其外格別小子江モ咄無之候細川例之通リニ而相分

不申候猶後便細事可申上候頓首

六月三日

猶々久世事家來國勝手一條ヨリ事起リ當時引入多分退役之風聞極内承リ申候以上

○

封紙

松越前守樣　　松薩摩守

貴答

一筆致拜啓候寒冷之節御座候處愈以御清福奉恐壽候ハ先日以來尊書被下候處彼是取込候而執筆甚イソカシク其上余リ執筆過候得ハ例之持病ニ相サワリ當用之事計認メ候間乍存延引ニ相成恐入奉存候此節ハ時節モ宜敷相成候間冷氣之内ハ御文通モ可仕候呉々モ是迄之處恐入奉存候

神無月四日之尊書モ相達忝奉存候御廣御入モ十一月十一日ニ被仰出誠

ニ以テ難有奉存候右之御吹聽御禮モ可申上處前文之次第ニテ延引相成申候何卒御仁免可被下候然ハ常盤橋倉橋ニモ色々世話ニ預リ申候是又御禮奉申上候

一御法令被仰出之留小子方ニ無御座候間上杉ゟ借受差上候阿州登城之ヨシユヘ大廊下御禮之儀ハ彼方ゟ御尋御座候ハヽ可相分ト奉存候扠亦當麾短刀之事國元ゟ書付有之御書モ有之候全ク小子方ゟ御惠投ニ而ハ無御座此節相糺候處文化之比大坂ニ於取入候ヨシニ御坐候則御書寫掛付等モ差上申候

一外夷之義ハ堀田受持ト相成申候イツレ交易御開ニ相成候譯ト相見得申候老公ヨリ委細被仰遣義ト奉存候交易ヲ盛ニ相成夫ニ而武備十分ニ相成候而世界中强國ト被呼候樣相成候得ハ宜敷候得共當座之御利益ニ而已相成而ハ是限之事ト奉存候此節ハ何モ義論不仕候自國之義ヲ乍不及手當仕候外有間敷ト奉存候

一一橋之事刑法之事全ク簾中ニ妬心ニ而一心ニ思召込候譯ニ相違無之候此間モ委敷承リ候處簾之不宜敷ヿ相違無之候此節ハ先ツ御出勤ニ相成申候委細ハ何分筆紙ニ盡兼候

一遐通貫珍之事是ハ其後手ニ入不申候公邊ニモ承リ合候處不參トノ事ニ御座候唐國モ先靜謐之ヨシシカシ朱賊未タ降伏ニハ無之ヨシニ御座候

一大風之事甚タ當惑仕候大元丸未タ引出出來兼申候色々ト申出候モノモ御坐候ヘ共余リ高直之事ニ而自物ニ候得ハ宜敷候得共御用船ユヘ高直ニ而ハ勘定邊イカヽ可申哉ト旁ニ而此間辰ゝ相談イタシ置候昇平丸ハ最早浮出申候中々大振ニ候故其通リニハ參兼扨々當惑仕候

一魯人モ參候ヨシ未タ委細ハ不承候彌以異國船度々渡來之事ト奉存候

一御引移リニ付而モ日々大取込罷在候右ニ付種々用向有之候而實ニ困却仕候

御上リ相濟候テサゾ〳〵安心可仕ト奉存候夫ニ大奥御廣敷向トモ例之欲心ニ而彼是之儀不絶甚タ心配罷在候

一水當公モ先日中度々拜顔矢多部之事等品々御ハナシモ有之候先ツ仕所不相知トノ事ニ御座候シカシ少々心當リモ出來候ヤト外ヨリ極内ニ承候此義ハ

老公ヘモ小子ヨリ申上候義御内々奉願候彌之義相知候ハヽ極内可申上候

老公外両三人之外不存事之ヨシニ御座候

一當公御愛妾モ當月安産イタシ候處ニ當廿二日俄ニ下宿養生被仰付候ヨシ承候兼而惡評承候處夫ヨリ事起候ト奉存候

當公ニハ無之

老公思召トノ事宿元ニ而ハ申候段承候此事ヨリ又々當公思召イカヽト奉存候委敷事ハ未タ不承御相知候ハヽ可申上候被捨置カタキ事ニ而

當公御承知之ウヘニ候得ハ宜敷無理成處ニテハ此末イカヽト不及ナカラ心配仕候猶承リ次第可申上候
一箱舘ニテ異人色々混雑モ有之ヨシニ候ヘ共委敷事存不申候
一講武所度々老若見分有之ヨシ品々御世話ハ有之候得共大本之處御所置頓ト無之故此末之處無覺束義ト奉存候先々無言之方宜敷樣子ユヘ辰ヘ逢候而モ御引移之事計異船之事一言モ不申候
一御引移御道具モ廿一日ヨリ相初メ廿五日廿九日ト相廻シ申候間此節ハ大取込罷在其外色々承候事有之寸暇無御坐候先ハ先比中ヨリ之御請幷ニ要用前後取受申上候其上大乱筆偏ニ御仁免奉希候來月御入相濟候ハヽ細事可申上候呉々モ大略之貴答恐入奉存候恐惶謹言
十月廿六日夜認
薩摩守
越前守樣
猶々時氣御自愛専一奉存候伊達ヨリ風説書モ上ケ候ト奉存候色々

下田之事等承候得共何分此節ハ申上兼候間來月相濟申候ハヽ追々
可申上候以上

○

御請　修理大夫

尊書難有拜見仕候甚暑之候益御機嫌能被遊御坐恐悦奉存候然者此度參
府仕候ニ付御懇之尊書頂戴殊ニ何寄之御品被成下重疊難有仕合奉存候
御請迄申上如斯御座候恐惶頓首

六月廿三日

猶以時氣折角被遊御加養候樣奉存候以上

別紙

御請

極密之御別紙拜見仕候中山之儀モ届書等モ御覽ニ相成不容易事ト思召
候由右ニ付交易之儀モ承知致候哉商館取建候（マヽ）相成候哉浦賀初メ湊々ニ

不參樣申含承知ニ相成候ヤ此後之處如何可有之候ヤトノ義承知仕候左
ニ御請申上候

一交易之儀イマタ其儀ハ少シモ色ニ出シ不申當年渡來仕候ハヽ成丈ケ猶
マタ申斷候而夫ニ而モ承引之氣色無之候ハヽ其節唐國之内福省ニ而交
易可致尤中山渡來之義ハ小國ユヘ不行屆之旨斷リ可申其上承引不致候
ハヽ中山之差配之宮古島八重山島邊ニ而手細ニ交易可致申談シ夫ニ而
モムツカシキ節ニハ中山ニ而交易可致候得共商館等取建候儀ハ斷リ年
々渡來之ウヘ商法手細ニイタシ相濟候ハヽ不殘歸帆可致旨申談候心得
ニ而家來之モノ差渡置申候

一浦賀其外日本地カタヘ不參樣ニ申聞候義ハ難相成事ニ御座候其譯ハ全
体清國其外異國ニ對シ日本隨從之儀ハ押隱シ申候而日本ト直ニ交易ハ
不仕度加羅島之モノヨリ日本之品交易致候趣ニ申居候事故日本地方ニ
不參樣ニ申候義ハ相叶不申明朝之比ハ日本隨從之義ハ不明候ヘ共通信

通商ハ仕候趣ニ申居候へ共如何成候也清朝ニ相成候而ハ日本ニハ通信通商共ニ不致趣ニ申立有之由ユヘ外國ニモ清國ニ之聞得ヲ恐レ候ヤ押隱シ有之候尤内實ハ分明ニ清國ニテモ存候事ニハ候得共表向ハ度賀羅島ノモノ日本隨從イタシ右島人ヨリ日本之品取次ニ而交易イクシ候趣ユへ此節渡來之異人ニモ同樣相答有之候間家來之面會ハ出來不申候心得候モノヲ琉人之姿ニ而應接爲仕候義ハ出來候得共日本之姿ニ而應對ハ相成不申候シカシ異人モ事實ハ承知之樣子ニ御座候得共少シモ言ニ出シ不申候右之通リニ御坐候當年之處如何ニ可有之哉未タ何之左右ニモ無之候又當年ハ氣ヲ拔候ヤトモ奉存候前文之如ク之相談甚タ心配之義寛猛之所置可仕トノ事ニ御座候得共當時之處トカク寛之方計リニ相成候間扨々内實心配仕候事ニ御坐候猛之所置手薄ク御坐候間相談ニ相成候節猶又隨意之儀申掛候ハ必定之甚タ心配仕候私存候處ハ商館是非取建候樣可相成左候得ハ追々隨從之姿ニ可相成事ト痛心仕候今少シ猛

手段有之度ト内心存候計リニ御座候甚タ恐入奉存候且マタ長崎御手當之義此節両家ゟ申立ニ相成別而肥前守骨折罷在候何卒十分御手當ニ相成候樣仕度左候得者中山之方モ島々領國海岸モ其響ニ而手當モ少シハ行届可申哉ト奉存候色々申上恐入候得共何分不容易御時節利財之義論計ニ而ハ難相濟時勢ト奉存候ヘ共扠々利財之方多ク恐入奉存候シカシ阿閣等ハ去年ゟハ又余程心得モ厚ク心配仕候樣子一段之事ト奉存候何卒雲上御英斷有之度奉存候先ハ御請迄申上候入組候義申上度候得共筆紙難叶大略申上候御火中奉願候敬白

六月廿三日　誠ニ乱筆御免奉希候以上

（原書朱書）

如花文薩州琉球ニテハ通信通商不致ヨシ異人ヘ申候共於公邊弘化二年己巳六月朔日返翰被遣ニハ海外諸邦通信貿易固無二一定一及二後議一ニテ定二通信之國通商之國一通信ハ限朝鮮琉球通商ハ限二貴國與一支那一云

々被　仰遣度上ハ薩州琉球ニテ如何於申候共右書面ヲ證據ニ出ス時ハ
一言モ答ハ相成間敷事之

○

修理大夫殿　齊昭

御報

兎角不順之時候起居萬福欣喜之至ニ存候扨ハ御申越之保元ゟ壽永年中
之實記ト申書無公邊日記等ニハ台記玉海等皆其頃之實錄所藏有之後普
賢寺殿下之日記是ハ關白忠嗣公之日記ト相見へ候所所藏無之參考源平
盛衰記上梓不致草稿寫本ハカリニ有之候御祕書度々借覽寫トリ候分御
返シ申候後卷御拜借給候ハヽ本懷存候不宣

四月廿三日

隨時御自愛專一ニ存候也

○

修理大夫殿　　　　齊昭
參

只今承候ヘハ俄之御歸國御取込ト存候御良策御心算モ可有之ト風傳待入候隨而麁末之品々進入候早々不一

六月朔

隨時容中御自愛專一ニ存候也

又奉申上候唐國之儀彌爭乱相增候ヨシニ而琉歸唐船モ余程延著相成未タ當地ヘ著船不仕候琉球ヘハ六月中旬著之ヨシニ申遣候其前福州ニ付申越候書面左之通ニ御坐候

兵乱之儀賊方ハ明之裔孫朱氏ト申候而年號大平王號天德ト申候而中々名將余多罷在段々奇妙之計策ヲ用五六省余奪取就中南京省ト申所北京往來之要路ニ御座候處被攻取萬事之運送不行屆米穀高直ニ而飢死候モノ多賊方ニ而ハ米モ多普ク仁政ヲ施候ユヘ降參之モノ多ク有之皇帝ニ

モ色々御配慮ニ而上諭等有之候ヨシ福州ニ而モ當時用心最中ニ御座候

一當時兵乱之所江南省甚タシク官兵防カタ有之候得共漸々被攻取候ヨシ蘇州府モ右之省内ニ而候間御注文品等モ買調六ケシク候三月十五日比ハ彼表官人并兵計リニ而工商ハ方々ニ迯去之段申來候蘇州詰之唐人始館中之人數至極致心配候

一福州ニモ賊可攻入哉ト唐人ニ相尋候處北京ニ攻入彼地奪取候ヘハ自から福州降參無疑候間直ニ北京ヘ可參トモ申シ又者八月頃ハ可攻入トモ申候ヨシイツレ五六月比ナラテハ相分兼候ヨシニ御座候右旁之形行申上試候尤歸帆之儀例年ヨリ延著六月中旬比ト存候間左様御心得可被下候

三月廿五日

右之通之事ニ而唐國右様ニ御座候而ハ追々琉球立行之處如何ト奉存候其ウヘ海賊モ漸々增長之向ニ候間何分海岸御手當專一之御時節ト奉存

候先ハ大意申上候間宜敷御勘考奉願候尤水老公ニモ此度呈書仕大意ハ奉申上候何分ニモ此節ハ御十分之御奉公被爲在候樣奉願上候

一御内々相伺候ヘハ

上樣御違例之ヨシ誠ニ以恐入候事ニ御座候少シモ早ク御順快之義相願罷在候事實ニ不容易御時節到來別而閣老仰天之義ト奉存候間御返答之義何分色々評議モ六ケシクト奉存候間水老公之義ヒトヘニ御推擧專一ニ奉存候誠ニ不入事申上恐入候得共何分心配至極ニ奉存候間御内々奉申上候宜敷御勘考奉願候琉地之樣子相知レ候ハヽ早々申上候樣可仕候先ハ此段御内々奉申上候以上

七月十日

書添奉申上候扨此節異船之一條委細達

御聽候義ト奉存候今度ハ老中モ大仰天之樣子誠ニ恐入候義ニ奉存候此

後又々渡來ハ無疑此節ハ琉球江罷在候事四艘之内一艘唐國香港江參候趣ニ御座候其後委敷左右者未タ無御座候日々相待罷在候扨又江都之御評議如何可相成哉不奉存候へ共此節以前之樣成事ニ而者實ニ一大事ト奉存候閣老中モ何分異國之事情心得候人無御座候辰モ此節ハ不評判之樣子先者牧野之方ハ少々ハ異國之義モ心得罷在候得共辰ヲ差置十分之所置ハ難仕ト奉存候當時之處ニ而ハ乍恐水老公江御委任之外ハ有マシクト奉存候誠ニ恐入候事ナカラ外ニ右之儀申立候而モ詮立候樣ニハ無之候間

尊前樣ゟ此義急度被仰立候而水老公御登　營ニ而海防之義万事御委任相成候樣奉願度內海江乘込候トテ其度ニ夜中登　城等ニ而混雜イタシ候而ハ別而一統之動乱ニモ相成候儀一体去年ゟ篤ト御治定ニ相成候得ハ此程ノ如キサワキニハ不相成儀如何ニモ殘念至極ニ奉存候此後交易御免之有無ニカヽワラス軍船造立不相成候而ハトテモ全備之御手當ハ

ムツカシクト奉存候此節コソ御十分ニ被仰上候様呉々モ奉願候又極内承候ヘ者亞國ハ新國ニ而御制禁後之國ニ候間邪宗サヘ御制禁ニ而商法ハ御免ニ而モ御國法ハ相立候トノ評議モ御座候ヨシ承候虚實ハ難計傳承之儘申上候琉球ニ而滯留英人申候ニハ此度亞人之手當是非願達之心得ニ而軍艦迄モ數艘手當御坐候間日本モ大方承知ニ可相成左候得ハ英佛魯之三國ハ兼而望候事故同様ニ不相成シテハ承知不致譯ユヘ追々渡來ニモ可相成ト存候左候得ハ琉球ニモ船々可參候間繁華之土地ニ可相成ト爲申ヨシニ御坐候右之通故新國ニ而御免ニ相成候トモ佛英魯之三國ニハ何ト御所置ニ可相成哉只今之姿ニ而四國之商法御免ニ而ハ日本ハ立行申間敷何分不容易御時節故御返答之趣ハ成丈ケ年ヲ延候様ニ被爲在其内十分ニ御手當御坐候外ハ有間敷御手當サヘ十分ニ相成候得ハタトヘ御免ニ相成候而モ定額ヲ定メ嚴重ニ御取計之儀相調候得共只今之通ニ而ハ何分恐入奉存候間水老公御委任之義被仰上候而其上

御前ニモ老公ト御相談ニテ十分之御所置被爲在候樣奉願上候以上

七月十日

○

一筆拜啓仕候暖和之節御座候得共益御機嫌能被遊御座恐悦至極奉存候然ハ不快中度々御尋被仰下難有仕合奉存候漸々此節出勤仕明日御禮可申上ト奉存候右ニ付極御內々御禮申上度鮠魚呈上仕候明日御登　城モ被爲在候ハヽ何卒拜顏相願度奉存候先ハ去秋ゟ之御禮奉申上度如斯御座候頓首

二月廿七日　　薩摩守

尙々時氣御自愛被爲在候樣乍恐奉存候此程近衞殿ゟ被仰下候ニ付　御所御園之儀又々六ケ敷趣被仰下候如何之事ニ御坐候哉此義モ明日申上度奉存候以上

上

書翰集卷之四

○

兩度之書面相達令披見候涼氣相催候處愈無事珍重ニ候扨申越候趣委細令承知候二度目之書面ニ而彌明白ニ相分リ申候追々承候處尤至極之事ニ存候間早速と存候へ共只々　高輪之處如何と掛念ニ存申候間下總申談工夫家中ニ御座候駿河ニも同意なから每の外高輪之御都合勘考と相見得申候しかしいつれ近々何とか治定之上都合克可取計候

一西洋調練之事ニ付所存是又尤ニ候乍去未タ早く御座候彼を知り己を知て後宜敷と存候間先兩三年は只今通ニ而一同西洋會得之上皇國相應之趣法取極メ候方と存候當時色々入交り候而は人氣種々ニ相成候と双方とも全備無覺束存申候間其方ニ而も其心得ニ而西洋流篤と會得いたし改正之節は加樣と申義只今ゟ工夫專一と存申候武田之五之數ゟ三之數

ニ而組立候方と兼而存居申候此段所存之儘申入候五之數は盡ル數三之數は不盡數ニ而如何程多人數ニ而も割合宜敷と存申候委細追々可申談候間兼而工夫専一ニ存候

一屋敷中取しまり程克可取計候學問之義時々心附申付候樣可取計候先は先日之返事早々申入候猶追々申入候以上

（安政四丁巳）
八月廿九日

猶々時氣加養専一ニ存候迫田此間長崎附人申付候江田事使番士侍廣敷用人申付候跡取締申付候事ニ候

奥も側用人一返谷川ヘ申付産物方追々改正之筈ニ候之

○

愈御安康珍重存候然は明日下總事御相談之事ニ而其御方ヘ可參と存候御同意ニ候共又御不同意ニ候とも先否御返事無之いつれ近日御逢申候間其節御相談申候上之方宜敷と存候間厚く御考之上ニて御返答被成候

趣御答有之候樣存申候此段內々申入置候且此品此節江戸ゟ到來ニ候間
致進入候以上

八月廿六日

周防殿用事　　　　　　薩摩守

○

兩度之書面相達令披見候凉氣相催候處愈無事珍重ニ候扨申越候趣委細
令承知候二度目之書面ニ而彌明白ニ相分リ申候追々承候處尤至極之事
ニ存候間早速と存候へ共只々　高輪之處如何と掛念ニ存申候間下總申
談工夫宬中ニ御座候駿河ニも同意なから殊外存候來年ニ相成武兵衛可
差出其節と存候細事申入候筈なから寒中書通多取込早々申入候之

十月廿九日　　　　　　圖書に

返事

○

人心一和之義尤ニ存候戸田藤田等ヘ取合且書通等之事申候處其通り之事ニ而少しも可疑譯ハ無之候忠邪明白之處置是又尤之事ニ而其儀ハ山々相考候得共加樣之一大事ハ時と位を考不申候而は善事も却而惡事と相成候儀古今ためし不少候幕府監察ヘ差出候は表通之事ニ而宜敷候得共差出候後如何相成候ものと存候や右樣表向之儀に候得共いつれ三奉行評議に相成候間夫々相掛之もの不殘呼出に相成候而御吟味之上忠邪分明之上ならては容易に被仰出候ものには無之候左候得は自から忠邪分明ニは可有之候得共仙臺騷動同樣世上之評判如何計りと存候や左樣に相成候へは忠邪は分明ニ候とも主家之耻辱世上ニ顯れ候義ニ而夫ニ而も良法と可申哉

一猶又申聞候其節之形行幷奸人之名まへ近藤初之咎請義ハ不殘辰之口ヘは書面出居候而承知ニ而筒井等も能々承知之事なから此義忠邪分明ニ

致候ニは前文通り評定所ニ相成候外無之候左候得は忠邪ハ分明に相成候而も夫ニ而ハ家之耻辱ニ相成

廣大院様御由緒も有之候間公邊ニ而も不宜候間何分ニも無事ニ相濟候様ニとの事ニ而辰之口ニ而も殊之外心配被致候而御參府後御拜領との等ニ而首尾能取計相濟候事ニ而萬事委敷相分候事ニ而御座候水老公ニも委敷御存知之事ニ而伊達ゟ委細申上ニ相成候事ニ而候其比戸田藤田は退役中故細事は存間敷と存候忠邪明白之機會難得可存候得共前文表向ニ相成候處家之悪名ニ相成處何と考居候や此處勘考有之度事ニ候前文通辰之口ニも委細承知之事故只今出候とも十分之所置は有間敷と存候極内々なから其節は先將軍ニも委ク御存しニ而御茶入御拜領等之節ハ極内有かたき上意も仰戴拜領もの所ニハ無之候得共此節之義孝心を御感ニ而拜領も被仰付候段姉小路ゟ内書ニ而仰戴當時も其文は格護いたし申候か様之義申聞ル筈ニ無之候得共得心不宜と存候間極内申聞候

事ニ御座候

一山くゝり之儀も尤ニ候得共當時之處容易ニハ相用兼候と存候譯ハ左樣之義響合候而ハ第一嫌疑之譯ニ而候然乍此義ハ篤と相考可申候

一秩父之事尤ニ候得共是又容易難行事ニ候譯は右樣之義行候は政事向御構無之候而も三役以上側役ゟ申付候時は是非御相談申上候義昔より之例ニ候差掛申付候節ハか樣之譯故差掛り申付候趣跡ニ而申上候事ニ候まして秩父等之義ハ差掛り之譯ニも無之其上國家之大政ニ候間不申上して取計候儀ハ中々以出來兼候左候而申上候とも兼而よく御存之筈候得共左樣之事ハとても御許容ハ無之儀眼前ニ御座候上不都合ニ相成候は必定ニ候夫計不都合ニ相成候得は宜敷候得共萬事響合候間却而跡〔諸カ〕政之邪魔必定ニ候

一先度之一條忠邪明白も尤ニ候得共此義中々申ほどきむつかしく候惡名をのこし候との事尤之事なから申上候而分明ニ相成候へは一方はつゝふ

れ申候其つふれ申候ものを御用ひ被遊候御不明之悪名ハ彌顯れ可申候
前文通り
公邊之御沙汰ニ相成候得は彌悪名増長ニも可相成夫を承知ニ而無法ニ
取扱候而孝道と可申や右樣之遠慮迄勘考之上申候事ニ可有之哉書面之
趣ニ而ハ少々麁忽之樣ニも被存候當時忠邪之義能々申上候而御承知ニ
可相成勢もニ候得は何も左程心配ハ不致候直ニ御承知と相成候程之事
ニ候へは奸物初より勢ひを得候譯は無之候水戸ニ申候儀忠心之志ニ候
得は思慮ハ不足かと存し申候夫ニも高論御座候ハヽ兎も角も此書面計
りニ而ハ宜敷とは不被申候折角
前將軍初辰等心配ニ而無事平穩ニ相成候を只今起し候得は又々主家之
騷動ニも可及事ニ候處前文旁之意味勘考無之人心一和無之と存候は偏
固之見ニハ有間敷や其上筑前は無據權道ニも候得共水戸ハ全く之多藩
夫ニ父子等之間柄之義忠邪明白を考候而申出候も道理ニ於て如何ニ可

有之哉孔子も直き事は內に有りとの聖書ニは相叶申間敷やと考申候

一序にまかせ申聞候善惡共時と位と申もの有之善事ニ而も時不到節取行候へは却而邪魔と相成其圖を見て行候義第一歟と存候井田之良法三代之善策ニ候へ共當時無理ニ行候ハヽ差支は眼前ニ候夫故無據當世之時務之宜を計常平倉或は社倉を取建候而急難をのかれ申候は古今例し不聞候且又善事ニ而も前後之考なく取行候ハヽ既水老公之證跡も有之無據差支到來いたし候花も可開暖和之節不到を無理に開候而も天然之美色ハ無之永キ盛りは無之候人事も同樣かと存候何事も時之到るを待て取行候へは永久之基ひ且騷動之憂ひも無之道理ニ候まして當時ハ人々利欲ニふけり候習風ニ而佛道ニ而申せは末世ニ而御座候異端之敎ニハ候へ共釋尊之鹿園之說法より初メ法華大乘を說出し候迄は種々無量ニ變化して說法し給ふ是本ハ人を濟度之方便ニ候へ共無知愚昧之もの難致承伏故四十二年未顯眞實とそ申傳候其通り余り眞顏に政事取扱候と

猶更難被行譯も御座候間利を以て方便し又悦を其内よき機會を得たる時良法をそろ〳〵取起候へは其法永續可致不伏之處ゟ良法申行候とも一旦ハ威光におされ行れ候樣ニ而も全躰不好心底ゆへとかく永久ハ不致候且また何事も急扁ニ取行候と萬事仕落多キものニ而不宜かん忍第一かと存候氣長く致候と自ら先キゟころひかゝり候間其時如何樣とも相成申候當國は昔ゟ隼人ととなへ人氣勇壯無比類候得共第一之かん忍ハ薄キ方ニ而候間かん忍之二字第一可心掛候漢之韓信も耻を忍てこそ世に英名を揚申候何事も再應工夫いたし自分之心ニても考先キ之人之心ニも相成考候上取計度事かと存申候

一猶又穩密ニ候得共お篤參府之事深キ考有之事ニ而異船旁嫌疑多キ世の中ニ候間

公邊御緣組致置候へは嫌疑之憂ひ少く萬事國家之爲とそんし取計候事ニ而候處

前將軍薨御ニ而少々樣子變り善惡等相分候得共少々は善事之趣ニも有之當時善惡の界ニ候處前文之忠邪等之義持出ニ相成候は又々一變ニ可及と難計嫌疑之義自分ゟ申ニは如何ニ候得共水戶ニ而も被仰候とふり世上ニ而も自分色々ほめ候は宜敷候得共中ニハ將軍之御爲に相成候得は宜敷候得共左樣無之候而は掛念之人と申人も有之由且代々將軍家ニハ急度隨從いたし天下之望ハ急度不致樣被仰出も有之候而決して異心はなく候へ共以後異船等渡來ニ而世上騷々敷相成候節如何樣之浮說も難計故御緣組相成居候へは左樣之懸念無之是亦天下之爲ニ候間取企候事ニ候而當時其處も辰もよく承知ニ而先は可宜模樣之處ゆへ何分此節は別して不宜樣ニ存申候昨夜中認メ別而不文乱筆ニ候得共舌代迄申達候此意味篤と相含ミ勇助等ニハ程よく可申聞候夫とも外ニ尤之譯も候ハヽ何か度も可承候事

○

太機密
嘉永六年癸丑十二月廿八日極內以テ御筆被遊奉拜伏候翌七年寅正月六
日　御眞書奉返納候

○

齊興朝臣齊彬朝臣カ國政ニアツキ心サシヲ叡感淺カラスツネ〳〵仰ト
モアリシニコタヒ武士モ心アハシテノ　御製ヲ御懷紙ニ
宸筆染ラレテ傳ヘヨトアツキ仰アリシヲカシコミテ武士ノ心モ君カメ
クミモテケニイヤマシニ國ヤヲサメ舞トツタナキ筆コト葉モ後ノシル
シニモナラムカナ添テ傳ヘ侍ルモノ也
安政二トセノ春　　　右大臣忠煕
サツマ
宰相トノ
中將トノ

詠寄國祝

和歌

武士もこゝろあはして
秋つすの
國はうこかすともに
おさめむ

○

文久ハシメノ年季冬物部ノ忠魂盤石ヲモツラヌク利劍送ヿサル事時世ニアタリ實ニ憂患ヲハラフ志ト頼母シク思ヒツヽヨメル

和歌

世をおもふこゝろの
たちとしられけり
はやくもりなき

武士のたま

○

盡し兼候御蔭さまニて取つゝき養生も出來追々快方ニおもむき候半
と誠ニ〱有難り奉まいらせ候早速御禮申上候筈なから
乍恐御側迄御禮申上まいらせ候まつ〱
病中心ニ任セ兼大延引ニ相成何
上々樣方御揃被遊益
とも恐入まいらせ候先々延引なから右
御機嫌よく被爲成猶
御禮申上度乍恐御側まて申
天璋院樣ます〱
上度猶此御菓子　一箱
御機嫌よく御障り樣も不被爲在御事御めて

御肴代り誠ニ御麁末の御事なから御側
たく有難り奉まいらせ候其御地ニも御揃遊ハし御
の御慰ニもと御めて度しん上申上度何
機嫌よく何方の御障りなも不被爲入御事い
も御禮之印迄に御座候猶々御せつかく
か程も〱御めて度有難りまいらせ候左様ニ御さ
御寒サ御用心なの様存まいらせ候何も病中別
候へハ御聞及も被爲入候通り私事一昨年中
而大乱筆御高免願上まいらせ候
より長々病氣ニて引籠櫻田御屋敷拜借致
めて度かしく
段々養生致候處御蔭様ヲ以少々充快方ニも相成候事なから兎角今以全
快ニおもむき兼誠ニ恐入候事と存居候左候處右下宿ニ付てハ長々の事

旁存外の物入等ニて色誠ニ々心痛致よん所無　花川ヲ以御時節柄旁何共恐入候へ共拝借金の事相談ニ及願上候處段々右わけ合御聞屆被遊候上誠ニ存もよらす

御懇之御沙汰ニ而御金拝領仰付られ候との御事何とも〳〵存かけ無恐入冥加至極身ニ餘り有難仕合御禮申上めて度〳〵

まつ平

大隅守樣

つほね

御側中御披露（九月二十九日附）

○

大乱筆恐入候へとも御側まて御内用旁御禮申上〳〵

猶々追々御寒サニ向ひ候まゝ御用心

御側迄御内々御禮旁申上〳〵

なほ被爲入御樣存上〳〵万々ねんめて度

益御機嫌よく被爲入候御事御めて度有難り
しらし
りし　左様に御座候へハ舊冬澁谷大奥御引拂御用向ニ付私事も下宿中
ニ付段々内談等も承知致万事御する〳〵相濟且又右ニ付而ハ思召様の
御内沙汰等の御事も御都合能御承知ゟニて花川初召置共
二丸御用向是迄通りに相勤候事共誠ニ
御満足様ニ思召させられ候先々
御安心様被遊候其段も私より宜敷御禮申上候様仰付られ候猶又先年來
御時節柄旁にて御側向も追々殊の外御淋しく被爲在誠ニ恐入奉候御事
存上居候處是より年中御献上物等も少々充御減シニも相成候へハ別而
御淋しくも可被爲在其上に年々色々の御心配様のミ被遊候御事ニて實
ニ何の御慰様
御樂様も不被爲在誠ニ恐入候御事ニて心痛のミ申上居候ニ付是又細々

存寄を花川へ内談致願上候處段々御聞濟の上御厚思召の趣も仰聞られ是より年々御增金も御上ケ被遊候段承知致誠ニ〳〵有難當時之御時節柄實以恐入候御事なから誠ニ御蔭〻ニて万事御都合御宜敷心丈ふニ思召候の樣万事取計ひも可申上候御事といか程も〳〵有難早束御厚思召の御事も委細御內々

御聽ニも入奉候へハいか程も

御滿足樣にてあつふ〳〵宜敷御禮申上候樣

仰付られ候此內なから申上候昨年來

御進發旁長々の

御留守樣にて御心配樣も被遊候上誠ニ思召かけも不被爲在

御容躰御太切の御事何共〳〵恐入奉候御事申上盡し兼候右ニ付てハ誠ニ大御心配樣ハ申上候迄も御座無只〻

御家御相續御治り被遊候御事のミ御信心被遊候御事ニ被爲在候實ニ年

々色々御心配様の御事計にて少しも御心静の御事も不被爲有誠に恐入
奉候とふそ此上御つよき御當り様不被爲在候様ニと夫のミ祈上奉候御
事ニ御座候先々御格別の御當り様不被爲在御機嫌よく日々天下泰平御
せいひつの様ニと御信心のミに被爲在候由伺奉候まゝふかく御案事上
られ不申ぬ様ニと存上〱乍恐私事も此度の御一條伺奉候て誠に乍
恐御案事申上奉病中おしても出勤致度と精々心配も致候得共未全快致
兼殘念なから今以引入居御用向等文通なから伺居候事ニハ候へ共先此
節ハ右様ニ迄ハ快方ニも相成候事仕合と存候乍恐右故何成共御用向等
も被爲在候ハヽ伺候御事と申上置〱先々御禮旁申上度病中別而〱
めて度〱かしく

つほね

大隅守様

御側迄御披露

御内用向　（九月二十九日附）

○

功をは世々に傳ふる
このふミを華のやからの
かたミとそミる

從一位源慶永

我もまたうれしかりけり
たくひなき君か功を
世々に傳へて

從一位源慶永

剰寒甚敷別而降雪難堪候處愈御安寧欣賀候扨は去年御來臨之節舊邦祕鑑御編述ニ付右讃賞之旨意を以詩哥文之内染筆御所望右舊邦祕錄ノ序跋ニ御掲ケ之義被仰下承候段々相考候處詩文ハ甚拙劣ニ付愚老之心を述候迄之拙詠二枚差出候間御落手可被下候前書可認候處伊達宗城卿に

も致相談宗城卿ゟ高崎正風先生へも相談候處前書ニ不及との事故前書ハ認不申候先は右申入候也敬具

二月七日　　　　松平慶永

東郷重持殿
市來四郎殿
寺師宗德殿

○

證　狀

御劍 備前國住眞長 長二尺五寸　一振

右者去八月十八日一擧之砌抛身命盡
丹誠
朝廷燒眉累卵之危禍ヲ救奉安

宸襟候忠功古今無比類儀と御感不斜候依之兩公御對顏於御前爲御
褒賞御手自可賜之永世御祕藏可有之候依爲後鑑如件

十月　　　　　　　　　　進藤式部權少輔

高崎左太郎殿

〇

證

一御　刀備前國長船盛光作一腰

右者昨年八月十八日一擧之砌專致盡力不容易成功之爲賞
御手自被下之置永可致重寶之旨
御命候也仍執達如件

武田相摸守

文久四年

甲子正月元旦

高崎左太郎殿

書翰集卷之五

八月五日之貴翰相達致拜見候秋冷相催候得共彌御安寧奉大賀候然者其御地之御都合明細被仰下只々仰天何共申上樣無之仕合ニ御座候扠又小生參府之事極祕申上候處万事厚ク御心配被下祕密之事共被仰下御厚情御禮難申盡候偖又薩摩守參府之事段々御心痛被下難有奉存候然處同人事最早御承知可相成不及是非次第ニ御坐候一体同方之義近國ニ居候小子サヘ不快ト承候時最早跡事ニ御座候六月比迄文通等モ致居候處七月廿八日同方カ家老ヨリ小子家老迄表向掛合參リ七月十七日ノ日附ニテ薩摩守事此程中ヨリ不快之處大切ノ容躰ニ付　公邊醫者御願被成候旨申來候尤側向初ヨリ掛合モ不承何分不審ニ存候へ共兼々當冬參府之事ニ付色々工夫イタス旨極祕直書ニテ申來候間右位ニ申立ノカレ候心得ニモ可有之哉然カシ大切之容躰トハ餘リ之事　公邊御醫者願候ト申事

ニテ又實病ニモ無之哉共存候得共何分不安心至極ニ付急ニ源八郎事見廻トシテ薩州へ遣申候得共後長崎表小子留守ヨリ早便ヲ以薩摩守事七月廿日死去候旨長崎奉行所へ届有之旨申來誠ニ以仰天殘念至極ニ御座候然ニ薩州ヨリ一向不申來八月十五日ニ家老ヨリ掛合來右之事申來候然ニ容躰書藥方付等不參其上跡式之儀等是非トモ小子へハ可申遣之處其儀モ無之甚以不審之至早速ニモ同方家老へ直書ヲ以万事可申遣哉存候得共無程源八郎歸著之上ト存見合申候ニ八月廿六日ニ源八郎事歸著委細相分申候七月九日頃ヨリ時候ニ相障リ痢病之由藥ハ坪井芳州之由容体書同人書申候隨分同人モ出精致シ候由ニ候得共何分藥功無之殘念至極ニ御座候跡事ニ候得共キナ鹽等十一二日之比相用候ハヽ、万一ハ可宜哉共存申候跡事ニハ候得共右容躰書差上申候此節源八郎薩州へ著之處表向之取扱ニ付色々尋候テモ表向耳ニテ一向不相分候ニ付山田莊右衛門へ對面致度存候へ共其事モ出來兼候得共色々申候而對面致出來右ニテ實事相分申候一体何之申譯モ無之候得共夏以來余リ多用ニ付側役共心配仕儀之茶屋ヘ滯留勸メ余程長ク滯留ニ參居日々調練等世話有之九日ニ大調練有之儀ノ六里計ノ處ニテ晝過迄有之歸路船ニテ釣等イタシ小鯛澤山有之夕方歸候由其日ヨリ少々腹中不宜トノ事之由其後容体書之通ニ有之候一両日過壯右衛門ヘ申候ニハ殊之外草臥之由申候ニ付芳州ヘモ壯右衛門心配ニテ承候處先格別トモ最初ハ不申候由然ニ何分心配ニ付家老共ヨリモ漢法ニモ爲見候樣申候得共薩摩守事キラヒニ付側向モ如何ト存候得共申候處爲見候由藥モ漢方ヨリモ出候得共余リ用ヒ不申由一体御存之通京ヘ召之御都合深ク心配致居病中モ其事極々心配イタシ不快ニモ余程相障リ候樣ニ壯右衛門ナトモ存候由然處十五日之朝火急ニ呼候ニ付出候處極側近ク呼[蝕]不快トテモ不宜候間事々申置候旨申候ニ壯右衛門ヨリ左樣ニ心配イタシ候テハ不宜心長ク養生イタシ候樣申候處左リノ脉ヲ見候樣最早脉無之候間長キヿハ無之ト申候

ニ付見候處脉無之ニ付壯右衛門モ當惑仕候由夫ヨリ色々委細申談等有之晝前ニ同人ハ詰所ヘ下リ候由直ニ一門家老共ヘ薩摩守逢候而下事之事委シク申付跡目ハ又次郎ヘ相極メ昨年出生之男子順養子ト申置候由其外申談候事ハ壯右衛門モ下リ居候間存シ不申候得共又次郎事ハ無相違候尤當時勢幼年之者ニテハ不安心ニ付又次郎ニ極メ候旨呉々モ申候由周防ヘモ委敷申候處段々斷候ヘ共聞入不申ニ付承知仕候由其後夕方ヨリ次第ニ疲勞相增十六日朝事切候由何共以當惑至極之事共ニ御坐候年來

貴君ニハ格別ニ御懇意被成下候儀ニ付右之〔始脱カ〕末實事不殘申上候儀御坐候嘸々御當惑ト奉存候薩摩守事平日之如ク氣象必死ヲ悟死去前ニ万事申置候事誠以感心仕候且又小子ヘハ同人是迄祕藏イタシ居候分離術道具不殘無間違早々遣候樣呉々申置候由ニテ此節長持五ツニ入組參申候其內ニ第一之祕藏之品ハ當年長崎ニテ取入候ホトカラヒー一式有之候右

ハ當年中ニ是非仕立候積ニテ極々樂ミ居候處大病ニ付小子へ遣候ハヽ出來上リ可申トノ存念ト存候間早々仕立薩州へ備へ可申存申候然シ取合至テ六ケ敷色々工風仕居申候一枚寫候へハ百枚モ出來仕候品ニ付出來候ハヾ入貴覽可申候薩州事誠如甕（マヽ）仕合万事火急相談相手無之當惑之仕合ニ御坐候

一當年參府之儀段々御深切被仰下難有奉存候猶又得ト相考へ重役共へモ追々相談可仕候京都　御召之御都合何分日夜痛心此事ニ御坐候實ニ此先如何之御都合ニ相成可申哉何共以斟辨不能候其上京へ召之儀遠國迄モ種々風説被行夫ヨリシテ何トナク人氣一統不宜心配此事ニ御坐候其上コレラ今以流行近國大流行可恐事ニ御坐候弊國ハ先無之端々少々有之候得共死亡之者十ニ一二位誠以仕合御坐候尤國中ニハ少々死亡之者有之候得共皆他國者ニ御坐候如何之譯ニ候哉不相分候右等之都合極祕申上度如此御坐候不相替多用ニ付此書落字書損多分ト奉存候御推覽可

被下候頓首

九月十三日　福岡

宇和島明公

尙々時節御自愛御專一奉存候ケウユール于分御手少々御痛メ被成候由厚御用心可被成候右御痛所之處御細翰被成下候義呉々モ奉多謝候尙其內万々可申上候以上

緘　御一覽後御投火奉願候

他見御斷

宇和島明公　福岡

極々祕密用御直披

○

御容體幷御藥方

七月九日夜拜診候處時候當リノ御模樣ニテ御寒熱被爲在御舌胎厚ク御

腹部拘攣御大便少ッ、御催有之候得共御快通無之候
御泡濟接骨花加密列蜀葵花珊篤里小茴香ニ硇砂二氏宛加へ調進候
同十日
御熱氣强ク被爲入御腹痛下痢數行被爲在候御腹部定所之劇痛等無之痙攣痛之御模樣ニ奉診候
御煎濟サアレツフ煎ニ加密到接骨花小茴香甘草泡出差上申候蜂蜜アルタア煎ニテ浣腸被遊候
同十一日
御容體御同樣ニテ御下痢晝夜四十行御熱行少シ薄ク被爲入候御小水御通不宜候
御藥前方夜分御安眠無之候ラヒヨシヤエキス五氏御服用ニ相成候
毎日數囘サアレツフ煎ニテ御浣腸被遊候
同十二日

御下痢晝夜三十三度御赤痢ニテ血交リノ御滑便被爲入候裡急後重御强ク御熱候御同樣御脈搏一密扭篤ニ八十七八度或九十四五度御食機不宜サアレツフ煎ニ藿香木香砂仁加密列少ヒ泡出調進候
同十三日
御下痢晝夜三十二度御赤痢血便薄ク御熱候輕ク裏急後重モ御少ク御舌胎薄ク御小水御通不宜候御煎藥前方御散藥ニ格綸撲越幾私亞剌比屋護謨調進御腹部ニ緩和蒸劑差上候
同十四日
御肌熱薄ク昨夜ヨリ時々御便中赤白相交リ御完穀モ相交リ御安眠不被爲入御勞倦被爲在御音聲モ無御力サアレツフ煎ニカスカリルラ水揚梅加密列泡出コロンボヱキス御散藥ニ龍腦加ヘ調進候
今日晝夜御下痢二十三度ニ減少御本便交リ御通被爲入候得共御食事至テ御少益御勞倦被爲入御脈狀細數ニ奉窺候

同十五日
今朝ヨリ御脉益御細數御勞倦增加御手足漸冷御下痢晝十度被爲入候其
内御本便四五度御通有之御小水両三度御快通御食事御宜敷稍御整復之
御模樣ニ奉伺候處晩方ヨリ御疲勞相增御虚煩之御模樣ニ奉診候コロン
ボヱキス龍腦御散藥ニ幾那鹽配調御腓腸ニ芥子砭布差上申候何分御氣
脫之御容体被爲在候故ホフマン液麝香硇砂精等之御藥劑頻ニ奉調進候
得共至極之御難症ニテ御藥劑奏効無之御大切奉恐入候御容体ニ奉伺候
恐惶謹言
八月　坪井芳洲
愚按ニ初日三日單純善性御痢疾御容体ニ奉伺候處終末轉變御虚脫御症
狀ニ全ク當時流行性之コレラ病狀ニ可被爲入候歟奉存候
○
一筆致啓上候寒冷相催候處彌御安寧奉大賀候然ハ爲參府近々出立可仕

之處持病之疝邪ニ而何分只今旅行難仕少々延引快方次第出立之心得ニ
候旨其節
公邊ゟ御屆仕候此段申上候
御代替御禮も被爲濟候由恐悅之至奉存候間部如何之樣子ニ候哉宸早歸
著ニも相成候哉万事奉伺候參府之儀ニ付先比も御委敷被仰下御深切之
御事忝奉存候得共何分持病十分ニ無之旅行當時出來不仕候不惡思召可
被下候
一去十八日
公儀蒸氣御船二艘爲運用領海博多詳ゟ繫船ニ相成申候銘江戸御船乘組
木村圖書同傳習方數人蘭人少々銘日本御船勝麟太郎同傳習方蘭人少々
諸家傳習方少々右之通りニ有之候然處木村初ゟ對面致度御船も見候樣
申來候得共疝邪ニ而引入居候間斷候處木村初ゟ又申來候ニハ幸此度ポ
ンペも參居候間診察相賴候ハヽ藥方等見込も可有之蘭人も不快之儀致

承知殊之外心配仕候由籠駕ニテ參於箱崎逢候事ハ相成間敷哉との事ニ
御坐候然處右も斷候ハヽ異人登
城も度々有之候段城內江ポンペ出可申勢ニ付重役共も心配仕參府延引
之屆も近來仕候間如何と打明木村初江內話仕候處右不快ニ付ポンペ江
爲見候事ニ付江戸江聞へ少も不苦木村勝受合候旨申候ニ付箱崎ニ而無
據一寸逢申候ホンへ診察其後寬々椋亭江藥方等申談候「ヨヂウムホツタ
ース」「レーフルタラーン」相用可然申候由然ニヨヂウムハ博多にて致出來
候得共「レーフルタラーン」是ハ出來不仕候持渡りもいまた無之候處ホン
へ所持ニ付其內可遣旨申候大ニ相樂申候レウマチハ直り兼候得共右等
用候ハヽ相應可致旨申候椋亭ポンペと寬々咄仕後學ニ相成候小子も色
々尋度候得共不快ニ付暫時對話歸り申候蘭人ハ船將大砲方も參り居勝
も臺場等ハ取調居候人ニ付領海之儀相談も仕度候得共何分其儀短日ニ
而出來不致殘念之事ニ御坐候

公儀運用ハ不絕有之候間又來年も可參哉も難計候委細ハ下野に申遣置候間御聞可被下候尤運用ハ度々ニ付一々木村ゟ屆ハ無之小子ゟも屆ニ不及旨木村申候間屆も不致候爲念申上候木村初所々見物有之候勝其外傳習方ハ日々馬上所々見物蘭人も馬上勝付添居候間安心之事ニ候蘭馬具も漸々昨今五通り弊國ニ而製候間蘭人五人丁度宜敷有之候廿二日歸り申候勝之船ハ其夜八半時ニ長崎に著船之由爰元出船晝比ニ候七十里余ニ御坐候迅速成事ニ御坐候松本良順も參り申候初而對面仕候右ハホンヘ直傳ニ付追々ハ宜敷醫者ニ可相成候委細申上度候得共何分取紛荒々申上候扨又ホドカラヒー至而六ケ敷ホンへもいまた自身ニ致候事無之彼方ニ而も上手下手有々中々六ケ敷由ニ候由右等之事共申上度如此御坐候如例大乱毫御海容可被下候頓首

十月廿九日　　　　福岡

宇和島明公

二白時候御厭專一奉存候

蘭人何も馬ハ達者ニ御坐候小子ハ見不申候牛痘針ニマクネート付置候得共付方宜敷近來於彼方ハ皆付候由ホンヘ椋亭ゟ咄候由ニ御坐候一ヶ年一度ツヽハ是非共牛ニ植候方宜敷候由先々其節蒸氣船無滯相濟大安心致候先達ゟ之風説にてハ弊國ゟ宇和島邊ゟ參候との事ニ候得共先此度ハ弊迄ニ而歸り申候來年定而御城下ゟも可參奉存候御受合ハ難申上候得共多分可參奉存候間御心得ニ內々申上置候

貴君御歸城之上ニ而參候得ハ猶更御都合可然奉存候以上

○

鎌田出雲へ賜書

書面致披見候愈無事珍重存候扨申遣候條々心得申候小野寺之事兼而承候人ニ御座候先比申入候趣意も有之候間其方自分心得ニ而能々習ひ可申候直助之義は何分人氣如何と存候間折角習ひ候而も以後人々氣請い

かゝと存候間其方習置左候而後年は呼候間不離樣能々可申置候且屋敷出入之義此節筑後ゟ申遣候間心得可申候

一豐印之事下總ゟ申遣候と外高輪之御都合勘考と相見得申候しかしいつれ近々何とか治定之上都合克可取計候

一西洋調練之事ニ付所存是又尤ニ候乍去未タ早く御座候彼を知り己を知て後宜敷と存候間先両三年は只今通ニ而一同西洋會得之上皇國相應之趣法取極メ候方と存候當時色々入交り候而は人氣種々ニ相成候と双方とも全備無覺束存申候間其方ニ而も其心得ニ而西洋流篤と會得いたし改正之節は加樣と申義只今ゟ工夫專一と存申候武田之五之數ゟ三之數ニ而組立候方と兼而存居申候此段所存之儘申入候五之數は盡ル數三之數は不盡數ニ而如何程多人數ニ而も割合宜敷と存申候委細追々可申談候間兼而工夫專一ニ存候

一屋敷中取しまり程克可取計候學問之義時々心附申付候樣可取計候先は
先日之返事早々申入候猶追々可申入候以上
八月廿九日
猶々時氣加養專一ニ存候迫田此間長崎附人申付候江田事使番土持廣
敷用人申付候跡取締申付候事ニ候奥も側用人一返谷川に申付產物方
追々改正之筈ニ候之
印
返事　　出雲に
印
○
安政カ
嘉永五年戊午四月十八日
一筆申入候愈無事珍重存候然は別紙寫之通才輔ゟ申來候間定而堀田も
一銅も下直之品有之次第取入可差下候
歸府大評儀と被存候何分當事手强き御返事は誠ニ後患之基ひ不容易事

其地在合御座候ハヽ舟便ニ而可差下候助八ニ向ケ可申候と存申候天神下其外之様子早々可申越候萬一御破談之節者何時争乱可差起も難計候間此上

敕命ニ而は致方無之候間自國之固メ第一ニ而手後れニ相成候而は不可然事ゆへ臺場大砲其外手當一日も早く取計候外は無之被存候間追々申談シ手當可致治定ニ候先第一兵粮硝石之手當申付置候右ニ付而田町も只今之通ニ而は相濟間敷不叶迄も手當は十分ニ不取計候而は世間之外聞如何ニ存候間普請之事も御座候へ共田町之方も手後れニ相成候而は如何ニ候間大元丸殘り金早々申下ケ候而其方ニ振向ケ可然哉且又加様之時節ニ相成候へは借金も出來候程は才覺第一にて自から弃捐可被仰出候間いつ方ニ而も才覺第一と存候此段は其地之以様子三原申談以見切可取計候

一　關東之御請誠に一大事にて此御請次第にて治乱治定之境と存候間様子

等早々可申越候右樣之事ニ候ハヽ錫も△又々高直ニ可相成と存候無手拔可取計候此一義破れ立一両度打拂候とも後來之處六ケしくつまり和親△ニ可相成只々可恐は內乱△難計と存申候彌破談ニ相成申候ハヽ無謀血氣之族△競立可申候得共一両度手强き目ニ逢候ハヽ其者共忽チ和親△を望ミ候ニ相違無之候當時は水老△土州△立花△因州△なとよろこひと被存候しかし以後は後悔相違無之と存候

一彌御破談之樣子ニ而は琉人參府如何可相成哉△何分不容易時節到來と存申候彌六ケしき事ニ候ハヽ江戸定式入用等別して取締第一にて此節は中々人の氣を兼候而体能き方にては不相濟と存候△間其時は大奥入用等其外十分ニ減少可取計候此段藤五郎△申談極內心得可罷在候先は要用早々申達候以上

四月十八日

猶々彌ニ候ハヽ、普請出來候とも△大奥は先ッ澁谷△之かた可然と存申候

猶また樣子ニより此方より可申遣候極內々申入候以上
用事
五郎兵衛ゟ

○

安政五年戊午四月十八日ヲ以在江戸
早川五郎兵衛ヘ賜書

第一
市廣考ルニ此年間ハ御書中ノ事實ヲ以推考スルニ安政五年戊午四月ナラムト認ム

第二
公ハ御在國早川ハ江戸留守御勝手方掛御用人ノ兼職ニアリテ內外ノ用ニ預リタリ

第三

才輔ヨリ申來ル云々近衛家簾中竹姬君ニ付ケ人御廣敷番頭原田才輔カ京師ノ事情ヲ報スルノ書ナリ則堀田モ歸府云々閣老備中守(信睦)カ外國條約事件ヲ以上京シテ歸東前後ノ事實ヲ記シタルナラム當時堀田カ上京ノ事ハ都鄙ノ評論喧シク中ニモ京師ニハ公卿方ノ所論喧擾甚シカリシハ史上ニ明ナリ玆ニ略ス

第三

當時手强キ御返詞ハ誠ニ後患ノ基云々朝廷攘夷ノ說ヲ以幕府ヲ困メ玉フハ不得策ナルノミナラス後患惹起ノ原因ナラムヲ憂慮セラレタルノ意ナリ公卿方ニハ外國ノ事情ニ疎ク夷狄トノミ輕蔑シ玉フハ彼我ノ形勢ヲ辨知セラレサルカ一向攘夷ヲ唱ヘ玉フニ依リ公ノ憂慮シ玉フノ第一トス

第二

天神下其外ノ樣子云々市廣考フルニ小石川牛天神下ニ水戶邸アルカ故

天神下ト記サレタルナラム尚ホ考フベシ水戸侯ハ元來論者ノ巨魁ナル故万一御破談ノ節ハ云々如何爭乱可差起モ難計云々ヲ以水戸侯ヲ指サレタル者ト考フル所以ナリ

第三

此上敕命ニテ者致方無之云々公ハ尊王ノ御誠意ハ玆ニ多言ヲ要セス然レ𪜈公卿方カ無謀ニ攘夷ヲ主張セラルヽヲ憂歎シ玉フ者ニシテ國家治乱ノ羅ル處深ク痛心セラレタル意明カナリ此ノ外ニ公卿方カ彼我ノ形勢ヲ辨セス無謀ニ攘夷ヲ唱ヘラルヽノ得策ナラサルヲ論セラレタルヲ以テ此ノ御書意モ推シテ知ルヘキナリ

第四

自國ノ固メ第一ニテ云々攘夷論ノ日ニ熾ナルカ故兎角安寧ノ見込ナキ形勢ナルカ故海岸ノ守備嚴整ヲ必要緊急トシテ本書ノ如ク一日モ早ク整頓スヘキ旨ヲ令セラレタルモノナリ

第五

第一兵糧硝石ノ手當云々硝石ハ硝藥ノ誤書ナラム當時鹿兒島ニ於テハ糧用ノ糯米數千石ヲ製造シテ布袋ニ納メテ貯ヘサセ或ハ麥餅(パン)ヲ製シ或ハ玉味噌ヲ製セシメ硝藥ハ無論彈丸ノ製造等盛ンニ製作セシメ或ハ御參府途用ノ後裝銃(ライフル)(米國式後裝銃)ノ野戰輕砲等ノ製造ヲ急カセ玉フ等ノ準備アリシハ公カ行實ニ記シタルカ如シ廣カ如キモ其事ニ預リテ親シク御指揮ヲ受ケタル事實ハ石室秘稿或ハ予カ日記ニ記シタルカ如シ

第六

田町モ只今通ニテハ云々江戸田町ノ別邸ヲ云フ邸内ニ砲臺ヲ建築セムト幕府ヘ請願セラレ埋地ニ著手中ナル故速ニ落成スヘキ旨ヲ示サレタル者ナリ當時芝藩邸建築中故普請云々ト記サレタルハ其事ヲ指シテ記サレタルニ外ナシ(田町邸埋地或鑄造圖ハ末川氏ニ藏ス)○藩邸建築ハ去ル安政二年十月大地震ニ家屋破壞シ其際ヨリ澁谷村ノ別邸ニ假居シ玉ヒシ故芝邸ハ假屋

ノ建築中ナリシヲ云

第七

大玄丸殘リ金云々幕府ノ誂ニ依リ製造シタル軍艦及ヒ備付ノ大小砲等ノ代價ヲ一時ニ仕拂ハス三回ニ拂ヒ其殘金アルヲ早ク拂ヒヲ促シ夫ヲ田町別邸ノ砲臺築造費ニ充ツヘシト示サレタル者ナリ然ルヘキ哉ノ文字ハ早川等ハ會計掌史ナル故强テ命令セラレス御意見ヲ示サレタルモノナリ公ハ容易ニ意旨ヲ以テ壓命セラレス其局員或ハ其人ノ意見ヲ述ヘシメ抑壓ノ所置ハナシ玉ハサルカ故爰ニ斯ク記サレタルモノナリ

第八

加樣ノ時節ニ相成候得者云々外夷逐年逐日猖獗ノ形勢顯レ暴慢ニ募リ幕府之ヲ制スルノ勇膽ナク恐懼狼狽シ彼ニ阿スルノ擧動ニ陷リ朝廷ハ攘夷ヲ主張シ玉ヒ隨テ有志ノ各藩士ハ朝意ヲ遵奉シテ幕府ノ擧動措置ヲ憤リ殆ント內乱ノ兆顯レタルカ故ケ樣ノ時節云々ト簡短ニ記サレタ

ルモノナリ當時ノ人情形勢ハ諸書記スルカ如シト雖モ朝廷及ヒ幕府內部ノ事情或ハ各藩ノ方嚮不定ノ情態等ハ石室祕稿ニ記セリ就テ辨明スル處アルヘシ

第九

借金モ出來候者云々此ハ普通尋常ノ金滿家ニ向テノ借金ニアラス記サレタル文字上ヲ以テ見ルトキハ尋常貸借ノ如シト雖モ決シテ然ルニ非ス如何トナレル（ハカ）自ラ棄捐可被仰出云々ヲ以テ幕府ニ對セラレタルヤ明ナリ其証トスルハ去ル嘉永六年封內金鑛山出產ノ金銀或ハ銅錫採掘ヲ擴張セムト幕府ニ請フテ數十萬圓ヲ借用セラレ出產品ヲ以テ年々償却法ヲ設ケラレタリ或ハ深川ニ國產販賣會所ヲ設ケ山林產物ヲ設ケラレ博ク賣路ヲ開カレタリ之カ爲メ幕府貸數萬圓ヲ貸與セリ是等ノ事尙ホ內示セラレタル者ナレハ早川又ハ三原藤五郎ニ內示セラレタル書中ニ明カナリ

第十

三原申談云々御側御用人兼御趣方掛御用人在邸三原藤五郎ヲ云フ時勢切迫シヲル故見切可取計云々委任ノ意ヲ含メリ切迫ノ形勢知ルニ足ル

第十一

關東ノ御請誠ニ一大事ニテ此御請次第ニテ治乱云々朝廷ハ幕府カ外國處分ノ曖昧ナルヲ憤ラセ玉ヒ從テ公卿方多クハ攘夷ヲ容易ニ論シ竊ニ各藩有志ノ士ト氣脉ヲ通シ尊王攘夷ノ論日ニ月ニ熾〔マヽ〕形ニ赴キ幕府カ數百年ノ驕敖憤慨ノ情隨伴シテ今ヤ發顯スルニ至リ加之閣老堀田備中守屬員數名ヲ從ヘ上京シ外國條約締結ノ敕許ヲ得ント百方盡力セシモ其意ヲ達スルコト能ハサルノミナラス攘夷ノ宸念ヲ示サレ或ハ三卿三家及ヒ各大藩ノ意見諮問スヘキ旨ノ詔ヲ發セラレ其措置ニハ幕府ノ一大困難ニ迫リ堀田モ如何トモスルコト能ハサルニ迫リ歸府將軍ニ告テ敕答セムト退京セリ依テ今後幕府敕答ノ次第ニ依リ治乱ノ定ル處ナルヲ

記サレタル者ナリ其形勢ハ舊邦祕錄其他許多ノ史上ニ記スルカ如シ然ルニ公ハ豫テ京都ノ事情ハ近衛家三條家（實萬公）等ヨリ朝意ノ在ル處公卿諸侯ノ意志ハ了知セラレシ故乱階顯然タルヲ察セラレ其準備ニ著手セラレ大ニ爲スコトアラムト計畫セラレタル者ナリ其事實ハ照國公行實及ヒ石室祕稿等ニ記スカ如シ

第十二

右樣ノ事實得者錫モ又々高直ニ可相成云々事候者ハ候得者ノ誤書ナリヤ明ナリ前後ト文勢ヲ以テ知ルヘシ當時外夷ノ事ヨリシテ幕府ハ素ヨリ各藩軍備ニ忙シク大小砲ノ製造他事ナキカ故其資料ナル銅錫ノ價格倏ニ騰貴シタリ從テ奸商猾工ハ投機ニ奔走シ純品ヲ得ルコト難キノ弊ヲ生シ適々製造シタル二砲モ一二試放ノ爲メ破裂セシ等ノコト少カラス是全ク資料銅錫ノ粗惡異分品ノ混雜セルカ故ナリ然ルニ藩製ノ砲器ハ國產ノ純錫ヲ用ヒ銅ハ大坂ニ於テ純銅ヲ撰擇シテ買取スルカ故薩摩

製砲ト唱ヘ當時稱譽セラレタリ(因ニ記ス大砲製造ノ資料ハ純銅九純錫一ノ割合ナリ)如此有名ナルヲ以テ幕府モ製砲ノ用ニ純錫數十萬斤ノ買上ヲナシタリ其爲メニモ採掘擴張セサルヲ得サルカ故數万両ノ前借ヲナシ産錫ヲ以テ返付ノ法テ設ラレタリ故ニ一時谷山郷ノ錫山ハ頗ル繁昌セリ從テ一般ノ潤澤トナレリ其他各藩ヨリ購求ヲ望ムモ又多シ本書ハ其事ハ簡短ニ記サレタルモノナリ

第十三

此一儀破レ立一両度打拂候トモ云々當時朝廷公卿方或ハ各藩士ノ中ニモ攘夷論者日ヲ追ヒ增加シ其所論外夷ハ犬羊視シテ之ヲ逐フモ容易ノ者トシタルハ全ク海外萬國ノ情事ニ疎闇ナルニ外ナシ適々其一端ヲ知リタルモノハ洋僻者ト蔑唱セラル、カ故歎慨シテ聲ヲ呑ムノ形勢ナリ茲ヲ以テ益々攘夷論者勢望ヲ逞フセリ公ハ博文强記時人情ヲ察セラル、ノ明アルノミナラズ天稟ノ才マシ々々テ宇內ノ形勢ハ洋學者ヲシテ講究セラレタルカ故攘夷ノ不得策ナルヲ明辨セラレタルモ如何セン時勢人情ヲ察シ言行ニ發シ玉ワサリシナリ當時親シク奉仕シタル人ニ非ラサレハ窺ヒ知ルモノナシ(洋學者ニハ川元幸民高野長英杉田成卿坪井信道戸塚靜海松木弘安八木彌平等ノ如キヲ膝邊ニ於テ洋籍ヲ讀マシメ聞クコトヲ樂トセラレ親ラモ横文ヲ記サレタリ公カ行實ニ詳記シタラカ如シ)斯ク彼我ノ形勢ヲ明ニシ玉ヒシ故攘夷論者カ一兩度モ實戰シタランニハ倏チ悔悟シテ遂ニ和親說ニ變スルナラムト速クモ通見シ玉ヒ腹心ノ輩ニハ本書ノ如ク密示シ玉ヒシ者ナリ公ノ精神ハ學制改良ノ書中ニ記サレタルカ如ク彼ノ長ヲ取リ我カ短缺ヲ補ヒ國躰ヲ確立シ皇威ヲ萬邦ニ輝被セメノ御定論ナリシハ咸人ノ知ル所ナリ

第十四

只々恐ル可キハ内乱難計云々既ニ其頃ヨリ德川政府ノ施政ヲ厭フ人情日ヲ逐ヒテ增加シ尊王攘夷ヲ唱ヘ王政復古ノ說ヲ唱フルアルカ故内乱

ノ起因ハ既ニ業ニ其兆アリシモ各藩侯之ヲ知ル者甚タ尠カリシナラム公ハ既ニ察シ玉ヒシ故本年ノ秋琉球使ヲ從ヘ參府セラルヽニ際シテ大ニ爲スコトアラムト久光公ト密ニ議シ玉ヒシ旨モアリシハ久光公親話記及ヒ松平長溥公ニ往復書中ニモ記サレ或西郷隆盛ヲ福岡ニ遣シ玉ヒ京都御召云々即チ此等ニ關シタル當時最祕密ノ事實ナリ执掌史料及ヒ石室祕稿ニ詳記スルカ如シ

第十五

彌破談ニ相成申候者云々無謀血氣ノ族云々攘夷ヲ容易ノコトヽ思ヘルハ彼我ノ事情形勢ヲ辨セサルアリテ一兩度彼カ大艦大小砲ノ利器實用ヲ見ルニ當リテハ忽チ不容易ヲ覺知シ和親ヲ望ムニ疑ナシト記サレシハ公ハ彼我ノ形勢ヲ明識セラレタルニ依ラスンハアラス玆ヲ以公ハ開國論旨ノ先鞭者タリト余輩カ明言スル所以ナリ

第十六

當時水戸烈公松平土佐守(後容堂)立花左近將監松平相模守ノ諸侯ハ攘夷主張者ナルカ故如此記サレタルモノナラム乎

第十七

彌御破談ノ樣子ニ候者云々攘夷決行トナラハ天下ノ騷駭ハ無論ナル故本年八月琉球王使ヲ從ヘ玉ヒ參府ノ豫定ナルカ故其事モ必猶豫等ノコトヲ記サレシ者ナリ

第十八

何分不容易時節云々江戸邸定式ノ經費云々非常ニ變革スヘキ旨ヲ示サレ中々人ノ氣ヲ兼ネ体能キ方ニテハ不相濟時勢ニ應シ非常節儉ヲ示シ玉ヒシモノナリ其時ハ大奧入用等十分減少云々豫テ三原ト申合云々ヲ內訓セラレタル者ナリ

第十九

猶々普請出來候トモ云々芝藩邸ノ造營落成ストモ御簾中及ヒ姬君方ハ

澁谷村別邸ニ依然御住居ヲ示サレタルハ時勢切迫ナルヲ以テノ故ナラム

第二十

尙書ノ御書入レニ銅モ下直ノ品云々江戸ニ於テ安價ノ銅アラハ買入レ鹿兒島ニ下シ遣スヘキトノコトナリ則チ前記ノ如キ大砲鑄造ノ資料トナレハナリ舟便ニテ云々大廻船ト唱ヘ鹿兒島ヨリ江戸ヘ直航ノ船ヲ云フ例年三四艘モ邸員賄用ノ米穀其他重大ノ品物運輸ノ爲メニ從來廻航スルノ規例トス此船ハ士二名ヲ監督トシ乘ラシム之ヲ上乘士ト通唱シ貧困士目見以上ノ者ヲ採用スルヲ規則トス助八トハ御側役兼御趣法掛御用人福崎助八ヲ云フ當時鹿兒島ニ在リテ財政ニ預リタル者ナリ

第廿一

封紙ノ寫ニ紋アルハ紙料ノ紋ヲ臨寫シタル者ナリ此御書早川カ家ニ藏

第廿二

年間ハ記サレスト雖𪜈文意ヲ以考フルニ安政五年戊午四月十八日ヲ以テ鹿児島ヨリ在江戸早川五郎兵衛ニ下賜セラレタル者ナリ則當秋琉人参府云々堀田歸府云々等ノ事實ヲ以テ明ナリ

書翰集卷之六

一昨丑十月中條約
勅許之節兵庫者被止候旨　御沙汰之趣早速外國人ゟ可申渡之處左候而者忽瓦解ニ及ひ折角平穩之御趣意も水泡ニ可相歸且一旦取結候條約相變候者只々信を萬國ニ失候而已ニ而所詮可被行儀ニ無之其段深心配仕候得共一時切迫情態御諒察之上條約
勅許被爲在候儀尙又彼是申上候も斟酌可仕筋ニ付先其儘御請申上置篤と熟考可仕奉存候折柄長防之事件差起り引續故大樹之大故ニ及ひ遂ニ開港期限差迫り各國より者每々申上候條件も有之就右猶再應熟慮勘辨相盡候處條約變更之儀强而施行仕候者必定義理曲直之論ニ及ひ大ニ不都合相生し詰り百萬生靈徒ニ塗炭ニ苦しみ　皇國之御浮沈ニも相拘候樣可成行者目前ニ有之右樣之形勢立至候上無據條約履行候而は實ニ

御國體御威信共總而不相立於職掌最不相濟次第殊ニ堅艦利器彼所長を取り　皇國之富强を謀候者今日之急務候間何れニも開港可仕者至當之儀ニ有之然ルニ今更彼是中斷候者是迄苦心仕候富强之術も一時盡果可申且條約之儀者各國交際之基本ニ而永久不易之規則無之候者遂ニ强弱を凌キ弱者强ニ被制候樣可相成西洋諸國大小强弱者御座候得共全く信義を重んし條約致遵守候ニ付凌奪并呑之患も無之夫々立國罷在候事ニ而條約之守否者國之存亡ニ相拘候儀ニ御座候得者旁以一旦取結候條約者是非遂行不申候而者難相叶奉存候就而者被爲於朝廷候而も右之事體篤と御勘考被爲在候樣仕度自然利害得失如何と被思食候儀も御座候者參　內之上巨細言上可仕奉存候將又宇內形勢變遷之儀者追々申上候通ニ御座候處古今之情態尙篤と考究仕候得者萬國森列土地風俗之異同者有之候得共均しく天地之化育を受今日其生を遂其死を完ニ致候ニ於而者素より彼此之別無之旣ニ民生同胞ニ候上者從

而信義を通候者天地之正理ニ候處皇國環海之御國柄を以而坤輿中東西要衝之地ニ當り卽今海外諸州逐日相開萬里比隣自在奔走之砌獨舊轍を墨守萬國普通之交接不致候而者自然之大勢ニ相戾り不容易禍害頓ニ可相生奉存候因而者形勢之變局方今之機會ニ候間四海兄弟一視同仁之古訓ニ御基被遊天下と共ニ御更始被爲在候樣仕度左候者是迄之陋習一洗數年を不出富强充實
皇國之御武威彌增皇張奉安　朝意候樣盡力可仕奉存候此段
奏聞仕候以上

三月　　慶喜

過日再考

其段心得可有之候趣承知仕候右は追々申上候通り條約變更之見据無之
候間各國ゟ趣意相尋候節ハ其段相答候迄ニ而御差許無之内布告等仕候
儀ニハ曾而無御座候此段御請申上候
御書取之趣大樹公ニ入覽候處別紙之通り被申聞候間此段貴答候以上

四月朔日

小笠原――
稻葉――
板倉――

飛鳥井――
野宮――

御登營被遊候時機相成候ハヽ一大事之御場合と奉存候付公道を以御說
破被爲在感服被致候樣御議論爲被在度義と奉存候間外御方々樣と得と
御打合相成御論一徹ニ相立候樣有御坐度太樹公ニハ譎詐權謀之御方故
御正論ヲ御凌被成候義明手ニ御坐候間御論を引返し裏ニ被相廻候歟又

ハ御改心之姿を以被欺候歟と奉存候彌改心悔悟之場ニ立至天下之公論を被爲用候處萬々無覺束事と奉存候付長州御所置之義且兵庫開港之策必御尋相成候半其節は決而御取合不被爲在第一

朝廷御遵奉之筋相立不申候而は悉く齟齬仕候付如何樣之良策あり共行れ不申候付屹と遵奉之道被爲盡度御中立相成候ハヽ、其義ハ固より之素志ニ候付論もなき事と御返答相成候半然共頓と御實跡相見得不申勿論近日二條殿下ゟ御迫相成候事件全公平之御論共被相伺不申其上新（帝カ）年御幼年之御義ニ御坐候へハ尚更懇々と御建言可相成處却而威勢を以御押へ被成候次第全御輕蔑之姿ニ相當り御忠實相顯不申尤志と業とハ今日之處ハ勿論千載ニ涉り決而不被欺ものニ御坐候故口舌を以ハ如何樣共御辨解出來させられ可申候得共中々人心之落著ハ難相成義ハ能々御明之上とは奉存候得共全左樣之御振合相心得不申候故事々物々御難題之所置と相成候次第ニ御坐候長州之御所置といへ共兵を勞せらる

ゝニ不及眞實遵奉之筋被爲相立候へハ必悦服可仕義ニ御坐候夫而已な
らす外夷之義もかく迄
朝廷之御憂慮被爲在候義を親敷御汲受被爲在候ハヽ轉倒之御所置も有
御坐間敷始終
朝廷ハ度外ニ置て之御扱ニ相成候故開鎖之煩ひニ立至候事ニ御坐候間
いつれ私權を離れ公平之議を以遵奉之筋相立候得は時勢之變遷相分り
開鎖之得失貫徹可仕義ハ勿論之事ニ御坐候段一遵奉を以十事は相貫候
御義論御立込相成度義と奉存候其上は御正論ニ困窮被致候歟又は論を
詰付候而御底意之處被相探度賦を以今日實行ヲ擧候處如何可致哉と御
尋掛相成候半其節ハ少しも御構不被爲在候而天下之公論を以申上候義
ニ而至幕府之御威光を殺坏と申譯ニハ更ニ無之世勢的當之論却而幕府
之御爲と奉存候間虚心ニして御聞取被爲在度段御申斷之上いつれ天下
之政柄ハ

天朝に奉歸幕府ハ一大諸侯ニ下り諸侯と共ニ
朝廷を補佐し天下之公議を以所置を立外國之定約ニおひても
朝廷之御所置ニ相成候而萬國普通之定約を以御扱相成候ハヽ忽御實行
相擧萬民初而愁眉を開
皇國之爲ニ力を盡んことを翼（冀カ）ひ人氣振起り挽回之期ニ至り一新可致事と
大道を以御諭解被爲在度義と奉存候
（丁卯五月西郷大久保之大趣意）
兵庫開港條約履行之儀ニ付過日見込之趣建言仕候處右者重大之事件被
對
先朝候而も難被及
御沙汰筋ニ付尚早々諸藩見込ヲモ被
聞食候間篤と再考可仕旨
御沙汰之趣奉畏候慶喜儀年來

闕下ニ罷在
先朝以來御趣意之程親敷相伺居殊ニ一咋年之
御沙汰も御座候上者開港等輙ク建言可仕筋ニ無之候處
皇國之御爲利害得失勘考相盡候得者何レニモ過日建言仕候通之儀ニ無
御座候而者永久御國體難相立輕重大小再三斟酌仕申上候次第ニ而此上
外ニ勘辨可仕樣無御座候且一旦取結候條約變更之儀者所詮難相叶事勢
ニ御座候間各國より申立候儀有之節者過日建言之趣意を以夫々申達置
候事ニ御座候尤打續國事多端之折と者乍申重大之事件ニ付聊も不打捨
何と歟取計不申候而者不相濟儀ニ御座候處是迄遷延仕居今更彼是申上
候段對
朝廷深ク恐縮之至奉存候就而者前件之次第國家御安危之界ニ付幾重ニ
も一身ニ引受御斷可申上奉存候右之情實篤と御承知被爲在尙今一應被盡
朝議候樣仕度此段御尋ニ付重而

奏聞仕候以上

三月二十二日　慶喜

○

千くさ

少將ゟ　少將內侍

御返事

毎々しほらしく色々上られ候段御満そく
〳〵ニ思しめし候何も〳〵御返事まてとあ
此間は御文のやう何も承まいらせ候いよ〳〵
ら〳〵申入まいらせ候早そく御返事申入まいらせ候はつ
御機嫌よく成らせられ候めて度忝りまいらせ候御ま
の所何かと御用多取まきれ遅りまいらせ候御ゆ

へゟニも何の〳〵御障も御はしまし〳〵て御勤るしく下されたくまいらせ候おりから時氣御用遊ハし候御事御めて度存まいらせ候左やう候得は
心〳〵のやうそんしまいらせ候めて度かしく

此間は見事〳〵のます御内々若劦ゟけん上致され度よし御傳献遊ハし早速申上まいらせ候所きつう〳〵御満足にてあらせられ早速仰付られ候御一こんの節手付られたひ〳〵ニ御賞翫遊ハされよく日迄殘し置られ手付られ候様の御事右御満足〳〵の御沙汰先方へ厚よろしく御傳へ下され候様との御事ニあらせられ候

めて度かしく

ゟ

○

七兵衛殿　　豊後守

御返事

乍恐以書取奉申上候
益御機嫌能被遊御座恐悦至極奉存候然は過日一寸奉申上置候
御膳酒爲御風味極内々申下シ候ニ付乍恐爲持奉差上候私共ニも被下
兼候位之御風味ニ而實々恐入候御事ニ奉存候乍併御定直段の割ニハ
調進方格別骨折相納候義ニも可有御座哉と奉存候其余都而
御膳邊右ニ准し候御模様哉ニ相伺申候尚乍恐
御賢慮被爲在候様奉存候此段奉申上候事
五月七日　三浦七兵衛

下ケ紙

上
一壹德利之内
御膳酒　少々

下ケ紙
口上

昨日は御膳酒御差越辱早速賞翫致候處以之外成味七分水三分酒と申位之事ニ候總而之義右ニ准候旨承知致候此節取調中ニ候其内否可申入候且器返却ニ付有合僞酒差入申候早々不備

五月八日

有罪之小臣

勝　安　房

軍門參謀机下

○

微志を雖欲達於于政機朝臣卑臣有罪之小臣成るを恐れて不能仰　天日空敷默止して臣節に死するは其分也雖然有罪と無罪を論せす爲邦家卑臣恐言を盡す者は

皇國之一民今日在るを以ての故ニ伏而惟
皇國外國之通交開けてより
尊王斥夷開鎖異同の説與同屬憤爭是か爲に死する者連年比々として不絶これ其政機の可轉もの不轉徒に鎖國一邦に可成の舊則を守て不移の故歟或は其政機の移る所遲々して化育の速ニ成るの故歟下言中に壅塞して不通の故歟其憤爭之跡を考れは頗る過激に失すといへ共其情を察する時は共に
皇國を愁ふ一念深きに發せり爲是に死する者其深怨之歸する所亦何人に在る哉今日に到ては我德川氏罪ヲ得
天朝臣衆數千其寃罪を愁訴せんと欲して其志不達既ニ同袍（マヽ）相喰むとす臣恐か輩其忠諫盡力すへき所其機を失す既に數年前にあり今日悔悟涕血すとも及ふ不能今我主獨其誤を謝で仰
天裁ものは臣子之分是を慚愧斷腸すとも能ハさる所終に激怒して同袍（マヽ）

憤爭之基固く垂御道なく爲是百萬之生靈其災害を不遁之勢なり關内如斯成るを聞て

上國是を笑ふ者は戰略に妙なりといへ共

王者之政生靈を愛護する道にあらす舊歲毛利家二國ニ蟄し而弱轉して强と成る關東今日之弱者豈後日之强者に轉するを思ハさらむ哉且同袍相喰しむ憤死之怨亦何人に歸する哉況哉譜代之主を捨て

官軍に加らしむる者は君臣父子相喰之道にして羸弱之者一時權勢ニ恐るゝ所に出つる歟

天朝之尊嚴を恐れて如斯成る歟知るへからすといへ共内心忌憚邦内人心離散之基と成るへき必せり小臣か輩哀訴せんとする者數百人然共黨を結ひ强訴するは我主の意旨に反す故ニ小臣代て其微志を愁訴す亦與敗と戰爭を恐るゝに非らす一片之誠心爲

皇國開らき難きの口を開き明白に其情實を訴ふ希くは高明至正之彗眼

を以て了察高議を仰くに在る而已恐懼々々誠恐謹言

辰二月十五日　　　　勝安房

○

無偏無黨王道堂々矣今官軍逼鄙府といへ共君臣謹而恭順之禮を守るものは我德〔マヽ〕民之士民といへ共
皇國之一民成るを以而之故ニ且
皇國當今之形勢昔時ニ異なり兄弟牆にせめけとも外其侮を防くの時成るを知れはニ雖然鄙府四方八達士民數萬來往して不教之民我主之意を解せす或は此大變に乘して不羈を計るの徒鎭撫力餘力を不殘といへとも終に無其甲斐今日無事といへとも明日之變誠に難計小臣鎭撫力殆と盡き手を下たすの道無く空敷飛丸之下に憤死を決する而已雖然後宮之尊一朝此不測之變に到而は頑民無賴之徒何等之大變牆内に可發哉日夜焦慮ス恭順之道從是破るといへとも如何せむ其紓御之道無き事

を唯軍門參謀諸君能く其情實を詳し其條理を正さむと且は百年之公評を以て泉下に期在る而已嗚呼痛哉上下道隔ニ皇國之存亡を以而心とする者少なく小臣悲歎して訴さるを不得所なり其

御所置之如キは敢而祢（マヽ）する所ニあらす正なるは

皇國之大幸一點不正之御擧あらは

皇國之瓦解乱民乱臣之名目千載之下消する所なからむ歟小臣推參して其情實を哀訴せむとすれとも士民沸騰半日も去る不能唯愁苦して鎮撫す將たして勞も其功無きを知る然とも其志不達は天也到于此際何そ疑を存せん哉恐懼誠恐謹言

三月五日　　勝安房

軍門參謀　閣下

先月越前家を以而微志を

上達す今其草を以て附呈す倉卒冒
瀆威多罪々々

書翰集卷之七

一筆致啓上候初夏之候彌御安寧奉大賀候然者薩州ヨリ早々當月中ニ小子ヨリ貴君ヘ差上候樣トノ事ニテ十二日之日附之書狀十五日長崎ニテ小子家賴ヘ同方家賴ヨリ相達直ニ貴國ヘ遣候處別段飛脚ニテ可遣之處幸家來歸候者出立之日ニ付夫ヘ相渡候由之處急ニ持參ト申事間違候ト相見ヘ廿二日ニ相達シ候間扨當惑千万迚モ當月中ニ江戸ヘ可相達樣無之其上急便ニモ無之如何可仕存候處家老ヨリ江戸家老ヘ急用有之明日大早飛脚立候由ニ付則薩州ヨリ貴君ヘ急用ノ一封差上申候幷薩州ヨリ小子ヘ來候別帋一差上候御返シニ不及候尤薩州ヘハ間違ニテ延引氣之毒ニ存候乍然早便ヲ以可相達迚モ當月中ニハ不參旨申遣置候薩州ヨリ京都御都合荒マシ小子ヘモ申來候其外下々ニテモ種々之風説甚シキ事ニ御座候可宜哉不宜哉一向不相分候然シ　京都余程御手强御坐候ヨシ

打拂ハ何分御時節早過心配仕候　皇國武備今少シ整候上ハ不苦當年ヨリ戰爭ハ極々不安心如唐國相成候ヘハ　神州御威光相立不申極々心配日夜苦心此節心配ハ無之候得共如何之御都合ニ可相成哉別段小子ハ工風モ無之當惑之至ニ候其御地之模樣堀田歸府之樣子委細奉伺候最早不遠内黑白可相分日々御樣子相考居候許ニ御坐候

一先達者御委細貴答之趣者奉拜誦候和蘭傳船用鑵類差上候處御用立仕候由大慶之至御坐候去冬爲御捕相成候熊皮一張御惠投被下殊ニ美事成品ニテ長ク祕藏可仕候厚御禮申上候船之事被仰下承知仕候ハツテラ三艘製造仕候許ニ御坐候大船ハイマタ取リカヽリ不申候

一ミニーケウエールル之事承知仕候得共只今長崎ニ寫シニ家來遣候得共イマタ數モ出來不仕候急之事ニハ有之間敷然シ出來候ハヽ可差上長々以急埒不仕候間不惡思召可被下候佐賀ニテハトウ〱右之筒一挺工風イタシ蘭人ヨリ所望イタシ申候至テヨク手ニ入感心仕候小子モ手入可申

存候得共佐賀ニトラレ申候然シ追々ハ數挺可參存申候
一御別紙極祕之事承知仕候天下之爲何分御精勤奉願候
一京都余リ御手强過候間萬一關東ト御意味違ナトニ押移候而ハ外夷一條ヨリ却テ　皇國極々御不爲ニ付万事心配仕事ニ御坐候何分貴君御賢慮万事御都合ヨク相濟候樣呉々モ奉存候色々申上度如山海候得共何分多用別テ大乱毫落字書損ハ御高免可被下候頓首

四月廿五日　福岡

宇和島明公

二白時候御自愛專一奉存候弊國近來テルモメートル六十度ヨリ七十四五度位ニ御坐候薩州ヨリ定テ申上候事ト存候同方へ長崎ニ有之候公邊蒸氣船先日ヨリ乘込大慶之事ト存候弊國へモ近々可參哉之風說ニ御坐候右運用六ケ敷事是非共習熟不致テハ難相濟候得共夫ニ付內味不宜事モ可有之哉風說モ承申候其內弊國へ參候ハヽ大方樣子可相

分其内万々可申上候
一白金礦薩州ニテ見出シ此節者無相違ヨシ小子方モ折角心カケ居申候
薩州製更紗極大巾美事之事ニ御坐候
一貴君同方ヨリ先比紅硝子器差上候由小子モ貰ヒ申候極自慢ノヨシニ
御坐候乍然小子見候處ニテハ紅トハ難申赤色暗赤色之類ニテ御坐候
下地ハ紫金ニ候得共火度不宜赤色ニ相成候火度宜候得ハ紅ニ可相成
候然シ小子方ニテハ赤色モイマタ出來不仕候彼是申候ニハ無之候得
共紅ハ六ケ敷儀御坐候然シ其内出來可致候得ハ可差上候然シ近來亞
夷一件中々以テ右樣之沙汰處ニハ無之何卒以其御地御樣子極々心配
仕候間其内可被仰下候以上

宇和島明公　福岡

○
極秘用御直披

安政元年カ三月廿三日薩侯往復

六連銃贈遺并墨人措置琉球等ノ件

一筆啓上仕候先以益御機嫌能被遊御坐恐悦奉存候然者此節參勤ノ御禮モ相濟難有奉存候參府仕候ニ付御機嫌伺申上度御內々奉申上候且又國產錫呈書ノ印迄進上仕候近日罷出萬々可奉申上候恐惶頓首

三月十九日　　　薩摩守

猶々不順ノ氣候折角御厭被遊候樣奉存候以上

別啓仕候亞奴ノ義未タ不殘退帆不仕候ヨシ世評ニハ下田ヘ地所拜借被仰付候哉ニ專ラ申候乍恐余リ寬過候御所置如何ノ事カト恐入奉存候乍然過去ノ義ハ致カタモ無御坐候得共以來ノ御所置誠ニ一大事ノ御場合彌武備嚴重ノ命令急度不被仰出候テハ益人氣衰弊ノ基乍恐　御國威モ是迄ト奉歎息候何卒御英斷ノ御所置偏ニ奉希候市ケ谷モ御參府ノ義此機會ヲ失ヒ候テハ猶更以ノ外ト奉存候間宜敷　御明斷ノ程乍恐奉願上候

一琉球ノ義以安道申上候義當公ヘ相願候處御承知ニ相成難有奉存候而三日中ニ安道ヨリ細事可申上候尤家老方帳面ノ儘入御覽候間御覽濟ニ候ヘハ御下ケ奉願候十ケ年程ノ事ユヘ一同ニハ不差上四五度ニ差上候樣可仕候左候テ　思召モ相願度御不審ノ義ハ何ケ度モ御尋被下候樣奉希候尤モ閣老ヘモ不申達分迄モ無殘差出候間宜敷御含奉願上候

一御目通ノ義モ近日中運阿彌迄相願候樣可仕候間何卒御序ノ節寬々御目通奉願上度此段御內々奉申上候猶委細安道ヨリ可申上候

一六挺砲漸々出來候間乍不出來進上仕候是ハ四五年跡中山ヘゼルマニヤ船渡來ノ節薪水等遣候返禮ニ國王ヘ贈物ノ內ニ御坐候テ中上王ヨリ內々到來仕候筒ノ寫ニ御坐候

一其外申上度義モ御座候得共　御目通ノ上萬事申上度奉存候以上

三月十九日

○

(烈公)

芳翰両通披見乍略義一紙ニテ及御答候先以今般御道中無御恙御参府且御禮モ無滞御濟重々目出度存候

一墨夷御所置云々來諭一々御尤ニ御坐候愚老モ海防御用ニ付登營ノ義ハ御免相願此節引籠居候間今更御細答不申候　廟堂ノ事ハ姑クサシ置大小名ニ一家ツヽモ正論多ク相成候得者詰リ神國ノ正氣振ヒ可申候間貴兄抔爲　天下御努力相祈申候

一琉球ノ事安道ヲ以御示ニ可相成旨委曲承知イタシ候帳面等一覧イタシ候迚モ格別ノ了簡モ有之間敷候ヘ共イツレ一覧可致候

一弊館ヘ御出ノ事承知イタシ候處前件願ノ趣イマタ沙汰無之引籠中ハ拝　面モ遠慮イタシ候間イヅレ是ヨリ御左右可申候

一六挺銃御投惠不堪感謝候先年拝受ノ八挺銃一同長ク珍藏可致候過日ハ南無阿彌ヘ御直答ノ趣段々入御念候御事御厚意不淺令感荷候先ハ

御答迄早々也

三月念三　水戸隠士

薩州殿

○

錫三百斤鯛一折目錄ニテサシ出シ錫ハ明朝相廻候由申來候故考候處昨年阿部勢州ヨリ古法眼元信ノ懸物（但シ出來モ至テ美事）贈リ候ヲ返シ候ヘハ此度ノ錫モ當時天下直段甚シク引上リ品少キ折柄且ハ海防御用未御免ニモ不相成旁賄賂臭ク受候モ如何故早速斷申候處何共恐入候左候ハヽ任仰相止可申全ク近頃領分ヨリ多出献上モ致候處右殘ニ付指上候事ニ候又御用ノ節ハイツ成共被仰越候様云々申聞ヨシ南無阿彌ヨリ申出候ニ付如本文申遣ス

○

異國船渡來ノ節制令及ヒ山川ヘ米國船渡來ノ事實

御軍役御手當ノ儀受持ノ御役場ハ勿論御領國一統深奉汲受急變ノ御用速ニ可相勤トノ趣ハ追々相達置候通ニ候然ル處近來異國船諸所へ渡來旣ニ去冬山川沖へ北亞米利幹船來著滯船中何ソ異變ノ儀ハ無之候得共海底深淺ナト測量致出帆候ニ付此末同盟ノ船々渡來モ難計依之御領內海岸防禦御手當ノ義此上ニモ尙亦嚴重行屆急變ノ御用速ニ相運候樣被仰付候當時　御城下ハ勿論諸鄕ニ至リ不日ニ諸方出役被　仰付候ニ付一統其旨ヲ存士道堅固ニ相守リ學問武藝無怠慢可致修練候武道ハ一身ノ嗜ニテ平常外ニ不顯深ク胸臆ニ藏メ臨事ノ節勇猛ヲ發シ可抽粉骨儀當然ノ事ニテ皆共其心得ニ可有之候得共武道辨へ薄ク候テハ事ニ臨ミ血氣ニ乘シ卒示〔爾カ〕ノ仕形モ有之万一御難題相拘ル事共有之候テハ別テ不可然事候ニ付聊取違有之間敷若輩ノ面々ハ猶更其心得第一ニ候條年輩ノ者共ヨリ兼テ致敎示屹ト可爲致承服候

一異國船渡來ノ節取計向ノ儀ハ　公邊御法令モ有之殊更當時ハ精々平穩

ノ取計ニテ此方ヨリ事ヲ破リ以下缺

○

極密被仰下候趣奉畏候又々　京地御大變ト申何トモ申上樣モ無之恐入
候事ニ御坐候林大ノ所置誠ニ天下ノ罪人ト奉存候是迄委細ノ儀不承候
處八日ニ筒井事參リ辰ヨリ申聞候樣ニトノ事ニテ應接ノ大意モ承知仕
誠ニ驚入候次第ニ奉存候何共申樣モ無之候間過去ハ致方モ無之候間後
來ノ御手當心ユルミ無之諸人進立候樣御所置專一ト存候間辰ヘモ可申
上旨返答仕候定而魯吏ヘモ前條ノ趣ニ而ハ御濟ヒノ外ハ無之カト扠々
殘念ニ奉存候當地此次第ニ相成候ニ付テハ琉球以後如何可相成哉乍小
國モ是迄兎哉角ト申凌キ交易等モ不仕處以後ハ異人別テ押付ケノ義可
有之哉ト甚タ殘念ニモ有之且ハ琉球ヘ此節ノ御所置爲伺候モ實ハ殘念
至極ニ奉存候何分委細申上候テ　尊慮モ伺度候得共筆紙ニ申上兼候間
如　尊名安ヲ以テ申上候樣可仕候

一大砲雛形ノ義モ難有奉存候昨夜龍土ヨリモ申遣候此節ノ品未タ手ニ入不申候両人ニテ雛形一ツヽ拵候筈ニテ「ボンベノ方ハ昨夜私方ヘ相廻シ申候

一湯ノ事云々難有奉存候急不仕候間何時迄モ御留ニ而御返シ奉願候

一京地ノ義ニ付薄々承候趣モ御坐候間愚存御内々左ニ申上候

一先比伏見通行近衛殿ヘ參殿モ仕候事ニテ彼地ニテ承知仕候ヘハ五ケ年御節倹被仰出候付テハ於　御所モ嚴敷御倹約ニテ年々両三度ノ乱舞迄モ御止メニ相成其外別テ御不自由ノ様ニモ相伺候右ハ全ク關東御存ノ義トモ不被爲在全ク御附ノ面々御奉公振ニ嚴重ニ仕候哉ト専ラ傳承仕候右ノ通海岸御手當ニ付格別ニ御節倹被仰出候モ當然ノ事ニハ御坐候得トモ　御所向ノ義ハ右様ニ不相成候テモ宜敷ヤニモ奉存候其上タトヘ格別御倹約ニ相成候トモ御手當ノ御一助ニ相成候程ノ事ハ御坐有間敷哉ニ乍恐奉存候其上京地ノ人氣ニモ掛リ諸國ヘノ

響合モ有之恐多キ事ニ候得共　御不德ノ基ヒニモ有之候哉ト奉存候
此節ノ天災モ右樣ノ處ヨリ却テ災ヲ生シ候道理カトモ奉存候間甚恐
入候何卒
神祖ノ御規定ノ通ニ被成進　御造營萬事御不自由無之　御所置御坐
候ハヽ益天下太平ノ基カト奉存候加樣ノ義申上恐入候得共御內々奉
申上候
一大隅ヘ御傳言難有奉存候早速申聞候樣可仕候當時ハ高輪住居ニテ御
使等頂タキ候テモ一々申聞ハ不仕先ツ安心ノ姿ニ御坐候厚ク思召ノ
儀難有奉存候
一佐久間ノ義實ニ可惜事ニ候得共麁忽ノ振舞ハ恐入候事ニ奉存候憤激
ノ余リ前後ノ辨シ無之取計ト實ハ可歎事ニ御坐候
一其外色々申上候義モ御坐候近日中以安申上候樣可仕候先ハ御別紙ノ
御請迄早々奉上候頓首再拜

卯月十二日

〇

安政元年カ正月三日

綿薬銃砲反射爐並ニ造艦ノ件

新春之御慶目出度奉申上候先以益御機嫌能被遊御超歳恐悦御義奉存上候年始ノ御祝儀御内々奉申上度如斯御坐候恐惶謹言

松平薩摩守

正月三日　　　　　　　齊　　　彬

上

〇

一別紙申上候綿薬モ彌宜敷様子ニ相成候今日差上候考ノ処少々乾兼候間後日差上候様可仕候

一「スチールチースヘルドアルチルレリー」之内ニ五挺ツヽキ「モルチール

相見得申候間當時色々工夫申付置候反射爐モ此間鳥渡試モ爲仕候處鉄急チ溶解仕候事ニ御坐候高竈モ近々成就仕候間其上鑄立可仕ト奉存候

一大船造立諸家ヨリ差出候事ニ御坐候ヤ當惑仕候向多キヤニ承リ候間加樣ニ製造ト申義被仰渡候ハヽ早目ニ出來可申哉ト乍恐奉存候間御内々申上候内々ハ方々ヨリ如何製造ト申義問合モ有之候得共未タ御差圖無之間不相知段返答モ申遣シ候事ニ御坐候極御内々春申上候以上

正月三日

○

安政元年カ正月廿四日

連根銃六連銃綿藥琉球幷夷情ノ件

書添申上候先日ノ連根砲　御慰ニ相成候由ニテ御國製兜拜領被仰付重疊難有奉存候早速仕立候而永年ノ重寶ニ可仕ト厚難有奉存候御禮申上度書添奉申上候恐惶敬白

正月廿四日　　　　　　　　　　　　　　薩摩守

上

○

一屋敷中取締第一之事

一無用之他出集會等可取締事

一文武之諸藝時々可致見分事

一於篤參府之儀者追々國元ヨリ可申遣候

一異船内海エ乘込候節見計新御殿初子供女中ノ面々澁谷エ追々可遣候尤其節之樣子次第辰之口エ可致内達候

一同斷之節ハ田町第一ト心得兼而用意可心掛候此程辰之口エ田町屋敷ヲ

目當ニ致手當置候間被仰付候ヘ者何時ニ而モ人數可差出申置候
一異船參候ハヽ早々以町便申越シ時々委細可申遣候万事之儀者差掛無掛
念可取計候事
五月朔日
○
用事（前書連帶ス）　近江ヱ
一筆申入候愈無事珍重存候道中無滯藤井驛ヱ致止宿候追々大暑ニテ難
義イタシ候昨夜モ申遣候異國船之義今日表向屆申越候間直ニ差通シ候
滯留英人之方ハ可歸光景ニテ宜敷候得共又々此節之義琉之方ハ先無事
ニテ仕合ニ候得共浦賀之儀如何ト甚タ掛念ニ存候異船渡來モ候ヘハ無
手拔聞合セ追々可申越候其方初メ心配察入申候立前申候通万一異船內
海ヱ可乘込樣子ニ候ヘハ都合能芝女中之儀ハ澁谷ヱ可遣候若多人數ニ
テサハケ兼候節ハ櫻田モ可然也何分都合次第無掛念可取計万一田町等

之固メ被仰出候モ難計其節モ時宜次第無掛念十分ニ可取計候タトヘ打合候樣成事候トモ此方ヨリハ手初メ不宜差圖丈ケ夫々承候上之事ト存候夫迄之事ナク大方御聞濟之方カ又者歸帆トハ存候ヘトモ必ス油斷無之樣專一ニ存候高輪ヘモ伺万事可取計ハ當然ニ候得共非常之事其時臨機應變第一之事故其心得ニ而少シモ無掛念可取計候何分ニモ不容易時節ト存候

一於篤參府等之事モ直之進ヒ武兵衛ヨリ申越候トヲリ木曾路ト致候夫迄ニハ可相濟候得共念之爲申入候其地之樣子次第可取計候何分ニモ彌渡來之上ハ度々樣子申遣候義待入リ存候六月初旬ニハ可參ヤト存申候間浦賀エモ手モ廻シ樣子万々承候樣可致候下曾根事浦賀ヘ參居候間夫エ向ケ人ヲ遣候ヘハ通路ムツカシキ事ハ有間敷ト存申候中山樣子モ追々可申遣候得共其地ノ樣子モ万々可申越候取込要用迄申入候以上

五月廿九日　　藤井ヨリ

〆　近　江　エ

○

一筆中入候殘暑之節愈平安珍重存候此方相替事モ無之靜謐御坐候扠巽船之儀ニ付而者品々心配之義ト察申候手當都合モ宜敷候ヨシ差圖行屆候故ト存候大悅候又々琉地エモ參候ヨシ其後之左右イマタ不相分候八九月ニハ必定可參事ト存申候條折角無手拔兼而申談シ專一ニ存申候

一公義御大變之儀不容易時節別而當惑至極ニ存候彼是之心配察入申候

一右付於篤參府之儀如何ト存候ヘ共此節延引候テハ世上ノ聞ヘモ如何其上此起リ

右大將樣　廣太院樣之御血筋御好ト申義ヨリ起リ候事故却而彼是ナク相調候モ難計存候間矢張定メ通參府爲致候心得ニ御坐候間其義ニ而直之進ヘモ申達手當可致候乍然七月中御發ニ相成候ヘハ八月之發駕ハムツカシクト存候五十日サヘ相立候得者發駕有之差支モ有間敷ヤ以嘉藤

次荒井ェ内々聞合候様イタシ早々可申越候將軍宣下手續等之義モ聞糺追々可申越候當年中之儀ト存申候

一書翰和解モ出來追々諸大名ェ御渡ニ而考御尋之ヨシ右書翰御渡ニ相成候ハ、早々可遣候何分軍船御造立第一之事ト存申候右門隼人四本詰之義モ此節豐後ヨリ可掛合候間高輪御聞濟ト相成候様可取計候此節者非常之義物入厭候時節ニハ無之ト存候田町屋敷海岸モ其儘ニイタシ置万々一之節ハ石垣下ヘ乱杭打立端舟不近寄様手當可然候作事方無用之材木取集參可然又當坐臺場ト申候而竹ニテ圖之如高サ六尺カ五尺位差渡一尺五六寸ニ駕籠拵ニテ中ニ土入レ候仕方モ御座候左候而杭ニ而堅メ候而宜敷右様之品モソロ々々拵置候而モ可然是ハ竹下承知ニ可有之又木ニテ取立候臺場モ御座候能々吟味可致置候水老公ェ御委任ニ相成候ヘハ無相違打拂ト存候間右様之義モ無相違手當第一ニ存候竹下不分明ニ候ハ、眞田家來佐久間修理ェ竹下遣シ聞合候様可致候未タ琉球

之一左右無之候間相分兼候へ共大カタ八九月比可參其節迄御返事御治定無之候ハヽ色々可申立ト存候間手當第一之事ト存候
一唐國之儀モ追々承知ト存候來年ヨリ之渡唐船如何可有之哉甚タ心配至極ニ存申候唐之通路無之候而者琉球之立行心配成事ニ存候猶追々可申遣候得共要用迄早々申入候乱筆宜敷披見可致候以上
七月十日
猶以當秋末ヨリ東目海岸巡見之心得ニ候然候ハヽ此度之御大變唐如何ト存候へ共海岸第一時節ニ而候間無構巡見可然哉是又甚之丞ェ承候而可申遣候若屆候方宜敷候ハヽ御時節柄ニ候得共海岸第一之御時節故巡見イタシ候段屆候事ト存候何分宜敷取計可申遣候此節柄之事故屋シキ中モ彌無用ノ遊行酒與不致樣相達候而可然事カト存候先ハ早々申入候以上

近江ェ

上 〆

○

一筆申入候愈無事珍重存候此方無異靜謐ニ候扨此度魯西亞書翰モ見申候少々存寄モ候間近便ニ上書可致候相達候ハ、直ニ辰之口エ可差出候

一諸家海岸之屋敷手當之事モ致承知候先便申遣候田町之事浪除迄ニ而者十八間ニ御座候此度之被仰出モ有之臺場拵候ニ者小々手狹ニ候間又ト申候而モ面働ニ候條浪除共ニ廿五間ニ築出シ度候間其處ニ而願替之儀可取計候尤委細之書圖其外ハ近便申遣候得共大頭之處申遣候書圖等屆候ハ、早速取計候樣手當專一ニ存候豐後ヨリ申遣候得共猶又申遣候築出シ方之事モ委敷申遣候間其上取計可申候

一嘉藤次申出候筒井之申口高論ニテ國エハ先ツ扣之樣ニトノ事心得申候此度ハ夫ニ而宜敷候カ以來之處ハ若々右樣之事御座候ハ、其段内々直書ニテ加樣之譯ニ候間内々遣候段豐後安房迄申遣候樣無左候而者書役共モ及見聞何モ譯ナキ事ナカラ取違ヘ追々申候而ハ不宜候間極内心得

ニ申遣候
一八十ボンドモ誠ニ大造成事平田之致シ過ト存候此方ニテ一挺拵遣候此方ニ候得ハ一挺臺共五百両少シ余ニ而出來申候此節二挺出來跡一挺製造最中ニ御座候其地跡一挺分之銅ハ取入可有之ト存候夫ハ吟味次第取入之濟候事故「タライイバス」ト申筒六七挺モ拵置候ハヽ可然ト存候此義ハ別段不申遣候間早速其通可申付候夫トモ製造方余リ高料ニ候ハヽ地金ニテ大廻リヨリ當地エ可遣候左候得ハ當地ニ而鑄立候而モ宜敷候事
一田中仁右衛門エモ細事申遣候通ニ万事穩便ニ無手抜樣手當第一ニ存申候來年之處段々之被仰渡考候得共ハ何不容易事ニ可成ト被存候間折角無油斷手當勘考可致候臨機應變之所置第一ニ存候
一是ハ極內々心得迄申遣候高輪之御都合妙成義六ケシク先日之樣ナル御沙汰御座候へ共夫ハ夫ニイタシ申樣ニ而ハ何事ナク相濟候間其處相心得老中等エ申出候義モ品ニヨリ候テハ跡ニ而申上候トモ決シテ夫ヲヤ

カマシク御沙汰ハ無之ト存候間其處ハ其方之心底ニ而宜敷可取計候來年參府之上之心得伺モ町便ニ而申遣候通早ク可差出候嘉藤次考ハ尤ニ候得共眼前之考自分之存候ハ被仰出候者非常之事故御斷申上是非トノ事ニ候ハヽ近方ニ而二三万石之領地可預ト存候事ニ御座候得トモトテモ被仰付候事ハ無之ト存申候早ク御差圖無之候而ハ万事手支モ候間早ク差出シ御差圖早ク御座候樣可申込候琉人參府之事ハ先不急樣ニ存候參府之上ニテモ可然ト存申候少々考モ有之事ニ候

右用事早々申入候也

十月十九日

〆

書添　　末川

書添心得迄申入候於篤之一條內々申參候處辰初ハ先宜敷樣子ニ候シカシ水老公ヱ辰ヨリ申出候處掛念有之候ヨシニ而當時內々水之方ヲ拵居

候事ニ而夫サヘ宜敷候ヘハ相調可申ト存候尤表向ハ自分參府之上ナラテハ知レ間敷候先ツ右之段心得申遣置候極內ニ可致直之進初申候トモ此節之御時節ユヘ何分不相知大カタ三田之方之考之段申置候方宜敷候間此段內々申遣候例之事ハヤメニ相成三田ニ相成候ト人々存候方宜敷事右極內々申遣候休之丞エモ內々ニ御坐候以上

十九日

〆

○

用事　近江エ

一筆申入候彌無事珍重存候此方相變事無之候今日巡見發足飛脚差立候間用事申入候今日便田町之儀幷ニ大船造立之圖遣候此儀ハ是非都合能取計可申極內ニ候得共著之上ハ早ク早川西両人之內エ申付候而去ル方聞合候而少シモ早ク差出之方宜敷ト申處ヲ承候而其上

高輪エ申上候而差出候樣無之先見合ト御沙汰有之候ト不宜候間右之心得ニテ可取計候夫トモ跡ニテ申上候而モ宜敷都合ニ候ハヽ其通何卒早ク差出候樣其方考ニ而都合可取計此方ヨリ大船之事願候事故早ク出候方　公義モ宜敷ト存候間其心得ニテ可取計候大取込用事迄申入候以上

十一月十二日

〆

右ハ國老時自嘉永六年丑五月迄同十一月

齊彬公手親揮毫所賜久平凡六通今命裱匠敍其前後特爲一軸恭加裝飾爲吾後者謾戒他見宜深寶襲以傳永世是爲跋矣

廣云此六翰末川家所藏ノ本ニ依テ謄寫ス

安政五年戊午八月

末川近江久平謹記

○

弘化四年丁未八月廿九日

八月三日之書面廿三日ニ相達シ委細致披見候愈無事之由珍重存候當地何モ相替候儀モ無之公邊モ珍ラシキ事モ無之候扨申遣候書面之趣一々致承知候

一調所事伊達ヨリモレ候事トフラシ候ヨシ此方ニテ考候トオリニ御座候左様計リ存居候テハ以後モアブナキ事トソンシ申候

一折田事御返答委細心得申候テ阿部へ先日七日ナリ参リ程能申置候處ニ承知ニテイツレ同列へモ申聞候様可致若何ソ申候事モ御坐候ハヽ又々可申ト申候間何分宜シク頼ミ入候何ソ御申聞モ御坐候ハヽ二階堂著ノ上委細申上候ウへ思召モ御座候ハヽ其節御直ニ御申聞可給左候得者猶更御趣意モ能トヽキ可申難有存候旨申候處是又委細相心得申候ト返事御座候此度村橋左膳代リ何ト申モノニ候哉ト申候間イマタ表向不申參島津權五郎ト申モノニテモ可有御座イツレニモ二印著ノ上

御聞被成下候樣ニト申置候之此段極内申遣候阿部事實ハ村橋ハ去年承候事モ御座候シカシ夫ハトモカクモ御手當ヨク有之御國体ニカヽリサヘ不致候得者少事ハヨロシクト申居候是ハ誰ヘモ不申聞候ヘ共極内申遣候

一權五郎事モ表向阿部ヘ御屆ケハ無之候十九人トハ少ナキ事ニ候カ二印著ノウヘ一組之人數ト御屆ケ出候カトモ被存候夫カ誠ニ恐シク御座候別段人數被差渡候御評議無之ヨシ宸早其後ハ中々有間敷被存候池城之事モイマタ當地ヘ表向ハ不申參候自分モ委細不存姿ニ御坐候フランス人英人モ追々列歸可申トノ事何寄之儀ニ御座候何卒其通リ致度事ニ御座候右通列歸候樣相成候ハヽ其後ハ宸早安心ト存候ヤ又

一往歸候テモ後患難計存候ヤ其方心底如何ニ御座候ヤ承度存申候

一調ニモ腹中ニハ當リ候樣子追々程能取計候向ニ相聞候ヨシ先々ヨロシク安心イタシ申候

一大書院等事モ不都合之ヨシケシテ左樣ト存申候先々何事モ不申カタ
可然存申候中々人ノ申言聞入レ候事ハ先ハ無之ト存申候
一池城之義イマタ此方ヘモ表向不參程之事ニ候處七月廿八日登城之節
星野久庵內々申聞候ハ此間御庭番歸リ候由琉球ヘモ唐國ヘ去年參候
御使者歸リ唐國ニテ相談ニ相成拾万両程ノ品御國ヨリ談モ相濟候ヤ
之旨御庭番申出候由內々シラセ候モノ御座候兼テ隱密歸候ハヽ申上
候樣ニ被仰付候間御內々申上候旨申聞候拾万両ナソハ虛說モイタセ
大意ハ間違モ無之候其通リユヘ誠ニ恐ロシク御座候又申聞候ハ是ハ
タシカ成モノニ承候得者無之候得共琉球島々ヽ異船參候由申モノモ
御坐候ト申聞候間両條共全ク不存事大カタ虛說トモ可有何モ國ヨリ
不申來ト申置候事ニ御坐候
一何事モ洩レヤスク心配ノヨシ尤至極之事實ニ恐シク御座候夫故此後
モ飛脚每ニハ此方ヨリモ遣スマシク其方ヨリモ其心得ニテ此返書ハ

届次第遣シ其後ハ間ヲ置キ可遣候
一琉球之儀其後如何ニ御坐候哉大凡之處極内承リ度候當地ニテ色々申候義モ御坐候間申遣候實否之儀承リ度存申候
一折田不及等ノ事モ段々申遣候心得申候調印ヘモ承リ候サ候ヘトモ書面ニテハ難申遣ト申候テ只御膳所向磯等之儀ニテ色々ノ事引出候ト申來候不印之義ハ一体是迄調印ハ餘リ不向之方ニ御座候間旁不運ト存申候
一當地ニテ琉球之儀申候事承リ込候義左之通リ
一琉球靜ニ候得共内々ハ三艘參居候ヨシ德ノ島ヘモ三艘參リ直ニ出帆ノヨシ又喜界島ヘハ四艘參リ牛奪ヒ取リ候ヨシ又飛船等參候テモ山川ニテ差留メ極祕事ノヨシ何カ琉球無事ト計リニハ無之候ヨシ極内評判イタシ候ヨシニ世間ヨリ内々承リ申候右通リ世間ニテ申モ全ク虚説計リトハ存シラレ不申候極内様子承リ度ソンシ申候

一折田にも早速設ケモ爲致候筈ニ候得共使へも參リ　公邊へも名前相知レ候事ニテ余リ直ニテハ又隱密モ承リ何カヲカシク聞得候テモ如何ユヘニ其段調印へモ先便申遣候テ去ル廿四日ニ役替申付候此義不都合トモ存候得共時節何シク公義御都合第一ユヘ右之通ニ取計申候調印口振如何ニ候哉内々承リ置度候也
一臺場之事モ申遣シ致承知候其方巡見當リ前ノ事ニ御座候シカシ此義如何ト存申候申遣候通リ一臺場五六十以上ニ無之テハ何ノ役モ不相成笑草ニ相成申候公義ヨリ見物之義ハ先年來迄ハ有マシク四五年ノ内ニハケシテ可有之イツレ前年頃御達シ相成候ウヘノ事ト聞得申候其樣子御坐候得者早速シラセ候筈ニイタシ置候間知レ候ハヽ早速其方迄極内々ニ申遣シ候樣可致候調印ハ此義何事モ不申遣心得ニ御座候
一御金賦之事モ不申カタ可然ヨシ申遣シ委細心得申候自分ニモ其心得

ニ御坐候必ス案シ申マシク候當年モ同席中方々マネキ御座候大カタ
斷申候得共無據頼ミ旁ニテ之マネキ一座斷候テモ再應中參候事故無
據參リ申候此義第一困リ申候
一茶道方膳所等ハ余程拔ケ穴モ御坐候樣子ユヘ此度將曹等ヘモ精々手
ヲ付ケ申候間余程違ヒ可申納戸表拂之方ハ候ヘトモムツカシク誠ニ
少シ計之事トソンシ申候
一念ノ爲申入候權五郎儀渡海被仰渡候由ニハ候得共又響合計リニ山川
迄ニテ何トナク相濟候事ニハ無之哉如何之樣子ニ候哉是又極内承リ
申度ソンシ申候
一是ハ別之事ニ御坐候カ去年笑等駒場ヽ拜見ニ參リ其後御場所拜見ニ
參候義余程ヤカマシク相成候テ加藤啓次郎ヽ之進物等大造之事家老
之身分ニハ不似合千万ト申事ニテ調等初メ二印半田其外不殘名前等
モ相知レ候ヨシニテ既ニ表向ニ可相成樣子ニ候ヘ共先ツ平和之取計

ニ相成其節御鳥見何トナク愼ミ加藤啓次郎押込ミニ相成候テ夫テ表向ニ不相成候イマタ愼御免無之ヨシ加藤ハトテモ再勤ハ有マシキヨシニ御座候古様此義ニテモ調等名前モ上ニ響キ不都合御座候此後之處余程考無之ト色々ツトヒ候テ何ト出可申モ難計二印此度ノ出府様子次第如何ト案申候調印出府之節此ウヘ何事モナク候ハヽ何モ御沙汰有マシク候得共何ソ六ケシキ事御座候テハアフナキモノトソンシ申候此儀大カタ極祕トソンシ申候五郎兵衛大心配イタシ候様子シカシマヅマヅ何事モ無之候調印ヨリ加藤ヘ送リ物等多ク御座候ヲ仲間ト配分不致處ヨリ破レ候トノ事ニ御座候御小納戸頭取迄ハ進物之品書幷調印ハシメ參候人々ノ名前モ皆々聞合候テ申上リ候由ニ御坐候加藤ヘハケ條書ニテ御聞取被下候ヨシ其外目黒ハシハヤ等ヘ調印ノ事等聞合ニ蔦々トノ事ニ御座候極内心得迄ニ申遣候

一來年御參府秋カト被存候カ如何ノ様子ニ御座候哉内々承リ度心得ニ

相成候間極祕ニ承置度候又内ノ浦邊御巡見ハイツ比ニ相成候ヤ是亦
承リ度ソンシ申候半田モ如何ノ事ヤ是マタ樣子極内承リ度候將印モ
彌笑ト十分ニ無之ト存候カ如何ニ候ヤ是又極内心得迄ニ承リ度存候
一自分モ此度阿部達ノ首尾相濟候得者家早用モナク來年御イトマモ有
マシクトゾンシ候間琉球之事ハ何モカマヒ不申姿ニイタシ將來トモ
少シモカマヒ不申樣子ニイタリ候心得ニ御坐候阿部何ソ申候トモ成
丈ケ斷リ將呼出シ候テ達候樣ニト可申心得ニ御坐候條極内心得迄ニ
申遣候琉球之滯留異人其外異船渡來等致候節ハ極内其方ヨリシラセ
候樣賴ミ入申候二印著ニテ阿部ヘ參候迄ハ掛リアヒ可申夫ヨリハ家
早安心ト申候テ表向不構姿ニイタシ申候間左樣心得可申候
一長サキ風說書極祕イキリス蒸氣船ニテ今來年中ニ可參樣子之段蘭人
申出候ヨシ定メテ承知ノ事トソンシ申候阿部モ此間申聞候御國モ折
角用心可致ト申居候

一大砲掛リ等追々被仰付候ヨシ何寄之事シカシ鑄立方余リ其後多クモ無之樣子又響合計リニテ無之哉何卒現事十分御手當御坐候樣イタシ度表向ヨリ內實之方手厚ニ相成候樣致度事ニ御坐候當時鑄立ニ相成候筒モヨロシク候得共夫ヨリ十貫目六貫目之「ボンベカノーヲン」ト申筒一名「ベキサンス」右之筒臺場ニハ極ヨロシク其筒之備有之臺場ハ用心致シ近寄間シクト西洋ニテ申候程之筒ト承リ申候其方申出候義出來兼可申トハ存候ヘ共心得迄ニ申遣候「ボンベン」玉トハ違ヒ申候其筒ノ圖ハ「ベキサンス」ト書付候テ鑄製方ヘモ下ケ置候間御座候トゾンジ申候是ハ野戰ノ用立不申臺場第一之筒ニ御座候

一青山事モ西洋ヘ入門ニ相成候ヨシニ承候間野村彥兵衛事モ此迄荻野流ニテ內々ナカラ筒預ケ弟子六十人程モ相成候得共青山モ其都合ニ候ハヽ彥兵衛ニモ門弟一同成田入門ノ方御都合モヨロシクトゾンジ候間此將ヘモ相談イタシ藤五郎迄內々申遣シ門弟一同成田ニ入門致

シ稽古致シ是迄ノ流義モ預ケ申候筒モ御座候間油拔ノ爲ニモ相成候間内輪ニテ不絶稽古致候樣ニトノ事申遣候間是又心得ニ申遣候海老原等ノ口氣如何ニ候哉承リ次第承リ度ソンシ申候

一其外我等心得ニ相成ヨロシキト存候事モ御座候ハヽ無遠慮可申遣候六郎ヨリ外壹人ヘモ油斷不相成誠ニ困リ入候事ニ御座候其地市中御取締モキビシキヨシ人氣如何ト存申候當地阿部ノ評判彌ヨロシク諸役人一同心伏市中モ靜ニ相成人氣立直リ候樣子ニ御座候何事ニテモ一存ニ無之三奉行其外掛リ吟味ノ上其内ヲ善惡勘考候テ取計ヒ候樣子ニ聞得申候一人モ阿部ヲアシク申モノハ無之何卒左樣ニ有度事ニ御座候殿中モ無別條ト申事多ク役人等進退誠ニ少ク御座候當地季候初冬ノコトク綿入壹ツニテハ朝夕ハ寒キ程ニ御座候信州邊地震イマタ少シツヽ御坐候由ニ聞得申候眞田領分計リニテ五千人程ノ死亡ト聞得申候當地火事モ少ナク御坐候雲州御名代來月二日出立ノ筈ニ御

座候行列余程立派ト聞得申候
一其御地御取シマリ且被仰渡等モ心得ニ相成候義ハ承リ度當地心得ニ致シ申候
一寛之助モ先々平和シカシイマタ十分成長無之候追々ハヨロシクト被存候右ニ付テモ色々奥向入組候事有之甚タメンドフシカシ寂早相濟候姿ニ御坐候極秘ノ事ニ御坐候著モイタシ御直ニ可申聞候
一右ハ返事旁申入候此返事伊木テモ種子島方ニテモ都合次第ニヨロシク頼入申候自分モ以後都合次第両方ノウチヨリ可遣候先ハ早々用事申入候以上
八月廿九日

○

尊書謹拜見仕候入梅中鬱々敷天氣御坐候得共益御機嫌克被遊御座恐悅御義奉存候然ハ過日者國狎豚肉進上仕候不存寄以御直書御手製之佳品

拜領被仰付重疊難有奉存候先年頂戴仕候後久々ニテ拜味仕別テ難有奉
存候將又先頃拜領之御刀早速於國許試仕候處一ノ胴土檀通ニテ切レ味
申分無御座段申來早速拵申付置永々家寶ニ可仕候重疊難有奉存候扨琉
球之儀如命誠ニ不一方心配仕候去ル三月十六日便ニモ未タ跡船モ不相
見段申來異人之樣子且申掛候趣意內密可申上候得共今日者書取出來兼
候間近日中極內以直書申上候樣可仕候先者御請迄早々可申上如斯御坐
候恐惶敬白

五月二日（弘化二乙巳）　　修理大夫

上御請

○

水戸侯カ硫球在留ノ清佛人カ書類或ハ藩廳ノ記錄借覽ヲ乞ワレタルニ
依リ他日其記錄類ヲ遣シタリ

十月十一日

洋書及ヒ琉球事件水戸侯返翰

寒冷之節先以起居萬福抃賀之至存候其後ハ異船ノ儀モ不承候處何ソ珍事モ有之候ハヽ極密承リ申度候扨者此品不腆ニ候ヘ共弊國之產故御一笑ニ進申候也

十月十一日

二白不順時候御加養專一ニ存候先達テ御所藏蘭書目錄御問合申候處今以何等御答モ無之候ヘ共海外ニ廣リ候品拙老ヘ御祕ニモ及申間敷彼カ術ヲ取テ彼ヲ防禦シ乍不及天下ノ御爲ニ仕度事ニ候故相成ハ御申聞ニ致度候也

齊昭

修理大夫殿

參

御書難有拜見仕候益御機嫌克被遊御坐重疊恐悅奉存候然者異船之儀其後可申上程ノ義モ承リ不申唐國ヘ中山ヨリ及尋問申候佛人之義回答御坐候處イツレ佛船當年可參候間篤と及示談候テ歸國之義取計可申トノ事ニ御坐候其外者英船兩度薪水所望ニ著船仕候計リニ御坐候且又蘭書之儀恐入奉存候祕候ニ者無之候得共御用立候程之書類所持不仕分難術ノ書物許リニテ其外本草ノ類少々所持仕候右故是非珍書取出候テ可申上日々ト延引仕候重疊恐入奉存候所持ノ分珍書者無御坐候得共明日中書付入御覽候樣可仕候和解書ニハ一部海上炮術全書ト申候ゼー、アルテルレリー天文臺ニテ和解出來候品極內分相願先月末手ニ入申候右御用ニ御座候ハヽ入御覽候樣可仕候他ニハ何卒御祕シ被下候樣奉願候今日書目差上候筈ニ御座候得共無致方義ニテ取込ミ恐入候得共明夕迄ニ差上候樣可仕候將又何寄ノ御品頂戴被仰付難有早速拜味可仕重疊難有奉存候先者御請早々奉申上候謹言

十月十二日　　　　　　　　　　　　松平修理大夫

上　御請

尚々御端書難有奉存候寒冷之候乍恐御自愛被遊候樣奉存候

○

寒冷之候御座候得共益御機嫌克恐壽之至奉存候然ハ昨日者御國產之御品頂戴仕千萬難有奉存候早速ニ拜味仕候處珍敷御品ニテ重疊難有奉存候將又蘭書之儀珍敷品モ無御坐候得𪜈書目差上候トテモ御用立候品者御座有間敷奉存候當年者是非炮術ノ新書取寄候筈ニ仕置候間長崎ヨリ參次第早々申上候樣可仕候昨日之ゼー、アルチルレリー、ハ余程珍敷和解書ニ御座候間御沙汰次第ニ四五冊ツヽ差上候樣可仕候全部三十冊ニ御坐候此以後珍敷書類外ヨリ借出シ候ハヽ御內々申上候樣可仕候間何卒御藏書之內ニモ不苦候品拜借奉願候先者右可申上如斯ニ御坐候恐惶百拜

十月十三日　　　　　　　　　　修理大夫

上　申上

○

寒冷之節益御機嫌能被遊御坐奉恐壽候然者所持之書物三部入貴覽候甚見苦敷書物モ御坐候得共其儀者御仁免奉願候セー、アルチルレリー、之義者當時少々外ヘモ借遣シ置候間歸リ次第可奉差上候夫共御急ニモ候ハヽ手元ニ在合之處可差上候實者有馬筑後懇望ニテ借用致寫候事ニ御坐候且又御藏書御目錄難有奉存候左ノ分御序之節拜見奉願候

ロイテン一代合戰記草木養方書ヱウロツハ帝王列傳右之分相願度甚恐入候得共和解御出來ノ品者和解書拜見仕度奉存候將亦此節イキリス、ブツク之珍書御取入ニ相成候也ニ外ヨリ承知仕候若不苦義ニ御坐候ハヽ拜見ノ義奉願候且豚肉此節者時節モ後レ風味モ如何ト奉存候得共御好ニ付進上仕候將又卯之義時々不快之由持病ニ相成候義ト奉存候此節壹

疋在合モ御座候間今日差出申候尊意ニ叶候ハヽ進上可仕候無病ニ御座候仲間合モ宜敷狎ニ御坐候先者御請旁奉申上候猶後日萬々可申上候恐惶頓首

霜月七日　　松平修理大夫

上　申上

スマルレンヒユルク　五冊

カステレイン　三冊

ヘルハンデリング　一冊

○

朶雲披誦雪寒一層栗烈先以起居萬福抃賀ノ至ニ存候陳者御一諸ノ奇書三部御許借其他數品御投惠御厚意忝深謝候急遽ニ謄寫申付卒業候ハヽ返却ト存候將又拙家所藏之三書弊邑ヨリ來著次第可供瞥覩候先ハ御報迄早々不盡

仲冬十又一　　　　　　　　　　　　　　齊昭

修理大夫殿　御報

別楮御所藏之奇書和解申付候テハ隙取返却モ遲引可致若別ニ和解之書有之候ハヽ夫ヲモ御許借希度申進候處和解ハ未御出來ニ不相成ヨシ何モ承リ申候

一セーヽアルチルレリーヽハ有馬ヘ御廻シ置ニ付若急候ハヽ末ノ方ニテモ宜敷哉之由御懇篤之儀謄寫先後ニ相成候テ全備可相成候事故御有合之分御許借可給候ロイテン一代合戰記草木養方書歐羅巴帝王列傳右三書ハ一昨日國許ヘ申遣候將又近來珍書取入候哉之儀一小册之地圖ノミ外ニハ得不申候

一御國產之黑狎殊ニ御祕藏之由御割愛不堪感謝候御左右御昵馴ト相見ヘ直ニ拙膝ヲ離レ不申候御手入故毛艷又格別ニ存候尙又食物等ノ義御示教可給候去春放逸之狎モ取寄候處至極靜ニ相成一同無事ニ有之候得ハ

其内ニハ育子モ可有之樂ミ申候
一御國產之大根扠々見事ナル珍品早速賞味尙又　御守殿ヘモ内々差上申候
一豚肉不相換膏味澤山賞嗜致候扠ハ弊產鱖鯛乍麁少御入器返却之證迄ニ候芝　御法事等ニテ延日ニ相成風味如何ト令苦心候扠又黑犼之御報何ソト心懸候得共存付モ無之偶手元ニ有合候弊邑拙工之鐵鍔幷拙著ノ碑本表寸志候御叱留候ハヽ大喜不斜候御近臣伊集院折田伊木菊地山田等蘭書幷犼之儀ニ付家僕ヨリ度々對談彼是周旋ニモ預リ候由依テハ此碑本之内各賜候樣ニト内々存候也

丙丁

○

昨日者尊書被成下難有拜見仕候寒冷之砌御座候得共益御機嫌克被遊御座恐壽之至奉存候然ハ寒中御尋トシテ御懇命被　仰下且又珍敷御品頂

戴被仰付重疊難有奉存先者御請御禮可申上如斯御座候餘者來春可申上候恐惶謹言

極月廿九日

尚々寒氣折角御加養專一奉存候此鳥不珍存候得共一昨日於下屋シキ捉飼仕候ニ付進上仕候以上

修理大夫

上　御側中御請

御添書拜見仕候拜借蘭書ノウチ種樹書之分少々和解モ取掛リ拜見仕候今シバラク拜借奉願候外二部ニ圖之分拜見仕候テ此間返上仕候種樹書ハ成丈ケ和解爲致候心得ニハ御座候得共工者之者無之候間少々手間取可申ト奉存候發熘火之義私ニハ未タ製作モ不仕候外ニ委敷存モノ御座候間承リ候テ近日中委細可申上候乍末昨日拜領之御肴誠ニ美味ニテ昨夜早速頂戴仕難有奉存候將又先頃者家來ヘ遣候樣石摺澤山拜領被仰付

重疊難有銘々へ申聞皆々難有頂戴仕候私ニ置テ千萬難有奉存候且又和
漢ノ御藏書ノ內拜借相願候テモ御許容可被成下哉尤當時差掛リ相願候
品モ無御座候得共御內々伺置度乍恐奉申上候此段宜敷御披露奉希候以
上

廿九日

添書　御側中御請

書翰集卷之八

人心一和之義尤ニ存候戸田藤田等ヘ取合且書通等之事申候處其通り之事ニ而少しも可疑譯は無之候忠邪明白之所置是又尤之事ニ而其儀は山々相考候得共加樣之一大事は時と位を考不申候而は善事も却而惡事と相成候儀古今ためし不少候幕府監察ヘ差出候は表通り之事ニ而宜敷候得共差出候後如何相成候ものと存候や右樣表向之儀ニ候得はいつれ三奉行評議ニ相成候而夫々相掛候もの不殘呼出ニ相成候而御吟味之上忠邪分明之上ならては容易ニ被仰出候ものには無之候左候得は自から忠邪分明は可有之候得共仙臺總動ママ、同樣世上之評判如何計りと存候や左樣ニ相成候へは忠邪は分明ニ候とも主家之耻辱世上ニ顯れ候義ニ而候夫ニ而良臣と可申哉ママ、

本文不取敢認め置候間其儘差上申候
草卒呈寸楮候于今春寒料峭之處愈御勇壯御忠勤奉大賀候扨小生出發前
今一度得拜晤度と存候處此表之期日差迫り殊ニ彼砌ハ
御一品南飛も難計形勢ニ付是非共以前云々相決不申候而ハ千載之遺憾
ニ付太隱大夫へいさゐ演述後事を話申候のミニ而俄ニ發達いたし候に
付御暇乞も不仕候段御海容扨而御相談申候通今日之佳節を吉日も相
究め昨夜品海樓にて十九人之大會をなし各訣別之痛飲頗愉快を極め嫌
疑も忘れ候而之振舞雄氣衝天之勢に御坐候へはそれゟ曉天を待ち直ニ
愛宕山上ニ而支度を調左之壯勇士意氣堂々繰出し兼而不共戴天と存候
剛愎黠傲〔マヽ〕威に募り候天下之巨賊を令斬戮候幸今早曉より白雪繽紛ニ
而至極都合もよろしく難なく討取候段實に天誅に御坐候兩人少々手疵
を受申候處進退等に拘り候程にも無之只可憐ハ稲重壹人討死いたし殘
念いたし候其外ハくそ皮もやられ不申眞丸ニ一と先つ引揚申候由痛快

無此上誠に千古之大快事忠勇感激之至に御坐候ハき見付等も閉不申登
城之旗本等四方へ散乱見物ハ雲霞之如ニ而仇討なるべし云々又ハよき
きびと申さぬ計の取沙汰など致候ものも有之よし江南人之薄情誠に驚
入申候いさゐハ此ものゟ御承知可被下候酒樓等何れも嫌疑有之不能細
書且取込候のミならす爾後之進退等分り兼候義も御坐候間得詳悉可得
貴意候只此上之苦心ハ彼藩士礫邸へ復讐抔申さんも難計ニ付幾重ニも
御盡力御警衛等之義臨機之御周旋奉萬望候薩州も殊之外盛に有之國主
ゟ家中有志之面々ハ被示候親書寫一覧仕候處勤
王之盛意感涕臆をうるをし申候
京師ハ申上候迄も無御坐近來
御製之趣眞ニ難有と申奉にも恐なる事委曲是に而御洞察可被成候愚生
抔一両日之内如何之進退ニ可相成哉難計何れ黄泉ニ而御面會を期候事
ニ被存候間混乱中草略如此御坐候不悉頓首

三月三日夜　吉　作

拜

上街諸賢にも可然御通達可被下候

御覽後御火中

可被下候

下街諸賢兄　實

坐右

○

神祖御遺書寫

遺書

一死骸二年久野可置事

一二年過者日光奥院堂建立仕死骸深埋可置事

一死跡以後將軍之意不可違事

一弔之事江戸増上寺ニ而可致
一露命七十歳余故一毛一筋不可惜事
一將軍兄弟幷家人仕置等遺置事ハ疎意之況軍法政道之事不及遺言者之
右之旨將軍ゟ可申者之
元和二年
卯月六日　相國
家康
本多上重介
かたへ

下札
本文ニも兩部ニ祭候樣ニとの御事は不見見〇將軍之意ニ不可違事と有之ニても十六日吉田へ被　仰付候ハ　台德公の思召追て兩部ニ致候ハ天海の主張の義明也

○

一一橋刑部卿ヲ繼嗣ニ立テントノ發論者ハ誰ナリシヤ

一御評議ニ付テハ毎ニ御集會アリシナルベシ其形況如何

一閣老邊ヘ御發言ハ如何アリシヤ

一傳聞スル處ニテハ貴所樣尾州慶恕殿慶永殿容堂殿齊彬殿其他ニハ誰々ナリシヤ

一井伊家ヘ御發論アリシ𪜈ハ如何ナル答辨アリシヤ

一其前阿部殿ト御熟談ニ被及タル事ノ由同氏ハ如何ナル點ヲ以テ盡力致サレ候哉

一松平伊賀守ハ當時奸物トノ評判アリシト聞ケリ其所爲如何ナル點ヲ以テ唱ヘタルヤ繼嗣ノ一條ニハ如何ノ擧動アリシヤ

一將軍家定公ハ稍々風癲人ニ等シカリシト果シテ其通ナリシヤ

一水野土佐守ハ紀州慶福殿ヲ繼嗣トセンノ盡力專ラ此人ナリシト果

シテ其通ナルヤ

一幕吏ノ中ニモ憂國ノ志人ハ一橋殿ニ望ヲ屬シタリト云フ其重立タル人ハ誰々ナリシヤ

一幕吏ノ中ニ川路筒井等ハ一橋繼立論者ナリシト其通ナリシヤ

一嘉永六年癸丑米艦入相以來之事實

一入相碇泊中ヨリ開鎖ノ論起リタルヨシ其折ヨリ長溥ニハ開港論ヲ立タリト傳聞候貴所樣ニモ開港御論者ナリト聞ク其時御同列之中ニ開港論者ノ重立チタル人ニハ誰々ナルヤ

一水戸烈公者世ニ攘夷論ヲ御主張アリシモ內實ハ無謀ノ攘夷論ニアラス數百年太平ノ習弊甚シク武備廢弛士氣不振ナルニ依リ全ク士氣振作ノ一點ヨリ攘夷ヲ唱ヘラレタリト藩士藤田戸田等モ同樣ナリシト云フ果シテ然ルヤ否ヤ

一閣老阿部殿ハ初メヨリ判然開港說ノ唱ヘ居ラレ候ヤ或諺ノ如ク程能ク

論シテ居ラレ候哉
一阿部殿在職輔佐ノ人定メテアリシナルヘシ其人々誰々ナルヤ
一阿部殿ハ稀有ノ名閣老ナリト云フ其著シキ成蹟ハ先ツ如何ナル事柄ナリシヤ
一阿部殿ハ能ク衆説ヲ容レ我意ニ募ラサル人ナリシト果シテ然リヤ否ヤ
一薩州内訌事件ニ付長溥ハ近親故非常ニ心配イタシ南部遠江守ト大ニ痛心シ専ラ貴所様之御盡力ヲ仰レタル由傳聞イタシ居候
一右事件ヲ閣老阿部殿ヘ内情御發言被成候ハ誰ニ候哉其内情御聞之方ハ誰ニ候哉
一大隅守ニ隠居御内諭ノ如キ御處分ニ朱(アケ)ノ肩衝茶入拜領ノ運ヒニナリシ其時分大隅守ノ感情ハ如何ナル次第ニ候哉
一大隅守ヘ隠居爲願候ハ貴所様及ヒ長溥遠江守カ直接申入候哉又大

隅守側向ノモノヘ申入候事ニ候哉
一齊彬ヘ將軍家ヨリ老女倉橋ヲ以テ御內書被下候由ニ傳聞セリ其御內書貴所樣ニハ御覽相成候哉如何ナル御文意ニ候哉御記臆ハ無之候哉
一齊彬病氣危篤ノ爲知アリシニ長溥ハ信用不致能クヤリタリト申居タル趣傳聞セリ其譯ハ齊彬殿ヘ上洛スヘキ密勅アリシヲ長溥ヘモ內々相通シ其準備モ致シ候由貴所樣ニモ同樣御承知被成居候由始末如何ナル御計畫ナリシヤ
一右之混雜ハ隨分評判高キ事ニ候由承及候其通リ之事ニ可有之閣老邊ハ貴所樣又長溥遠江守殿等ヘ內意間繕等ノ事ニテモ有之候哉
一幕役ニハ阿部殿其以下川路筒井等ノ心配ニ候哉其外ニモ心配イタシ候人有之候哉
一文久三年ノ冬比ヨリ元治元年ノ春比迄將軍家上洛アリテ諸大名餘多上

洛二條城中又ハ一橋殿旅館等ニ於テ攘夷鎖港ノ論盛ナリシ趣ハ諸書ニ大概ヲ見ルモ確トシタルハ辨ヘ兼候其時一橋殿ハ内心開港說ナルモ時勢ニ迫ラレ鎖港攘夷ヲ唱ヘラレタリト果シテ其通ナリシヤ又烈公ノ遺志ヲ繼カレ攘夷ヲ主張セラレシヤ

一討幕論ノ熾ニナリシハ慶應ノ初メニ𨑕候哉聞ク處ニハ長州再討發令ヨリト承及候內實ハ其前ニ醸シタル事ナリヤ實際再討發令ヨリ著シク相成候事ナリヤ

一三條殿初太宰府ヘ轉座ノ後舊藩士中折合惡敷長溥ニモ大ニ心配イタシタル由ニ候其時分貴所樣ヘ御內談抔申シクル事ハ無之候哉其邊之事情モ無御服藏御示シヲ受ケ家史ニモ記シ置度存候事

一博多迄幕吏少林源六郎其他罷下リ五卿ノ處分ヲ長溥ヘ申入レタル趣其邊ノ事實モ御聞及ノ廉者伺度候

一井伊掃部頭ノ性質ハ驕傲我意ニ募ルノ人ナリト聞ク如何樣其通ナルヤ

又其美トスル處如何ナル點ヲ以テ美トスルヤ人ハ一能一癖必ス有ルモノナリ今ヤ倨傲暴謾ノ人ナリトノミ稱シ更ニ其美ヲ稱セス史家タルモノハ其善ヲ善トシ其惡ヲ惡トシ公平無私ナラサルヘカラス冀クハ貴所様御見据ヘノ處伺ヒタシ

一同氏ハ長溥ニモ交際セシヤ否ヤ交際スルニモ儀式上私交ニ止マリシヤ或ハ國事上ニモ交際セシヤ否ヤ

一阿部伊勢守殿ハ井伊氏ノ交際ハ如何アリシヤ聞ク處ニ依レハ利工ニ過キタリトモ或ハ一癖アリシトモ貴所様御見据ハ如何

書翰集卷之九

封紙

上　　　　修理大夫

御直覧奉願候

書付　　　　貳通

薩州ヨリ之屆書寫

先達而申達置候琉球之內那覇湊に當四月七日卸碇居候佛良西船に一昨年ヨリ滯留之唐人差越候ニ付小舟貸呉候樣五月六日申出候付任其意役々附添爲乘移候處夫形佛郎西船出帆翌七日同國之內運天湊に卸碇候ニ付三司官初役々差越警固之儀嚴重申付置候同十一日那覇沖に異國船一艘相見運天之樣乘來同十三日同所湊に卸碇候付役々差越相尋候處言語文字不相通佛郎西之船三百人乘組廣東ヨリ出帆致來候段手樣ヲ以漸相

通石火矢等載付有之前條之通晝夜勤番堅ク取締申付置候同十二日那覇沖ニ異國船一艘渡來一昨年ヨリ滯留佛郎西人右船ニ可差越候ニ付小舟壹艘貸呉候樣手樣ヲ以相通任其意役々附添乘越相尋候處佛郎西國之船五百人大總兵乘組廣東ヨリ渡來之旨手樣ヲ以相通右滯留佛郎西人之本船ニ乘移夫形無程出帆翌十三日是又運天湊ニ卸碇候ニ付同斷嚴重取締申付置候然ル處右唐人ヲ以大總兵ヨリ琉球總理官ニ致面會度ニ付運天之樣差越候樣右之仇敵之事ニ而無之和平談度趣申出候得共一昨年渡來之節申掛置候難題筋返答可承と之事ニハ相違有之間敷卒爾ニ致面會候而者不容易譯柄ニ御座候間先面會不致內右滯留両人ヲ以爲致熟整可成丈和好程能及理解平穩之以取計無異儀爲致歸帆候樣仕度猶委細之儀者々可申越旨琉球ヨリ以飛船屆來候ニ付長崎奉行ニ申達候由國許家來共ヨリ申越候此段及御屆候以上

六月　　　　　　松平大隅守

○

今般琉球幷浦賀沖江異船渡來ニ付何歟實事承リ及候儀モ御坐候ハヽ可申上旨此頃御書取被下置候處種々不取留浮說而已ニ而實事者扠置一向模樣モ相分兼候乍去何ト歟承出シ少々ハ模樣可申上ト同席心當リ之蠻江モ内々懇意之向ヘモ申遣シ候得共是以實事更ニ不相分既ニ當月朔日修理大夫御暇ニ而別段於御座之間　御目見被　仰付御内意御直之御下知被爲在候ヨシ是者別而御内密之御事ノヨシニ而他言等モ不仕彼國ヘ渡來之大船者唯今ニモ戰爭相初リ候樣ニモ風說ハ仕候得共是ハ全左樣之樣子ニハ無之旨ニ承リ候漸薩邸ヨリ老中迄指出候屆書一通手ニ入候得共是以書面而已ニ而者難相分リ候得共先々右寫奉入電覽候其内浦賀沖ニ異船者歸帆仕候由ハ慥ニ承リ及申候乍去如　尊命近年ハ屢異船渡來之事ニ而其内ニ者如何體之異變出來可仕哉モ難計御書取之趣奉感銘候依之先申上候程之義モ無之故追々御答及延引恐懼不

少奉存候小子ヨリ申上候儀ハ如何ニ御坐候得共伊達遠江抔ハ修理格別懇意ニ而何歟承リ出シ候實事モ可有御坐哉同人ニ御尋等御座候ハヽ少シ之事ハ申上候心當リモ可有之哉ト相察候是ハ全愚考ニ御坐候故小子内密申上候今日者中河罷出候段申聞候間先此段以書取申上候事

六月

○

封紙

上　　松平修理大夫

御請

尊章謹而拜讀仕候冷氣之候益御嫌能恐壽之至奉存候不存寄尊書難有殊ニ珍ラ敷佳肴拜受重疊難有奉存候當地者鮭別而珍ラ敷早速頂戴仕兄弟出ニモ遣シ皆々珍ラシキ事ト難有頂戴仕候中山モ又々七月末ニ佛船來著一人殘置八月十一日出帆仕候此度御屆ケ申上候如何ニモ不容易時節

到來仕候柔弱之人氣ヲ佛人見拔申候樣ニ被存候甚タ殘念之次第
皇國モ猶更油斷仕候時節ニ者無之ト奉存候朝鮮ニ而モ少々何カ御座候
ヤニ被存候此度參候船ハ二百人乘組罷在候朝鮮ヨリ寧波ヘ參リ夫ヨリ
一艘中山ヘ參候ヨシ又々寧波ヘ歸帆之由ニ御座候イツレ年々根深ク相
成可申樣子長崎ヘモ來年又々可參ヤト奉存候呉々御內密奉願度先者御
請旁奉申上度早々如斯御坐候恐惶謹言

修理大夫

九月廿九日

上

猶々時氣折角御自愛被遊候樣奉存候何ソ當地ニ御好之品モ在ラセ
ラレ候ハヽ承知仕度奉存候以上

○

封紙

上

密呈

密楮拜呈仕候最早疾ク被爲聞候半ト奉存候去月六日佛良西軍艦三艘崎
陽へ渡來何事カ歎願書差出候由之處同九日白帆注進例之蘭商舶トみ候由合圖石
火矢鳴立候後三艘共直樣出帆仕候由兵卒三艘ニ而千人餘大銃抔モ百挺
余ト申事瑠球ヨリ渡來ト申出候由御坐候扠右船差出書翰限ニ而別段願
立候儀モ無之速ニ出帆仕候次第何分不可解奉存候尤是切ニ而ハ相濟間
敷再渡來難計奉存候追々右願書モ手ニ・（入脱カ）可申ヤト奉存候間其節ハ早速可
呈
密覽ト奉存候爲何主意ニ有之ヤ不相分候得共追々可相分ト奉存候此上
委細ハ又奉申上ト奉存候間聞及候丈先々奉申上候恐々謹言

七月二日　　修理大夫

上

○

封紙

上　　　　修理大夫

御請

御請

御直覧

御別紙唐船申口之儀去年於彼地イキリス人ヨリ日本通商之樣子唐人ゟ承合セ候間中々引合ニ不相成渡來之儀取止メ度程之事ニ候得共皇命ニ而銅持歸候事故無是非年々渡來仕候へ共内實者トテモ引合兼候段返答仕候處夫ニ而者折角英人渡來ニ而モ詮立不申候間一往本國ゟ掛合日本通商者思留リ可申トノ趣ニ申居候間以後渡來者致間敷存候趣以書面申出候由ニ極内承候へ共書面之儀者手ニ入不申候右之通ユヘ先ツ安心之

姿ニ者御座候へ共佛國花岐國等モ有之其上深相考候へ者不意ニ爲可參
英夷之工ミモ難計夫ニナツミ御手當等閑ニ相成候而者不可然事カト奉
存候此義申上候事呉々御内々ニ奉願候
一ロイテル之和解難有寫申付候間シハラク拜借奉願候
一中山其後左右モ無御座列歸候樣子モ間得不申候如何ニモ不容易事ト奉
存候
先者御請迄御内々奉申上候以上
四月六日
○
上　　　　　　　　修理大夫
御請
過日者尊書難有拜見仕候先以益御機嫌能被遊御座恐壽之至奉存候然者
運河彌迄相願候御書物之儀細々

仰頂キ難有奉存候ロイテル和解書モ難有奉存候其內何ソ珍書取出候ハヽ入御覽候樣可仕候先者御禮迄御內々奉申上候恐惶頓首

四月六日

猶々時氣折角被遊御厭候樣奉存候以上

○

封紙

上　　　　　　　　　　　　　　　　松平修理大夫

御請

上　　　　　　　　　　　　　　　　修理大夫

御請

尊書謹拜見仕候入梅中鬱々敷天氣御座候得共益御機嫌克被遊御座恐悅御義奉存候然者過日者國猂豚肉進上仕候處不存寄以御直書御手製之佳品拜領被

仰付重疊難有奉存候先年頂戴仕候後久々ニ而拜味仕別而難有奉存候將又先比拜領之御刀早速於國許試仕候處一ノ胴土檀通ニ而切レ味申分無御座段申來早速拵申付置永ク家寶ニ可仕ト重疊難有奉存候扨琉球之儀如命誠ニ不一方心配仕候去ル三月十六日便ニモ未タ跡船モ不相見得段申來候異人之樣子且申掛候趣意內密可申上候得トモ今日者書取出來兼候間近日中極內以直書申上候樣可仕候先者御請迄早々可申上如斯御座候恐惶敬白

五月二日

猶々御端書之趣難有奉存候日々不同之季候ニ御座候間被遊　御加養候樣奉存候以上

○

封紙

上

上　御請　　修理大夫

尊書難有拜見仕候先以新春之御慶目出度奉存候益御機嫌克被遊御超歳
恐悦奉存候扨年首之御書幷相願置候　御書早速頂戴被仰付千万難有拜
領仕候且御詠哥モ難有万々御禮奉申上候甚タ乍延引右御請御禮迄奉申
上候恐惶頓首

二月九日

猶々御端書難有奉存候春寒折角　御厭被遊候樣奉存候一昨日捉飼仕
候鳫一羽幷掛床一面　御書拜領之御禮ニ進上仕候敬白

扣

雖寒暖不定之候御起居佳勝令雀躍候抑任御所望額字認候付玉掛床幷鷹
鳫御投惠赤面之至ニ候右御挨拶迄如此候也

二月念七

二白先日御申越之扶桑拾葉集其砌國許へ申遣候テ漸ク出來爲指登候間

麁品相添進申候也

修理大夫殿　　齊昭

參

○

別紙御請

御別紙拜見額字之御儀万々難有兩樣トモ早速ニ仕立申付朝夕拜見仕リ
愼謹之心掛可仕重疊難有奉存候

一大隅江御書被下候義云々厚思召之段難有奉存候同苗モ難有奉存候へ共
內實者近年手痛ニ而執筆甚タ難義仕リ近親ニモ文通不仕此度之御請モ
實者乍恐側向ニ而代筆仕候樣之事故甚々恐入奉存候へ共右之義打明奉
申上候且嫌疑之儀モ此節者先安心之姿ニ相成申候序故御內々奉申上候
國元人氣モ立直可申哉ト先々安心仕候種々之申上恐入候へ共極內々奉
申上候不惡御覽奉願候

一佛退參其外英人之儀云々思召之處至極御尤奉存候只今何トモ難申上御座候ヘ共前文之通リ此節少々樣子モ替リ候間現事之光景モ委敷可相分御届之書面ニモテニハ無之樣可相成候間委細追々ト樣子モ可相分奉存候思思（召カ）之處至極當然之事ニ私共モ此迄之御届等實者疑ヒ罷在候事ニ御座候

一綿藥之義彌之事承候ハヽ早速可申上候

一當年中山大カタ英船可參ヤト奉存候北地等之儀委敷承知モ不仕候ヘトモ伊達之口振リ等承リ候ヘ者不容易御時節ト奉存候共和政事之儀モ薄々承候イツレ近年中事起リ可申ヤト奉存候

一前文樣子相替候トノ義者是迄万事取計候家來両三人種々譯合有之退役等申付候而不目立樣ニ万事改正之筈ニ御座候誠ニ恐入候ヘ共外ヨリ達御聽候モ難計極內々奉申上候先者御請奉申上候以上

二月九日

○

封紙
上

修理大夫

申上

尊書難有致拜見候先以益御機嫌能恐悅之至奉存候然者日新之歌御用之由難有奉存候則寫申付奉差上候外ニ者差當入御覽候樣成品モ無御座候國元ヨリ返事申遣シ次第猶又可申上候扨又當秋初而捉飼仕候間眞鴨進上仕候先者右可申上如斯御座候頓首謹言

九月廿二日

猶々冷氣折角被遊　御加養候樣奉存候以上

別紙御請

御別紙難有奉存候琉國之儀異人死去之事等此間漸々ト御屆ニ相成申候其後何モ不申來候種々被仰下候儀恐入奉存候兎角安ヲ甘シ候世ノ中扨

々殘念ニ奉存候
一珍綿之事イマタ製方相分兼候得共近々ニハ少シ相知レ可申哉ト存シ相樂シミ罷在候間知レ次第早々可申上候
一扶桑拾葉集之事難有國ゟ者一部御座候へ共當地ゟ者無御座御序モ御座候ハヽ頂戴之儀奉願候
一西方爭乱云々胡元之事誠ニ御尤之思召恐入奉存候國元大炮之事彌之數委敷不相分候得共私存候分者去々年ヨリ當春迄ニ三十挺余其外在合之分合テ西洋炮五十挺程ト奉存候劔付者二千余モ張立仕候
一加州父子余程志モ御座候樣子色々毎度咄合モ仕候
一思召之御儀承知仕候誠ニ御尤之御儀既ニ滯留佛英共ニ近比者地理人情言語文字等追々相分差支無之程之ヨシ極内々承リ申候而甚タ可惡事ト奉存候此度死去佛人事者多年之病氣ニ而當年唐國在留之佛人ヨリ書翰遣候內ニモ最早死去イタシ候事ト存候段滯留佛英兩人ゟ申遣候ヨシ故

別義モ有間敷奉存候へ共異船渡來之ウへ如何可申哉モ難計奉存候又寺取立之事モ有マシキトモ難申上イツレニモ不容易儀ニ而可恐事ニ御座候且又人ニ寄臆病ト申上候モノ御座候ヨシイツ方ニ而モ同樣之事ニテ利財ノミ之志之モノ兎角ニ種々申立無據名聞之爲ニ武備取計候へ共内心ニハ左モ不存罷在候樣子實ニ盲蛇之御タトへ恐入奉存候

東照宮之乱ニ治ヲ忘レサル樣ニトノ金言當時之病ト奉存候呉々モ利財聚斂名聞權勢流行之義扨々恐入奉存候先者極内々御請旁奉申上候御火中奉願候以上

二白先年之狎追々子生立候ヨシ難有奉存候只今モ一疋所持仕候同苗著候ハヽ外ヘ可遣ト奉存候若御用ニ候ハヽ差上候而モ宜敷御座候以上

○

封紙

上

上　　　　　　　　　　　修理大夫

中上

寒氣之節御座候處益御機嫌ヨク被遊御座恐悅奉存候然者先比拜借被仰付候御畫圖返上仕候大井畫圖出來仕候間奉差上候先者可申上如斯ニ御座候恐惶敬白

十二月十五日

猶々寒氣折角被遊　御厭候樣奉存候以上

○

封紙

別紙

上

書添

奉別啓候小梅江罷出候儀ニ付委敷被仰下難有奉存候當月ニ而モ來春ニ

而モ御都合ヨロシキ節奉願度當月ニ御座候ヘ者十三日十七日廿日者無
據事ニ而罷出兼候其余者幾日ニ而モ罷出候而ヨロシク御座候彌罷出候
儀ニ御座候ハヽ運阿彌ヨリ被仰下候ヤ又者此方ヨリ相願候事ニ御座[候脱カ]ヤ
乍恐御都合奉伺候
一牛痘近々ニ種差上候樣可仕私方ニ而モ追々植付候而二十人余ニ相成乍
恐私子供ニモ壹人種痘仕候廿日比ニ者種差上候樣可相成ト奉存候
一大井ヤシキ之溜リ鳫場之圖差上申候御留置ニ而宜敷御座候
一イキリス圖難有奉存候寫相濟申候間奉差上候
一肥前ニモ御意申傳候處御禮申出候
先者右可申上如斯御座候恐惶頓首
十二月五日
〇
嘉永二己酉四月三日

封紙
上　　　　　　　　　　　　修理大夫

御請

御別紙拜見仕候琉球幷ニ島々畵圖(琉球國及ヒ各島ノ圖)之儀奉畏候へ共當地ニ者一切昔ヨリ取寄置不申極リユヘ無之候若彌御用ニモ候ハヽ、運阿彌ヨリ御口上ニテ被仰下候ハヽ、國元ニ申遣候ウヘ否可申上候甚恐入候へ共此段奉申上候

一此度之ゲベールハ品柄ユヘ封箱ニ而奉差上候國元ニ而追々出來仕候間御笑草ニ奉入　御覽候

一伊達ヨリ內々承知仕候御家政向へモ御相談被爲在候樣被仰出候由恐悅之至奉存候何卒追々者天下之御政事モ御口入相成候樣奉祈候

一此度ハ御請別而延引恐入奉存候和方一萬方モ差上候間寬々御留置ニ而御覽奉願候

一最早御屋形ニ而拜顏等相願候御都合モ御座候哉何卒御目見モ仕度其内御都合モ宜敷候ハヽ願上候樣仕度極內々奉申上候

一此節通詞持越候蘭書御手ニ入候事ト奉存候私ニモ四五部手ニ入候へ共格別珍敷書ニモ無御坐候

一崎陽御手當等之事モ筑肥申立通ニモ參兼トカク御勘定邊ムツカシク候由今少シ崎陽浦賀御手當無之候而者國持初メ私領猶以行屆キ兼候事ト奉存候　雲上ヘ貫キ候被遊方ハ無之候ヤ恐入候へ共御內々奉申上候

一琉之事當年ハ未タ便リモ無之候英人相變候事モ無御坐ヨシ當年者迎船モ可參ヤト日々存候事ニ御座候先者先日之御請旁奉申上候以上

四月三日

修理大夫

○

封紙

上

上　　　　　　　　修理大夫

申上

一筆呈上仕候甚暑之節御坐候得共益御機嫌能被遊御座恐悦奉存候此品
麁末之至ニ御座候へ共御側迄進上仕候暑中ニ付御機嫌伺可申上如斯ニ
御坐候恐惶謹言

六月七日

尙々暑氣折角被遊御厭候樣奉存候以上

○

殘暑之節其冷氣作毛如何ト令苦心候御起居万福大悦之至ニ存候扠借覽
之書幷器致返璧候御落手可給候也

六月念六

二白不順之候折角御厭可被成候也

別紙申上候

和解書之儀奉畏候

ヒユールウエルケン(川本幸民譯ス)奉差上候其外者未タ和解皆成就不仕候追々出來次第差上候樣可仕候和漢書之儀難有奉存候追々相願候樣可仕候

一御重之内難有奉存候珍敷御品ニ而暑氣之時分別而難有奉存候

一燧石之儀承知仕候山出之石ニ而モ中々十分ニ細工出來兼申候當年蘭人ゟ承候樣申遣置候間相知レ候ハヽ可申上候

一市ケ谷之儀云々追々ニ松越等申合セ御進メ可申上ト奉存候乍然此間モ成瀨事大キニ閉口仕候ヤニ薄々承申候イツレ追々樣子可申上候夫ニ津田縫殿等隨分海岸等志モ御坐候ヤニ御坐候

一燧石國ヨリ者宜敷品出不申余リ堅過候間細工六ケシク玉モ宜敷品出來兼申候此間外ヨリ承候ニ者製造燧石之法御座候ヨシ蘭品モ夫ニ而者無之ヤト申事ニ御座候
一印影鏡ハ先翫物ト奉存候乍然彼方ニ而者畫像取カハシ申候風儀ト承候間夫ラノ爲ニ者宜敷品ト奉存候十分出來候ハヽ入貴覽候樣可仕候
一中山其後何モ不申參候去ル閏朔日佐多之沖合異船東之方ヨリ參リ屋久島之方ヘ通リ候由多分中山ヘ參リ候ヤト奉存候且又此度者別段何モ不被仰上段承知仕候此度最早諸役人書面出揃之樣子ニ聞得申候近日ニ閣老中評議有之ヨシ承申候乍恐思召モ被仰上候ハヽ猶更閣老氣分モ引立可申ヤト奉存候御歌モ御尤之御儀ニ御座候得共
武藏野にしける蓬の白露を
君ならすして誰かはらはむ

恐入候得共御笑草ニ申上候

一下曾根モ一昨夕辰ノ口ヨリ浦賀ヘ罷越與力等ヘ師範仕候且自分試モ仕候樣年々夏秋者相詰候樣又異船渡來之節者罷越候樣被仰付候段承リ申候先々少シ者開ケ候小口カト奉存候猶承候儀モ御座候ハヽ追々申上候樣可仕候

先者御請旁奉申上候頓首百拜

六月七日

○

封紙

別御請

御請

日本史之一條細々被仰下難有奉存候何卒早ク寒氣退散相成候樣恐ナカラ奉存候過日被仰下候丸藥中々御休藥之樣子無之ヨシ家來モ只々心配之樣子ニ相見得申候

一印影鏡之儀恐入奉存候ケシテ祕候譯ニ者無之引藥計申上候而モ十分御分リ兼ト奉存候間右譯書有之候間寫可差上先日以來尋候得共仕舞込ミ候ヤ尋出不申延引ニ相成恐入奉存候近日中譯書尋出候ハヽ差上候樣可仕大意左ニ申上候

鏡ニヨヂユーム之氣ヲウケサセ夫ヨリブロミユム之氣ヲウケサセ影ヲウツシ夫ヨリ水銀之蒸氣ニ當テ十分ニ影アラハレ候上硝石精十五倍之蒸留水ヲ加洗ヒ上其上清水ニ而清淨ニ洗ヒ上申候

先大意奉申上候

一先日之小冊者私所持之品ニ御座候間直ニ御請取申上候

一不氣候云々實ニ御尤ニ奉存候九州中國余程之水之ヨシニ御坐候琉國何モ無事之ヨシ最早琉人モ國マテ者上國仕申候異船渡來モ無之トノ事ニ御坐候領分海岸ニ而一度見掛候ハカリニ御座候先者御請早々奉申上候

以上

○

書添　　修理大夫

別紙中上候松前又々異人漂流之由承リ申候誠ニ以テ可惡事ト奉存候一日モ早ク海岸御手當被仰出候樣仕度此間中內々承合候ヘ共イマタ急ニ者被仰出ニモ成マシキ樣子ニ傳承仕候

一五島松前城主之催如尊命現事之爲ニ者格別御益ニモ相成マシク外聞計之樣奉存候松前ニ者十分御手當有之千島不殘御德化ニ服從イタシ候樣有之度事ト奉存候其外東海百里程之處ニ佐渡位之無人島有之獸類多キ

處有之材木澤山成由ニ內々傳承仕候是等モ御處置無之異人入手ニ相成候ハヽ別而度々浦賀渡來無疑事カト奉存候且又浦賀之儀內々下曾根ヨリ申遣候承及候ヨリ御手薄之由トテモ防禦思ヒモヨラヌ事ト申遣候當時右上書可仕心得之由內分申越候

一琉其後何事モ無之候中々當年英人歸國可仕樣子ニハ無之候相知候ハヽ早々可申上候

一市ケ谷ニモ於營中種々申上候近々如何ニ被仰出候ヤト直ニ阿閣ニ御尋被遊候樣ニ願置申候猶又先日ハ御用人津田縫殿ニモ委敷申談候處同人者兼而大炮之儀者所存モ御座候モノニテ同意ニテヨキ折成濟初メニモ談合イタシ工夫モ可致旨申聞候其節此度四ツ谷ヨリ余リ色々申出ニ相成リ困リ候旨モ申聞候間五家之事等モ何トナク申出候處四ツ谷趣意尤

之儀モ御座候へ共時節早ク何卒一度御下國ニ而其上万事被仰出度五家之儀者　三代樣ヨリ御直ニ上意之旨モ御直筆ニ而御留メニ相成候御書付モ有之候間夫ラヲモ御覽被遊候ウヘニ万事被仰出候樣ニ相成候へ者ヨロシク序之節モ御座候ハヽ四ツ谷幷ニ宰相樣にモ先々御扣目之方可然ト申上吳候樣ニ極内々申聞候事ニ而御座候津の守未タ不快ユへ不申聞候得共五家之儀被仰下候儀モ御座候間御内々奉申上候

一燧石拜見難有奉存候余程ヨロシク早速試モ仕候處火ノ出モヨロシク御沙汰之通リ山出シ之石ニ而御座候ハヽ可然奉存候私ニモ種々試候へ共十分ニ難出來候處此間事林廣記之中ニ石ヲ軟ニ仕候法見出シ候間試候處少シ者切安ク相成申候間右之石入御覽候御試奉願候

一製造燧石之儀者尋常之青硝子ヲ蒸燒ニ仕候ヨシ傳承仕候へ共委細者承

リ不申候
一煩鐵之玉誠ニ恐入奉存候度々催促申遣候へ共取揃不遣候間先ツ三册差
上申候全部出來之樣子ニ御座候得共校合出來兼候ヨシ承リ申候
一小石川御立寄之節彌御對顏モ被爲在候ヤ極內相伺度奉存候是迄之御都
合之儀モ極內宗益ヨリ拜承仕候何卒中途邪物早ク退散ニ相成候樣仕度
モノト奉存候宗益者每度出會仕候至極賴モシキ人ト奉存候先者極內此
段奉申上候御火中奉願候以上
九月五日
追而奉申上候無名之上書如キモノ內々二通手ニ入申候御內々入貴覽候
樣可仕哉先此段奉伺候以上
○

封紙

上　　　申上　　　修理大夫

一筆啓上仕候冷氣相增候處益御機嫌克被遊御座恐悅奉存候然者其後久々御機嫌不相伺恐入奉存候昨日始而大井下屋敷ニ而提飼仕候ニ付眞鴈一羽致進上候先者御機嫌伺旁可申上如斯御座候恐惶謹言

九月五日

猶々不順之時候折角被遊　御厭候樣奉存候

○

返翰扣

如諭冷氣之處万福令抃賀候兼約之書冊幷鷹之鴈投惠忝存候國産之鰍聊令表謝迄候也

九月初七

二白御端書之趣忝存候其許ニモ爲天下折角加養可被致候不一

修理大夫殿　水戶隱士

○

封紙

上

上　修理大夫

御請

秋冷之候御座候得共愈御機嫌克恐悅之至奉存候然者先比ハ何寄之御品頂戴仕恐入奉存候其後久々御不沙汰申上奉恐入奉存候拜見被仰付候御書物モ篤ト拜見難有奉存候今日返上仕候將又此鴨羽合仕候間御內々進

上仕候先日之御禮御請旁奉申上候恐惶頓首
九月九日
尚々時氣折角被遊御自愛候樣奉存候以上
○
封紙
別啓
別紙御請
御密紙難有拜見仕候條々御請左ニ奉申上候
一金銀米其外何程ト申義見留之事有之候ヤトノ義未タ夫迄之治定ニ相成
候事ニ而者無之只手細ニ申談候心得ニ御座候此義モ色々入組候而筆紙
ニ難申上候

一無二無三ニ打カヽリ候ハヽ云々衆而人數少々渡シ置候間防禦可仕手筈ニ御座候此義第一種々意味合多ク甚タ恐入奉存候後來如何ト心痛罷在候ヘトモ行レ不申候

一度賀羅島之事七島之内ニ而寶島（トカラ）ト申處御座候一体ニ七島邊之惣名ニ御座候

一寛猛之事思召之御一冊篤ト拜見恐入奉存候寛永年中同樣御成敗御座候而モ可然事ニ御座候ヘ共其比之異船ト當時之異船之樣子如何ニ可有之哉尤

皇國ハ昔ニ相替候儀モ有マシキ事ニ御坐候得共當時ニ合候必勝之御所置全備迄者權之御所置有之其ウヘ御成敗ニ相成候而者如何可有之哉恐入候事ニ者御坐候ヘ共愚意之段奉申上候中山等ハ別而之事カト奉存候

ヘ共只々心中ニ存候計リ甚タ恐入奉存候御一冊モ内々寫置度自身ニ相認申ニ付大延引ニ相成何トモ恐入奉存候一体相願候ウヘ寫候筈ニ御座候得共余リ度々書面等差上候義内外之樣子不都合之樣ニモ御坐候間不伺寫候義幾重ニモ　御免奉願候一度ニ以書面申立候ハヽ少シ者可然ト思召之程御尤ニ奉存候得共　雲計ニモ無之公私共色々入組候義有之存意行レ不申扠々恐入奉存候中山樣子其後先平和ニ而異船渡來モ無之趣ニ御座候一年モ間有之候故人氣別而寬ニ落入誠ニ心配至極ニ奉存候後來如何可相成哉恐入候事ニ御坐候唐國又々少シ事起リ候ヤニモ薄々承リ申候誠ニ延引之御請恐入奉存候猶樣子相分リ候ハヽ早々申上候樣可仕先者御禮御請迄奉申上候以上

五月廿二日

九月九日

○

封紙

別紙申上候

上　　修理大夫

御側中

薄暑之節御座候處益御機嫌克被爲入恐悅奉存候然者一萬方御寫被仰付候由寬々御留置ニ而宜敷御座候跡五千方モ多紀樂眞院ゟ御座候由ニ近比承リ候間奉申上候此品甚タ麁末ニ御坐候得共國元ニ而製候通ニ申付候鮓ニ御座候間御側迄差上候松平越前守事每々於殿中咄合モ仕候余程志モ御座候樣ニ奉存候先者御内々御機嫌伺奉申上度如斯御座候恐惶頓首

猶々時氣折角被遊　御厭候樣奉存候以上

五月廿二日

○

返書扣

如諭不時之氣候候處入土曜俄ニ炎暑ニ相成候先々無御障令抃躍候一万
方云々御致示忝存候且佳製之鮓預附贈令賞味候處殊之外醇美ニテ不圖
致滿腹候每度品々御投惠御厚志之段紙上ニ難述盡草々申進候也

六月三日　　　　　　　　　　　　水戸隱士

修理大夫殿

布復

二白爲

天下隨時御加養專一ニ存候此品如何敷候ヘ共爲御一笑進申候也

○

別紙蘭書目忝存候九之内
ベキサンスホンペカノヲン新製大筒之書
九ハ下官方ニ有之候藤堂ヨリ和解來
ヒユールウエルケン
右原本ハ下官ニ御座候ヘ共和解書ハ未所持不致候
右之外ハ原本并和解共未所持不致候故
ヒユールウエルケンを初和解書御所持ニ候ハヽ追々借覽致度御賴申候
可相成ハ
ヒユキエニン云々〇ビユスコロイド〇ヲンドルリフト云々ヒユールウエルケン等ノ中ヲ先ニ借覽致度候下官方ニテモ一二取入候ヘ共御申聞之通リ存外高直候故乍殘念見合申候尤未和解ハ不仕候御用ニ候ハヽイツニテモ入御覽候樣可致候右之外和漢書ニテモ手元所藏候分ハ御好之分入貴覽可申上候故無御遠慮被　仰越候樣ニト存候

書翰集卷之十

兵庫開港三港
敕許ノ儀不容易
皇國ノ御重事ニテ輕卒ニ
御評決相成候テハ天下ノ人心不居合
皇威相廢御場合ニ付有名ノ侯伯御召ノ上天下ノ公議ヲ以
御評決相成右來會迄時日遷延ノ爲應接從
朝廷可然御方樣御差向相成薩藩ヘ隨從被
仰付候ハヽ盡死力十分差ハマリ十ニ八九ハ遂成功度奉存候事
一此程不料外國船兵庫港ヘ渡來條約ノ儀改テ敕許有之候樣申立若シ　幕
府ニヲイテ取計兼候ハヽ被
闕下ヘ罷出直ニ可申立申張種々力ヲ盡シ應接仕來七日迄ハ爲相扣候ヘ

共何レモ御許容無之候テハ退帆不仕去迚無謀ニ干戈ヲ動シ候ヘハ必勝
ノ利無覺束縱令一時ハ勝算有之候共西洋萬國ヲ敵ニ引受候ヘハ幕府ノ
存亡ハ姑ク差置終ニハ
寶祚ノ御安危ニモ拘リ萬民塗炭ノ苦ヲ受可申實以不容易儀ニテ
陛下萬民ヲ覆育被遊候
御仁德ニモ相戾リ假ニモ治國守民小任ヲ荷其職務ニ於テ如何樣
御沙汰御坐候共施行仕候儀何分ニモ難忍奉存候間右ノ處篤ト
思召被爲分早々
敕許被成下候樣仕度左候ハヽ如何樣ニモ盡力仕外國船退帆仕候樣取計
可申奉存候

十月五日

小笠原　壹岐守

松平　越中守

松平肥後守
一橋中納言
飛鳥井中納言殿
野宮中納言殿

○

大守様御儀不容易世態ニ付
天氣御窺且非常警衛之爲可被遊　御上京旨被仰出候ニ付御手當相掛候儀早々取シラヘ可申出候此旨可承向〻可申渡候
十月　帯刀
右之通丑十月六日八ツ後被仰渡

○

一昨四日夜半比藤井宮内方ヱ
近衛様ヨリ以御使周旋方御用有之候間非藏人口迄兩人罷出候様被仰遣

候付則宮内井上大和罷出候處夷舶攝海〻渡來ノ儀ニ付事情切迫ニ相成
武邊ヨリ彼是申立趣有之候付諸藩御撰八ノ上應接被　仰付哉モ難計於
其儀ハ御請可申上哉何分致吟味可申上トノ趣　内府公ヨリ被仰達候付
早速重役共ヱ申聞候樣可仕旨御請申上罷歸御吟味ノ上以書面御請申上
ニ相成候處追付傳奏ヨリ御呼立可有之トノ
御沙汰ニ而五日未明大和罷歸申出候然處
御所諸大夫間御假建ヱ罷出候樣兩傳　奏雜掌中ヨリ之切紙到來私被差
出各藩モ追々罷出一同相扣居申候處御假建御上ノ間兩側ヱ兩傳　奏衆議
奏衆一橋樣會桑侯小笠原壹岐守樣御列席ニ而御次ノ間ヱ各藩御呼出傳
　奏野宮樣ヨリ此節夷舶攝海ヱ渡來兵庫港ノ儀願立候得共先夫ニハ不
及横濱箱館長崎ノ三港表立
敕許相成候樣トノ願ニ付各藩守慮ノ趣モ被聞食上度ノ
叡慮ニ付存慮申上候樣トノ趣被仰聞候付兼而御吟味ノ趣モ承知仕居候

間夷船攝海エ相迫リ　幕府是迄夫々御應接ノ上最早此上ニ御應接ノ御
手相盡鄙賤ノ我々共迄存慮被
聞食候御儀難有次第ニ御座候就テハ右三港ノ儀ハ是迄　幕府御手限ヲ
以テ數年間御開相成居候末之儀ニハ御座候得共更ニ
朝廷ヨリ御許ト申儀ハ初而之御儀ニ被爲
在候付テハ第一只今則
敕許ニ被　仰出候而ハ是迄　御立詰被爲
在候御廉モ氷解仕且又海内人心ノ居合モ別而御掛念之御譯ニ付日數遷
延ノ儀御利解被仰達急々矦伯方
御召ノ上不易ノ國是ヲ御立其上
敕許不被爲　在候而ハ無此上御國躰ノ御永耻可相成哉と深ク遺憾ニ難
堪奉存候尤應接ノ次第前件　幕府ヨリ御盡爲有末ニハ御座候得共兎角
是迄談判之次第順序ヲ不踏強情申張候得ハ末ハ其意ヲ被曲候樣ノ儀モ

不少哉ニ兼テ奉伺候儀ニ付　幕府此上ハ被成様無之ト御斷切相成候ハ
朝廷ヨリ斷然可然　御方御差向ケ御利解被爲　在候ハヽ土地遠隔ノ夷
情ニハ御座候得共誠實至情修理ヲ相盡申候ハヽ遷延ノ儀ハ同日月ノ下
ニ生ヲ受候者ニ御座候得ハ夫ニテモ不聞是非ニト相迫リ兵端相開候儀
ハ有之間敷哉ニ奉存候然レトモ旁取結申上置候各藩ノ儀モ大同小異ハ
御座候得共都而同様之趣ニ御座候然處先ツ本席エ相下リ扣居候様トノ
御事ニテ相開候處日入過都而御用無之薩藩ノ儀ハ居殘候様傳　奏衆ヨ
リ御沙汰ノ趣非藏人ヲ以被仰聞候付相扣居申候處暫間有之飛鳥井様御
假建ノ間エ御下リ御挨拶共被仰聞遲刻相成候最早御用無之相下候様被
仰聞候付罷歸申候
一會藩廣澤富次郎ヨリ小笠原壹岐守様御口論於彼藩ハ至極至當ノ儀ニ
存候間承候様トノ儀ニ付因備外一二藩ヨリ御逢相願折角御口發涯各藩

遲參之面々エ前件ノ趣被達候ニ付御列席相成候間罷下候樣申來御趣意承不申候得共廣澤ヨリ井上大和ゟ大意申聞候趣モ御座候間同人今日罷下候付御聞取御座候樣仕度候

一佛國ヨリ申立ノ書付各藩可致披見トノ事ニ而武邊ヨリ被相下候右書付今日桑名エ談合仕候處寫取可相廻トノ事ニ御座候得共別紙之通斷申來候付追而探索ノ上寫取差上候樣可仕候右書面之內薩州長州ハ密商致シ使節ヲモ差立候右樣邪儀相計候者御國內ニ罷居候テハ御政道ノ御差障ニ相成何樣妨可相成モ難計事ニ付御政躰御改ナクテハ不御宜ト樣々申立候ケ條御座候目前ニテ備藩廣澤富次郎エ右之趣トモ膝ヲ合候位隔候處ニテ嘶掛申候付何トカ發言不仕候テハ不相成勢ニ付不得止事廣澤ニ私ヨリ申聞候ハ佛國ヨリ申立候薩州長州云々ノ一條申開ニテハ更ニ無御座候得共申置度儀御座候夫ハ弊藩ノ儀武備充實何時ニテモ彼ヨリ兵端ヲ開候勢有之候ハヽ彼ヨリ輕蔑ヲ不受

皇國ノ御武備海外ニ轟候様可致トノ趣兼テ主人共配慮致シ何レ武備ヲ
張候ニハ軍艦大小ノ砲器ナクテハ不相濟處ヨリ　幕府エ奉願既ニ當分
蒸氣船幷同軍艦都合七八艘モ取入且砲器等モ追々註文致シ御存ノ通大
砲十二挺献砲モ仕置候仕合ニ御座候就テハ差知タル領國
公武ノ勤役ハ勿論國民扶助方又ハ砲臺築等此近年莫太之費用ニ相成迚
モ現金ヲ以摠而取購候儀ハ不相叶國産ノ品彼是術ヲ盡彼エ相渡右蒸艦
砲器ヲ取入候儀偏ニ
皇國ノ御爲ニテ品相渡候儀ハ一國ノ爲ハ勿論彼エ現金ヲ渡スヨリ御摠
國ノ爲如何計ノ益モ有之實ニ公然タル儀ニ御坐候尤英夷ヘ摠而引結タ
ル儀ニ付佛夷ヨリ色々申立候儀ハ夷情之鄙劣ナル惡臭サヘモ可有之儀
ニ而何モ此節ニテ可申譯ニハ無御座候得共黙シ候儀ニモ無座候間一ト
通噺申候ト申切候處廣澤モ御尤ノ次第於弊藩者實ニ御深意御察申上兼
而美敷奉存トノ挨拶ニ御座候間形行申上置候

一内府公大原様抔ヨリ大久保一藏承知候趣ハ同人ヨリ可申上ト奉存候
右之通御座候間別紙相添此段申上候以上
丑十月六日　内田仲之助
両御丸
御側役衆
追而爰元御家老衆エ者別段申上候以上

○

兵庫開港ニ就キ御請書寫

兵庫開港三港
敕許之儀不容易
皇國之御重事ニ而輕卒ニ　御評決相成候而ハ天下人心不居合
皇威相廢候御場合ニ付有名ノ侯伯
御召ノ上天下ノ公議ヲ以御評決相成來會迄時日遷延ノ爲應接從

朝廷可然　御方樣御差向相成薩藩ェ隨從被仰付候ハヽ盡力十分差ハマリ十ニ八九ハ遂成功度奉存候事

○

森彌一左衛門內田仲之助へ書簡（佛國提出ノ書付）

以手紙致啓上候寒冷ノ節彌御淸福被成御奉務珍重之御儀奉存候然ハ佛蘭西ヨリ差出候書付寫取之上ハ入貴覽可申旨昨日御直話申上候處右者寫取候儀ハ不相成候間一ト先其儘返上可仕旨御老中樣方ヨリ御沙汰ニ付則返上相成候間猶又御下ケ等ニ相成候ハヽ寫取掛御目可申候昨日御內話申上候儀モ御座候間此段御斷旁可得貴意如此御座候以上

十月六日　森　彌一左衛門

內　田仲之助樣

○

丑十月六日

八ッ後仰出ニ夷艦攝海へ拾艘到來
皇國重大ノ事件ニ付
天氣御覲且非常ナル警衛　太守公御上京被仰出候事
翌七日承知
但小松帶刀西鄕吉兵衛急ニテ上京被仰出候由右ニ付吟味此一左右次
第決テ御出ニモ可有之此節モ三郎樣ト皆々吟味イタシ候得共太守公
御出京此機會ヲ不被爲失ノ意味ニモ候ハヽ一統安心ト申事ニテ候
○
丑十月六日京師來狀ノ内
當五日於
御所　宮樣關白樣御始橋公會桑侯小笠原閣老列座ノ上諸藩凡拾四五家
ノ重臣被召出開鎖ノ見込御尋有之候處薩備両藩而巳異論ニテ其余ハ悉
ク一轍ノ議論ニ付卽左ノ通被

仰出

條約ノ儀

御許容被爲　在候間至當ノ所置可致事

十月　　　　家茂へ

別紙ノ通被　仰出候付テハ是迄ノ條約面品々不都合ノ廉有之不應

叡慮候ニ付新ニ取調簱可申諸藩衆議ノ上可取極事

但兵庫開港被差止候事

右ノ通御決議ニテ被　仰出候夫々直ニ橋公會侯二條へ登營相成將軍家

へ御申上被成候處大ニ御悅翌七日小笠原侯右ノ御含ニテ應接トシテ兵

庫へ出張ノ筈ニ相成申候

一板倉河州侯十月三日御用召同十日於在所承知ノ處御用ノ儀ニ付早々出

坂可有之旨ニ候由

一佛蘭西新聞大意拔萃

日本方今ノ形勢ハ殆ト噴火山ノ激發セルニ髣髴タリ其原由ヲ察スルニ其國体
帝及幕府ノ外列藩ノ侯伯各一大國ヲ成シ以テ一方ニ據リ土地ヲタモチ兵アリ民アリ富强ヲ務ム近年ニイタリテハ敢テ
帝命ニモ從ハスマタ幕令ヲモ聽カス既ニ西洋ニ薩長ノ諸生數員來學セル者アレトモ日本使節ノ來レル者ニ會センコトヲ嫌ヒ亦政府ヨリ和蘭ニ留學セル生徒等ニ逢フコトヲ忌ム之ニ依テ考フレハ政府ヘ告ケス密ニ法術ヲ究學シミツカラ盛大ヲ計ルノ意ナルヿ明ラカナリ爰ニ今一變スルヿアラハ各々已ニ一方ニ獨立シ政府ノ意見行ハレサラン其機會ニイタリナハ魯ハ蝦夷ヲ略シ佛ハ朝鮮ヲ取リ英ハ琉球ヲ奪フヘシ政府ヨロシク思ハサルヘカラサル也

右ノ通見聞仕申候間此段申上候以上

巳(寅カ)十一月二日　　　南部彌八郎

○

南部彌八郎風說書

兵庫へ相廻候異船去ル十日横濱へ歸帆仕候十月廿日同所ニテ承合候趣左ノ通

十月七日於兵庫閣老松伯州應接條約

敕許被爲在旨外國ミニストルへ相達候處口達ノミニテハ承引イタシ兼候趣ニ付

敕諚ノ趣幷右書ニ尙於江戶可及談判等相認同候書判ヲ居へ相渡候

但敕諚幷右書等ノ儀ハ先日寫差上置申候尤本文應接ノ節外大名列座有之由異人申候趣ニ候得共審ニ相分不申候

一兵庫開港ノ儀不相成事ニ付英ノミニストルハ折角是迄相越此一事相整不申候ハ殘念ニ付今一應嚴敷可及談判トノ及相談候處佛ノミニストル申候ハ日本方今浮浪ノ向モ漸ク靜リ候事ナカラ於今長州事件モ不相濟

政府多忙ノ折カラ彼是違乱ヲ生シ迷惑ニモ可至此度ノ一擧條約勅許被　仰出候ニテ十分ノ譯ニ候間兵庫ノ儀ハ先年延期相成候通一千八百六十八年ノ正月迄（來ル卯年十一月ニ當ル）致猶豫候方可然トノ論ニ亞蘭官吏等モ同意ニ付英吏モ無據其所ニ致一決退帆相成候由ニ御座候

一英ミニストル幷シーボルトノ両人上海ヘ相越候出右ハミニストルノ妻同所ニ逗留イタシ居候テ横濱ニ連越候爲ニ差越候儀ニテ外ニ存意御座候筋トハ相聞得不申候

但今日迄モイマタ著船イタシ不申由横濱ヨリ書通有之候

○

京攝風聞書

先月廿三日大樹公御歸館翌廿四日阿部豊前侯夷人應接有之候處重大ノ事件ニ付橋公ヲ被召候ニ付廿五日夕御出京御下坂途中ヘ御使參リ寂早下坂ニ不及旨被仰越候處押テ御入坂被爲在候節防州侯ハ浪華橋ニ彷徨

橋公ヘ被申上候ハ京師ヘ御使ノ命ヲ承候得共心配ノ儀ニテ橋公ノ御出ヲ相待居候旨ニテ引續登城相成申候扠橋公ハ登城相成候處亥同御始一同御同論白川松前兩閣老ノ取計ニテ開港御聞屆ニ相成候趣右ハ不經奏聞儀橋公甚御奮發ニテ兩閣老共愼被仰付開港御サシトメニテ御歸京相成申候、

但橋公御途中ニラ御下坂御差留ノ儀會侯ヘ相聞候ニ付

朝廷ヘ御暇御願下坂ノ筈京師ヨリ浪華橋迄入橋ヲ懸候テ橋公ノ御様子御待被成候處御登城相分リ下坂相止候由

一大坂ニテ御評議ノ節末座ニ罷在候永井主水正申出候ハ天下ノ御大事ト奉存候得共越俎ノ義ニ候得共私夷人ヘ應接期限相緩メ可申ト被申候付卽座ニ橋公ヨリ被命夷人ヘ懸合十日ノ猶豫相成候由一說ニ右ノ節攝海相廻候儀夷人ヘ詰問ノ處兩閣老內命有之由彼ヨリ申出候共云一說ニ橋公廿五日夜五時御出京御乘切ニテ廿六日曉御著坂直ニ御登城同日御出

坂卽刻御供揃ニテ夜九時伏見迄被爲入候處御引續御引戾御使來候付曉方天滿橋天神橋トノ間ニテ御引戾ニ不及旨再御使有之直ニ守口宿迄御引取同所ヨリ御早駕ニ被爲召候比ハ廿七日ノ夕七時過ナリ同夜九半時比御歸京ノ由

一橋公御歸京後兩閣老押テ登城又々開港說ニ相成候由廿九日朝議被爲　立兩閣官位被召上於國許謹愼御沙汰相待候樣大樹公ニテ可被仰渡旨被仰出

朝議ニテ改易又ハ削封ノ御論ノ處橋公御取成ニテ先ツ前件ノ通相成

一川越侯御用ニテ候間早々上京有之候樣大樹公ヨリ可相達旨朝ヨリ被仰出候當朔日朝ヨリ列藩ヲ被召候朝議相開候處橋公御願ニテ二日ノ朝議迄御猶豫相成候由

一薩藩ヨリ廿九日ニ夷人幕命ヲ不奉時者攘夷ノ先鋒弊藩へ被
仰付候樣
御所へ出願
一此度兵庫渡來ノ夷舶中へ薩人相交リ長人モ乘込候テ夷人ノ腰押イタシ
候風說有之橋府黑川ヨリ殿下ニテ噂有之趣薩藩へ相洩多人數黑川へ詰
懸候處病氣ニテ不出會ニ付原市之進へ相越候トノ趣結局不相分
薩ニテハ無之儀如何樣ノ儀ニテ聞取候哉是非糺問イタシ度趣
右ノ外後文相略
〇
丑十月七日
傳奏野宮中納言願書
不肖之定功不存寄被加議奏之列無間轉役被仰付其砌者不堪恐懼固辭候
處再應蒙　仰不得止事御請申上是迄勤仕候得共元來才識無之唯々汚大

任候而已聊之寸功モ無之日夜心痛仕候處然處一橋中納言以下參　朝外
夷事情切迫言上何共不能愚考種々勘辨仕候內追々事相迫無據依賴被
聞食候次第ニ相聞累年之
叡慮貫徹不仕
皇國御失体之基ヲ開是全思慮不行屆役儀輕易ニ相心得一橋已下對談盡
力不足之儀實以恐懼戰慄仕候近來健忘强其上咋曉以來持病發動國中繁
多之時節數日籠居仕候而者忽御用可及闕怠是又不堪恐懼候間重疊恐入
候得共退役願度存候是迄殊蒙
朝恩萬分一ニ而モ奉報度心底ニ候間何卒愚味相應之御用相勤可奉盡微
忠候此等之趣速ニ
聞食候樣宜御沙汰願度候也
十月七日　定　功
權中納言殿

○

丑十月筑前藩臣刑罪之大略

一代牢舎

切腹

打首

牢地取揚押込隠居

百石取揚隠居

遠島

揚屋入是ハ播磨同様

黒田播磨

加藤司書

武部立彦

齋藤某

江美某

馬廻百石ヨリ六百石迄

十四人

郡徳左衛門

月形洗藏

土井足輕三十四人

桂橋又兵衛

濱邊ニテ切腹　　　　　　　　　　　　牢拔士一人

右之通御座候

○

御両殿樣益御機嫌克被遊御座恐悦御同慶奉存候候扨御當地之形勢モ先月廿七日以來種々變然實ニ不容易形行之事ニ而去ル三日以前之處ハ町便等ヨリ御問合相成通ニ御坐候小生ニモ越行被仰付去ル三日歸京其後之形行左之通御坐候

一三日

尾張玄同公上京　二條家ヘ參殿　大樹公征夷將軍辭表差出相成候由其大趣意ハ戊午以來不容易多難之世躰ニ而精々盡力仕候得共元來不肖之私不堪其任尤敕命之趣一々奉戴モ不相調實ニ恐入次第迚モ奉職難仕候付慶喜事天下之事務ニ通シ人望歸向之人柄ニ候間相續仕度と之趣ニ候由外ニ一通其趣ハ當今宇內之形勢相變シ領國之義不可行候得ハ是非開

港ナラテハ難相濟と之事態詳悉書記シ依而今般異人言上之趣御許容被為在度無左候得ハ
皇國モ是限リニ而實々御安危此時ニ候と認有之候由
右二條公　御覽被為在御應對中ニ今朝大樹公急ニ大坂發途伏見一泊ニ而東下イタシ候と之趣相達一會桑玄同公早々出立ニ而東下ヲ止上洛ヲ進候と之趣ニ而俄ニ右次第ニ而御所邊大ニ混雜シ種々異評等申觸候今晚
殿下初御一同參　內ニ而御評議モ有之何分此度之儀不容易譯ニ而不憚朝廷振舞ト大カタ御憤リ相成　內府公正三卿御論ニハ願意通東下為致可然と御申立相成候得共　殿尹之處例之通御異論モ有之當夜ハ御決評ニモ不及御退散之由

一四日
內府公ゟ參　殿之處　二條公ヨリ御書御到來其趣今朝一橋乘切ニ而歸

京御屆申出候者今未明大樹伏見ニ著則一會共ニ面會存意申入候處上京
ニ而二條城ニ今日著之筋ニ治定仕候と之趣ニ候間此段早々爲御知被成
と之趣ニテ今日酉刻ヨリ追々　御參一會桑小笠原等モ參　内
一今夜半
内府公ヨリ周旋方ヘ可罷出御沙汰之由ニ而御所ヨリ申來藤井宮内井上
大和非藏人ニ罷出候處
内府公御逢ニ而今晩之
御評議別而御配慮被遊候異人申立之處兵庫開港ハ第二三ニ而三港
敕許之開港ニイタシ度と之趣意ニ而
朝議之處諸侯　御召之上
公議ヲ以不朽之處置被召附度依而來會迄之時日遷延之應接イタシ候樣
御論判相成候得共一橋邊ヨリ申上候ハ中々左樣之應接イタシ候而モ承
伏イタス夷情ニ無之則兵端ヲ開候ニ相違無之候間兎角

御許容相成外有之マシク小笠原等モ口ヲ揃ヘ兵端ヲ開候得者忽チ
皇國焦土ト相成不可謂之御至難相迫候義ト申上迚モ遷延之應接ハ出來
不申と差究一橋ヨリモ申上
內府公モ十分御議論モ被成必死御振ハマリ之事候得共右次第ニ而不及
御盡力候付薩藩ヨリ應接之處御請合ニ而言上之意有之間敷哉之旨
御沙汰ニ付委曲奉畏當坐私共ヨリ取究難申候ニ付重役共ヘ申聞何分可
申上御返詞申出候と之趣ニ而両人參候間尙吟味之上兼而內評モ致置候
事故左之通
　兵庫開港
勅許之儀不容易
皇國之御重事ニ而輕卒ニ
　御許容相成候而者天下之人心不居合
皇威相廢候御場合付有名之矦伯

御召之上天下之公議ヲ以御評決相成來會迄時日遷延之爲應接
朝廷ヨリ可然御方樣
御差向相成薩藩ヘ隨從被仰付候ハヽ盡死力十分差ハマリ十ニ八九ハ
遂成功度奉存候事
右口上之代リニ相認井上大和
御所ヘ持參
內府ヘ差上候處則御評議相成大略御治定大原卿ヘ
勅使被仰付候筋ニ相決候間追付薩藩ヘ御當リ可相成早々用意イタシ候
樣
御沙汰ニ候段翌五日早天大和罷歸申出佐二右衛門殿小子隨從之筋ニ相
決居候處小子
內府公ヨリ被召候段
御所ヨリ申來早々罷出候處大原殿ヘ御逢申上趣意申上込候樣と之御事

ニ而大略演說イタシ候處別而之
御決心ニ而只今　殿下ヨリ
御內達拜承イタシ第一貴藩ヨリ建言之由候間萬端御賴被成候併少々亦
異論相起リ候哉ニ而折角御評議中と被察候間追付御決定可相成候間夫
迄相待候樣御沙汰ニ而七ツ後迄奉待候處
內府公御下リニテ迚モ被相行候丈ニ無只今一橋ニは御激論ニ被及實ニ强
情ニ申張此議
御許容不相成候而ハ寸步モ退席不仕と申募若此儀
御許容ニ而奉迫候諸藩モ御座候ハヽ私處置ヲ加可申と迄申上迚モ致方
無之勢ニ而乍御殘念三港條約丈ケハ
御許容相成候筋御內定相成候と之御事ニ而尤　尹宮之御陰計共有之無
致方御勢ヒ之事ニ被伺申候此上者諸侯
御召且兵庫開港之處御動キ無之處第一ニ可有御座段屹度申上退出イタ

シヽ大原卿ニモ一橋ゟ手強ク御激論相成終ニ箇樣之大事件前以及言上
候ハヽ諸藩　御召ニモ相成篤と可被盡衆議候處昨夜ニ相成申出則御決
答被下度と申儀難心得段御詰問相成候處一橋申上候ハ是ハ私一人之重
罪ニ候間如何樣共嚴罰ヲ可蒙と居丈高ニ成而申上候時宜ニ御座候由
一五日朝傳奏ヨリ周旋方就御用內田仲之助罷出候處異舶一條付存慮御尋
と申事ニ而形行ハ同人ヨリ申上候間相省キ候
一大樹公ヨリ辭表ハ去ル四日
御下ケ渡相成候由
一異舶一條幕府ヨリ言上之書面且
朝廷ヨリ　御達書別紙二通之通ニ御座候
一五日晚遽ニ伏見ヨリ大砲小銃京師ゟ相運ヒ騷動イタシ候由
一阿部豐後守松前壹岐守官位被召上在所蟄居朝廷ヨリ被仰出於幕府退役
申付候由大坂御立とハ申事候得共彌之義相分不申井上實否探索之賦ニ

候間何分可申上候

一旗下之士大ニ一會桑ヘ不平ヲ唱候段第一両閣老御處置之儀朝廷ヨリ御沙汰ニハ候得共一橋ヨリ言上之上釀成候事と相察大樹公東下辭表等之一件モ番頭ヨリ諸士惣名代ニ而御止相成候樣言上若御許容不被在候ハヽ決心仕橋府ヘ殺突イタシ候と而混動モ有之由

但

一越老公去ル朔日愈御發駕相成候處二日今津驛ヨリ御引返相成候由

御留主居伊藤友四郎昨日參リ引合候ハ御風邪氣ニ而御引返相成候共内實ハ長州御處置一條而已ニ而御出懸相成候處段々其後變態ニ相成御當地之混雜ニ相成幕府內輪之處崩立候ニ付而者旁御趣意モ有之一應御引返

御召ニ而モ發候得ハ則御出可相成先度小子踏越候節段々御約束モ有之大坂ニ而彼是御引合可被遊　思召之處右次第ニ付申入置候樣

昨日面受鹿之助到著イタシ候間參候と之事ニ御座候委曲井上ゟ申
含置候

右者昨今御當地概略之形行ニ而不容易次第ニ付委事之御左右言上之爲
井上大和被差立候付自餘之事件態と省略イタシ去月廿七日以來一橋下
坂両閣老之顚覆井上主水正條約取返引續尾亥同上京大樹公辭表突然東
下一會桑差留方トシテ奔走終ニ去ル五日迄之始末轉變無究古今未曾有
之次第ニ御座候其所由虛實何レニ有ルヲシラス恐ラクハ橋府之陰計ニ
出候儀少カラス可恐次第ニ而此末如何之不思儀到來モ難計內輪之處累
卵之急ニ御座候至難之御時節と罷成御互ニ憤懣ニ不堪次第御座候御勘
考ヲ以宜舗言上御賴申上候以上

十月七日　　　　　　　　　　　　　　　大久保一藏

西郷吉之助様

蓑田傳兵衛様

○

上方ニテ觸達相成候

勅諚幷閣老添書左之如シ

條約之儀

御許容被爲　在候間至當之所置可致候事

家　茂へ

右之通此度被

仰出候ニ付万石以上以下向々へ不洩樣可相達候尤御觸之儀ハ江戸表ニ

ヲイテ可申述候此段申入置候事

丑十月七日　　松平伯耆守印

○

江戸巷說

一當二三日跡ヨリ薩州家江戸表詰合人數壹人モ不殘同許へ引取候由ニテ

此頃道中混雜之由粗相聞候

一同於浪花淵上幾太郎一同被召捕赤根武人變名和平獄中ヨリ差出候書付

急務五目

一公儀之御間柄彌　御全体被爲在候御政令出一途天下之人心令知方向敷事

一諸侯ヲ駕御スルニ大策相立諸藩一致ニ相成度事

一攬諸國英雄之心事

一外夷御扱振先權柄ヲ我ニ歸シ候上ニテ追テ開鎖ノ大決被爲在度事

一開言語不到乱雜之事

右五箇條方今之大急務ト心付候ニ付聊愚存之趣モ有之候得共短才魯鈍之上殊ニ御不審ヲ蒙リ居ル身分何分恐悚之心ヲ抱キ不能意中乍去寛仁大度ヲ以許容申付候ハヽ可奉吏聽將又長州近脫始諸藩愼實等ヨリ推テ天下之形勢愚見之廉迄申置度候間猶御沙汰次第無服藏左右可申立旨申

居候

一膳所之申渡之書
近年世上之浮說ニ泥ミ不謂議論ヲ主張致粗暴之儀申立候者ト同意イタシ及判談時勢之異論ニ確ク候始末御趣意ニ相振御差障ニモ相成候筋合ヲモ不顧兼而被　仰渡候ニ相背候段不屆至極ニ付士官御取上ケ死刑被行依之武器家財闕所可被　仰付モノ也

一乙丑十月
長州家老宍戸備後助始メ井原主計上下百人余十月十六日藝州廿日市泊十七日廣島ヘ著當所ヨリ附添御番頭今井左兵衛殿始メ物頭四人引纒致上坂候由併廣島出立之儀海陸之程難計候事尤海陸幾日頃ト両樣共後便相達申候
十月十六日酉之刻　廣シマヨリ
右之通兼テ當地ヘ出張被致候紀州御七里役ヨリ傳承候ニ付書狀寫ヲ

以此段申上候以上
岡崎御役所
一毛利大膳末家幷家老ノ內其地ヘ御呼出御達之趣ニ付別紙人名之者差
登シ度旨申渡候尤兼テ被
仰出候期限御座候得共此儀ニ付テハ先達而申上置候趣モ有之候間其
儘登坂爲仕申候猶委細之儀ハ其地ヘ差出置候重役之者ヨリ其筋ヘ申
出候樣申付候
十月廿三日　松平安藝守
別紙
大膳家老井原主計宍戸備後助右ハ十月廿九日夜著致候事
一今般御達之旨ニ付上坂被申付當月九日國表出立御當地ヘ著仕候然ル
處寡君父子ヘ伺度儀致出來候ニ付一應國表ヘ折返用筋伺取候上速ニ
御當地迄可罷越候間此段程能御取計置被下度奉願上候以上

十月廿五日　井原主計

○

今般御達之旨ニ付上坂被申付當月九日國表出立廿二日御當地ヘ著仕候然ル處持病之疝氣差起リ候ニ付早速療治相加ヘ可成丈差急キ發途可仕之覺悟候得共右保養中ハ程能御取計置被下度奉願上候以上

十月廿五日　宍戸備後助

○

筑前風說

在京薩藩小松帶刀先年來被擧用勢熾盛莊之既ニ舊年征長トシテ列藩園長相成候處同人陰然ニ周旋賴談之處筑藩緣家之儀ニ付尙筑ヨリ薩ヲ欺キ薩藩奸黨ヨリ尾公ヘ被致建白候處御凱陣相成趣右條件後日露顯ニ付帶刀儀者役儀取放歸國蟄居被申付候歟之由同人儀素ヨリ奸曲之者ニ付右ヲ遺憾ニ存シ候折柄

御進發被　仰出候處帶刀歸序筑藩ヘ立寄候哉此度

御進發之儀其實開國之願ニテ若
勅許無之節ハ兵威ヲ以
天朝ヲ脅シ理不盡ニ
御許容相成候樣之巧有之旨妄說ヲ流シ候處筑家老吉田主馬右巧言ヲ信
用シ卒兵三百人ヲ引卒シ
御所爲御守衞可致上京同役京詰大戸刑部ゟ飛札ヲ以申越候由然ル處刑
部儀ハ誠忠之士主馬儀ハ奸邪ニテ平日隔書翰往返抔絕而無之然ル處此
度ニ限リ右書翰差越申誠ニ多人數召連レ候事更ニ趣意不相分且今年長
崎年番相當リ候ニ付人少之趣ヲ以旣ニ先達テ京詰兵士三拾人願濟歸國
相成候程之儀故彌以趣意不審ニ付若哉長藩士僞テ上京可致モ難計彼是
掛念ニ付委細之趣刑部ヨリ
殿下ゟ献書致候處實ニ左之次第迚即刻守護職所司代猶大坂城代迄御内
沙汰相成嚴重御取締相付候折柄去月始向右吉田主馬著坂直ニ上京イタ

シ候旨御城代ニ願ニ相成候處兼テ御内沙汰モ有之儀ニ付召連レ罷越候
人數之儀ハ暫ク當地滯在其方相當之從者召連上京可致旨御城代ヨリ御
達相成候ニ付不得止御達之通相心得上京イタシ小松帶刀ヨリ承リ廉々
大戸刑部ニ詰問及候處意外之相違却而刑部ニ被尋疑惑罷在候由刑部儀
者無二正義之者ニ付右等之邊ヨリ頻ニ自國ノ形勢ヲ案終ニ藩士說得鎭
壓之爲ニ閏月下旬京地出立歸國イタシ候處案ニ不違激徒跋扈不穩之体
勢ニ付屢々盡力之處何分激徒長藩喜多岡雄平等勢盛大ニテ刑部謹愼被
申付然ル處彼是物議沸騰之時來哉四人再勤致刑司リ賞罰正敷激徒鎭伏
主馬始重臣黑田某等都而四拾余人夫々所置罪科候ハ、先當時之勢追々
正兵ニ歸候樣相成候事
　前書喜多岡雄平正士之爲ニ被緬殺候罪狀別紙アリ

○

一常野風聞書
水戸平穩ニ相成候處此節長廻リトカ唱候浪人多人數徘徊仕候ニ付出口

町口トモ警衛人數出居候由扨出家町在共ニ武術稽古仕昨年之樣ニ公邊
幷諸家之人數ヲ賴不申手限ニテ防候由ニ承候事
一宇都宮邊小山結城下舘邊モ十八廿人程宛組合浪人共ニテ押込等有之甚
夜廻リイタシ末利根川ハ越參リ不申下新鄉邊ニテハ暮ニ至リ候ハヽ此
方ニモ可參哉之由ニテ心配イタシ候事
一新貝村ト申冨村ヘ中邊金吾娘嫁付居候右聟此間罷越咄シニハ浪人ニテ
騷箇敷右村之爲國友新平ヘ鉄砲百挺誂申候由一挺八両貳歩宛之由唯今
ハ防禦宜候得共後年ニハ一揆抔起リ候節ニハ還而不宜被存候
右者九月下旬出十月上旬京都ヨリ到來之事

書翰集卷之十一

任幸便啓上仕候冷氣相募候得共彌御安康可被成御坐奉恐賀候隨而小弟無異儀滯留仕居申候間乍憚御安慮可被下候陳者有馬君御著府ニテ御當地之事情委細御聞取被下候半此後之處左之通ニ御坐候

一月照一條　陽明家此上御弱ノ御模樣ニテ苦心此事ニ御坐候　鷹右府公者小林へ鵜飼ヨリ余程責掛候處案外御張込相成大慶之儀ニ御坐候就テハ左府公御儀ニ就テハ決テ御案被下間敷　老公御一條實ニ苦心仕既ニ私へモ引拂候儀勿論原田才助へ御返事之趣ニハイツレ幕府ヨリノ命ヲ不看候而ハ迚モ守衛之人數被差出兼候然シ若哉之事ニ付テハ如何樣共可相盡段被仰候由是ニテ餘程御弱ヲ付候儀ニ御坐候然處豐家ヲ拜謁迄左掛置候處至極難有カリ居候得共老公ヨリ御差止ニ相成計モ皆崩レ頓ト手ヲ切候處今一ト振切テ仕掛候處　老公御聞通ニ相成御意當老御英

斷被爲在江戸表出立相成候守衛人數大坂御屋敷へ被備候儀ニ相成表通之處追付　幼君公御出府相成候間其内御供方人數モ故障等モ難計夬故被召止候筋ニテ大坂御留守居京都御留守居共ヘモ委敷豐印ヨリ被相渡案外振口此上ハ十分之人數被繰出候場ニ相成陽明家ヘ拜謁仕候而細事言上仕候樣豐印ヨリ被相達此上ハ彌御振ハマリ相成候樣起テ相願可申候ニ付決テ相調可申儀ト奉存候尤於同表モ細々申上度候其上明日共ハ決テ拜謁相叶可申候間益豐印引勸メ候樣勿論　老公御望之處迄モ御ニヲラセ相成得ト腹ノスワリ候處可被ゐ（マヽ）參仕候間必御心配被下間敷候守衞人數何モ中途ヘ被差向早々著坂仕候樣御達ニモ相成誠ニ難有次第ニ御坐候明日間閣著之賦ニ御坐候間若哉暴發仕候而直樣義兵ヲ擧可申左候ハヽ土州土屋ノ兵ハ應シ可申尾張モ同樣ト相考申候間閣等ノ兵ハ柔弱故ニ打破可申左候ハヽ彥城ヲ乘落候樣可仕候間其節ハ關東ニテ兵ヲ合打崩候樣御責可被下候

一關東之模様有馬著之上ハ決テ相替可申候間何卒雷發之向ニ御坐候ハヽ早々御知可被下候左様無御坐候而ハ京師之御備ニモ相拘候而第一不當相成御國元ヘモ申遣人數繰登候様可致事ニ御坐候
一有川方御取替金之義ハ私方ヨリ直様返辨致置候間御安心可被下候
一御國之義ハ何事モ表向仕掛候筋ニ相成至テ仕合之事ニ御座候其外　朝廷之御模様ハ杉浦ヨリ御聞取可被下候省略仕候

九月十七日　西郷吉兵衛

日下部伊三次様
堀　仲左衛門様

○

一巡見先之茶屋泊休所道敷等不及大造手輕之方ニ可致吟味也
一本陣者勿論下宿迄鷄差出候儀無用之旨総々可達置不時入用之爲ト名付寄物ニ申候儀モ可爲無用也其他無用之品寄置候儀無之様所役目之面々

ヘ申付候儀第一ニ候事

一何方ニテモ不相應之進上物幷供中ヘ送物無之樣急度可申渡尤取持チ間敷給仕人等不差出樣可申渡也

但

一門大身之面々ヨリノ送物ハ兎モ角モ雖富家鄕士百姓町人ヨリハ無用之進物無之樣供之モノヘ送物モ酒食ニ至ルマテ不差出樣可申渡タトヘ差出共受納致マシク進上品身分不相應之儀有之者其時ハ可致受納候ヘトモ追テ申付候品モ可有之候

一進上物カサリモノ等先例ニ不拘所在合ニテ可爲濟也

一無用之夫立無之樣急度可申付也

但

供之面々慰同樣所之乘馬等爲差出候儀每々有之段相聞得候是又無益之儀無之樣可申渡也差急之節者供之側役之免ヲ受ケ候テ差出候

樣ニ所役々へ可申付郡奉行用部屋書役等モ第一ニ心得自身ニモ急
度相守候樣可申聞也
一不時ニ見物ニ罷越候場モ可在之其所見苦候共イサヽカ不苦候
一到來物等土產ニ相成候得者自然ト無益之人馬相當候條急度可相守也
一泊々ニ於テ皆々寄合酒食取林（マヽ）シ候儀可爲無用候
一此度爲見分罷越候面々是又可爲同樣也
一通行之鄉中人別等相尋候儀モ可有之調査候樣可致候
　老若男女相分候樣可致事
　百歲以上之者ハ別段名マヘ可申出事
一調練見分モ三度ニテモ四度ニテモ所之勝手宜敷樣可致間可及吟味候
一馬モ樣子ニヨリ見度候間二ケ所程見立可申也
一高岡志布志等多人數之鄉者出水之ツキサシキノ場可見立置事々ニ寄候
ハヽ乘馬等モ可見候事

右之通

○

一島ヒヨ鳥之儀
宰相樣仰ニテ琉球へ度々御注文有之候へ共一度モ不參然ル處長崎へハ近年ハ度々持越候ニ付御注文相成候處不殘　公邊ニ御用相成御取入不相叶右之通長崎へ唐船ヨリ持渡琉球ヨリ不相渡者形狀幷名不相分故ト存此度長崎へ申遣唐人へ尋候處縞鵯之儀ハ元來蠻國ヨリ持渡專ラ山西四川福建之地畜ヒ候ヲ求メ持渡候ヨリ唐國ニテハ寒雀ト唱又福建ノ土語ニテ「ワンカーデン」ト唱候ヨシ唐人申出候間別紙画圖相添差遣候條於福建相尋候ハヽ無相違可有之候間此段琉役へ可申渡多年宰相樣御好ミノ品故是非三四羽持渡候樣可申付事

一御內々　公邊ヨリ御調文ノ唐織有之候未タ見本出來兼候間來春之下リ船ヨリ見本切可遣候間不間違樣御注文可申遣候

一唐本類モ來年之船ヨリ追々御注文ニ相成候間取入相調候樣可致事

○

一西國米ト砂糖外ヘ遣候間少シ計リ見合拾ヘ可渡委細拾承知ニテ御坐候
也

○

一銅之事場所何ト申處カ

一未開之山野ニテ手ヲ付ケ候得者田地ニ可相成處之有無

一砂糖之場幷ニ麥等作場澤山有之候哉

一人數島ニ合テ多キカ少キカ

一其外未タ不開產物等有之哉之事

○

愈無事珍重ニ候此方相替候事無之候當月廿一日ニハ御日待有之一夜百首讀申候淸書出來候ハヽ可遣候間北村ヘ不殘右之儀申聞見セ候テ直シ可遣候

一此度干肴アヂ小鯛サバ右之通リ相廻候條例年遣候新之丞榮格久庵宗耕

又者拾之方ニテ遣候我ヘモ所々御坐候間拾ヘモ申置候テ方々ヘ遣候様可致候尤此度直ニ不遣候乍何ソ遣シ宜敷ト存候節ニ御國ヨリ廻リ候趣ニテ可遣候尤拾ヘモ委細申遣置候間申出候ハヽ申談シ可相渡候小鯛之分ハ磯ノ前ニテ釣ニテ取リ候品ニ御坐候南部ヘ此度遣候品モ釣候テ取リシ肴ユヘ其段可申候

一南部何ソ望ミ候品モ御坐候ハヽ注文御坐候様可申候

一一番ト書付御坐候モ箱物之品ハ黒ノコロフク一疋ニ御坐候是ハ拾ヘ不見立様ニヨキ都合之節相渡候様可致候矢市郎ヨリハ只御藏ヘ格護ト申遣候

一其外之品々不殘藏ヘ入置帳面ニイタシ何月屆候ト申候事書付可置候色々之品ニ御座候

一鍋シマヘハ此度別段ニ返事不遣候

一水戸殿ヘハ返事計遣候

一勘右衛門モ申付候テモ又者硝子屋刀メニ申付候トモイタシ切子ノ猪口
此位ノ品十ヲ揃ナリ
早便ヨリ可遣候先ハ用事迄早々申入候也

菊月廿九日

壯右衛門へ

○

一其方今日市兵衛町へ御用ト申候テ御イトマイタシ霞ヘ參リ候テ兼テノ一條彌今日ニ御坐候也鳥渡伺度旨可申候先刻奥ヨリ手紙上ケ候處御留守トノ事大カタ辰ノ口ヘ參候事ト存候夫ナラ最早御歸宅モ可有夫トモ又外ヘ廻勤モ難計候間若廻勤先キ委敷相知レ居候ハヽ夫ヘ參リテ承リ候樣ニ可致候左候テ愈今日トノ事ニ候ハヽ少シモ早キカタヨロシク明日ハ法事ユヘ宜敷ト可申候大カタ最早歸宅トハ存候ヘ共若廻勤先ニ候ハヽ兼テノ一條今日ニ候ヤト計リ書付ニテ伺候テ宜敷御坐候先ハ早々

申入候也

○

彌清福勤歡ニ候扠今朝久世へ罷出過日御噂之芝小ノ島ヨリ局迄程能ク被申出候島津左衛門トカ鳥難有狩候又近衛家之御手本一條咄シ候處何モ差支無之儀ト申候浪人ヨリ咄シ出候處只今是レハ六ケ敷ト存シ申候乍然同列中へ咄合小石川へ内分當リ廿二日朝迄自分へ返答致候ト被申候夫ヨリ大名小路ヨリ汐留奥平へ參リ用人へ迄咄シ等致候ハ、九ツ半時過歸宅致候先都合申入候前文次第両人へ申通可給明日迄餘ハ申入候以上

二月廿日

尙以外用主呼寄セ候間要へ同人以下へ今朝都合申置候其方出立後岩元太右衛門出候へ共何用方大宮主ニ候ハ、芝シモ間敷尤不肖自分ニ御坐候故時々罷出候ト申置委細承知ト申候以上

用向申入

壯右衛門へ

○

幾島

右近衛殿ヨリ御附被仰付候事ニテ老女被仰付候ヤ若年寄被仰付候ヤ未タ治定不仕候其内京地ヨリ申參次第可申上候

闢野

先ツ若年寄御中ロフ頭ノ内申付候テ御供可申付ト存候

福

右者御中廊頭申付御供可申付哉ト存候

キノ

右御中ロフ可申付此モノ御櫛番モイタシ申候

利元

右御中ロウ申付御供可申付哉ト存候

先比モ内々申上置候通闢野福儀ハ出生之比ヨリ罷在候モノニテ君樣ニモ

是非被召連度候樣子シカシ一体田舍モノニモ有之御役ニハ立不申事ト存候ヘトモ前文ノ譯ユヘ無據申上候尤加入同樣ト思召候テ御側ニ被差置候樣仕度存候事

○

未不同之時候候先以無障淸福勤居候事目出度存申候此間參リ愈大慶致候其砌内々咄シ候今里之儀翌日宮寺直記山崎へ遣大崎之所今以水野土佐ヨリ返答無之候哉只今迄延候間多分斷ト存申候左候テ無理ニ外方へ觸レ望人尋候テハ其不宜候如何ト申遣候へハ山崎答ニ折角ト骨折候へ共水野土佐斷ニ候尙角之丞委敷賴置候ト申候由直記由候ニハトテモ急々望人有之間敷可相成ハ當年今里モ其儘大崎モ同樣明年之自分著候上今里引請申度其考ニ賴候所候ト申候へハ承知仕候其通取計可申ト申聞大キニ安心致候節咄シ候通リ當年マタ両方餌入レ候テハ大迷惑其外入用モ不少際可給候明年著候上考今里ハ引キ請申度存居候其元前文次第

含居若芝大君御咄シ被爲候ハヽ程能ク申上候樣賴入候跡ニテ直記山崎ヘ申候ニハ爲念自分事申候樣申付候若今里御土藏澁谷ヘ引キ候存寄候ナ萬一崩シ候テハ不宜此方入用ハ無之候ヘ共屋敷改候知レ候テハ此比誠ニ六ケ敷折柄不宜ト申付候ヘハ畏リ申候此程今里御向屋敷御鐵砲場澁谷ヘ引キ候ニ付芝御留主居見分申立屋敷改參リ彼是申候屋敷改候ヘハ斷無之崩シ候ヘハ濟候事ト存候ナト例之山崎不法申直記モ歸アキレ居候此比餘程之間澁谷ヘ參リヨシト咄シ候旨少シ先日ノ平田直之丞取合コヽテ此節扣候哉共存候何レニ直ニ大事出可申因リ候人ニ有之候此段內々都合申入候以上

四月八日

尙以其內又有候ハヽ萬々咄シ可申候以上

內用向

○

此書面伊達ヘ可遣候尤此度外ヘハドコモ不遣內用ニテ此間他方ニテ存

候ラハアシク候間其方へ向ケ遣候間著ノウへ取仕立候テ伊達
此寒暖計モ遣候間一同ニ伊達へ遣候様可致候以上
一スミレ斑入一品白一品手ニ入候外ニ少々ツヽノ絞リ二三種手ニ入申候
アサミノ斑トンホノ斑ミフマタノ斑萩ノ斑手ニ入申候
一著前ニ色々道具類出シ置ニ不及ツクヘト硯箱計リ其外者御道具方入用
モノ計リ先ニ大藏へ入置可申候著ノウヘニ追々出シ可申ト猶後便可申
入候也
廿九日
〇
一下曾根へ三十六ホント之ホーキツスル之筒臺幷ニ車寸法
六ホント　野戰之筒
十二ホント
筒臺之寸法早タシラセ候様ニ賴ミ可申左候テ早々下シ可申候

何ソ品物見合セ同人へ可遣候以上

○

先比以壯右衛門御内々ニ差出ニ相成候蘭書御不用御申請之儀御模樣相伺候樣被仰付且又別紙之書目此節調所へ五部程參居候ヨシ右者此節之御船御シラヘニ要用ノ御書物ニ御坐候間外御申請ハ延ヒ候共右之御書物何卒早メニ御申請相調候樣御内々御願被成候事

プラクチカーレゼーハールトキユンデ　全部二冊

但　船ノ書千八百四十二年版

○

明朝辰へ參候ハヽ餘リ久々逢モ不致當月ハ客來其外色々取込候ナカラ來月三日五日比ニ御逢モイタシ度候トノ事可申置候以上

○

一彌智鏡院方ニテ女中請合候儘其處ヲ以テ可取計候直ニ宿へ申付聞候テモ宜敷候事

○
日講四書解義二十六卷
康熙十六年大學士庫勒納等奉敕編
北狩見聞錄一卷
宋曹勛撰
荒政叢書十卷
清兪森編所輯
康濟錄六卷
清倪國璉撰
御纂朱子全書六十六卷
康熙五十二年大學士李光地撰
○
松平薩摩守様御書寫
別紙申上候亞奴之儀扠々可惡事ニ御坐候定テ御建白モ御坐候ト奉存候

小子ニハ假條約御取結ヒノ外御良策有間敷段申上候此上之處ハ何卒
公武御混雜無之樣奉存候間近衛家ヘ右之段內々申上候
叡慮モ御尤モ候ヘ共當時之光景異人ノ事情御通知無之故ト奉存候扨閣
中モ色々變化之事大老モ定テ良考可有之貴君ニモ折角天下靜謐之儀御
盡力第一ト奉存候其御地之事細々拜承仕度候
一唐國モ當正月中ヨリ又々賊勢盛ニ相成候由誠ニ可怖世態ニ御坐候
一崎陽ヘ亞船二艘參居候定テ傳習御家來ヨリ申上候事ト奉存候先日ハ蒸
汽船城下ヘ參リ候御家來モ乘組罷在候大混雜ニ御坐候以後ハ成丈ケ不
參樣圖書ヘ賴置申候
一先日ヨリ呈書可仕處ニ湯治以來色々繁用ニテ乍存延引恐入奉存候猶後
便万々申上候頓首
六月十一日
追テ御參府モ無御滯被爲濟候事ト奉存候御參府ノ上ハ萬事御盡力專一

ニ奉存候以上

○

六月末ノ或日幷其後ノ御細書相屆忝致拜誦候處其御地ニテモ宰相樣益御機嫌能被遊御座恐悦御儀奉存候御當地ニオイテモ御揔方樣御同前被爲入御同慶奉存候次ニ貴所樣ニモ彌御堅勝被成御精勤恭喜至奉存候當方ニテモ御用部屋皆共精勤ニ御座候其外御屋敷中モ何モ相替申事モ無之至テ靜謐御座候隨テ小生モ無事相勤罷在候壹岐殿モ來月二日方ニ著ノ賦ニテ相待申候事ニハ候得共來月廿日過ニハ　許出立ノ心組ニ罷在候無程罷下リ候間萬事御面會ノ上ニ細々可申上候貴所樣モ少々御不鹽梅ノ段被仰聞然共追々御全快ノ由モ被仰遣結構ノ御事ニ御座候肌持モ揃氣候間折角御取切養生御第一ト奉存候公私共早々申上度相含候得共何事モ餘ハ罷下リノ上ニト申殘置候先ハ御書ノ御禮旁爲可申上如此御座候頓首謹言

八月廿九日　島津豊後

種子島六郎樣

追テ申上候當秋ニ相成大井へ一度被爲入候最早鳥モ段々相見得候由承候當方モ何モタノシミ無之名越山口抔申談時々サカミへ出張イタシ位テ御座候何分直々樣御咄共申度夫ノミ相樂ミ罷在候餘事ハ後便ニ申殘置候以上

○

先刻其御殿御暇掛ヨリ直ニ有馬樣御方へ罷出生田善八郎へ致面會　少將樣ヨリ御沙汰承知仕候趣申述候處委曲承知仕然處來月廿三日ニハ重キ御精進日ノ由ニテ廿二日御待夜ニ被爲在候得共右廿二日ニテ迚モ難被成御調ニ付廿一日ヲ致吟味左候テ兩三日御日取ヲ勘考仕何分可申上トノ事ニ御座候右ニ付廿一日御日柄ノ義猶亦
中將樣へ申上女中へモ口合ノ處何モ御事ノ支不被爲在トノ御事ニ候右

旁宜様申上給度此段御賴申越候以上

三月晦日　　　　　　　　　　　　　　竪山守衛

種子島六郎殿　　御內用

○

明後廿六日高輪へ　英姬様　順姬様　祝姬様御同道ニテ被爲入候右ニ付御入ノ節ハ　順姬様　祝姬様御相與ニテ被爲入候御歸殿ノ節ハ臺輪ニテ御別々ニ御座候間此段御達シ申置候以上

閏正月廿四日　　　　　　　　　　　　花島

　　　　　　　　　　　　　　　　　　園江

種子島六郎様

御用向

○

御手紙拜見仕候愈以御壯榮被成御毎勤奉壽候就テハ先日申上候堀端へ引移方相濟一件ニ付則御申上被下猶又名前等ノ儀　御内沙汰被爲在候ニ付テハ兼テ申上置候趣ヲ以テヨロシク被仰上被下候由丁度其通ノ事ニテ別テ難有奉存候其後モ彼是ニテ毎日ホト此方へ參リ場所モヨロシク深ク難有狩リシ段申出候段々御叮嚀被仰下趣忝奉存候其中拜顏猶亦御禮可申上候得共御答迄早々如此候

五月廿五日　伊集院中二

種子島六郎様　貴報

○

御菓子箱一

但

右者

若殿樣御方ヘ御到來有之候付頂戴被仰付候間持セ相廻シ候付御頂キ可
被成候御禮之儀ハ申上置候以上

七月三日　御抱守

種子島六郎樣

風呂敷包相添

○

一昨日有馬樣ヘ懸合一條ニ付御問合申越候處何モ御至急無之付直彼方
ヘ御仕出給候由昨日御問合ノ趣相達近頃御面動ニ相成申候其節被留置
候四通被差返慥ニ請取申候尤貴殿ヘモ遂披露被置候由是亦致承知候右
方及御用答候以上

四月六日　伊集院中二

堅山守衛

種子島六郎殿　　御用答

○

一御壽盃　一
一御　肴　一箱

右者
大御隱居樣御事當年　御八十歲ニ御成被遊候ニ付當正月十五日右ノ御
內祝被遊候付被成御祝右之通拜領ニテ仰付トノ御事ニ候間持セ相廻候
頂戴可被致候御禮ノ儀ハ申上置候樣可致候以上
　九月八日
種子島六郎殿　　　櫻井半藏

○

先日承知仕候すは實母此節ヨリ右部屋ヘ罷通候儀私ヨリ
中將樣ヘモ申上置候樣トノ趣

少將樣御沙汰被爲在候間宜取計旨被仰下候趣承知仕奉畏候其通可仕候
此旨御受答申上候已上
三月廿七日
伊集院中二
種子島六郎樣
○
一御肴　一籠
右ハ亀末ノ御品候得共折節被遊御到來候ニ付治五郎樣ゟ被下候間則相
廻シ申候御頂戴可被成候御禮ノ儀モ申上置候間御序ヲ以テ御申上可被
成候此段早々申越候以上
六月廿七日
西筑右衛門
種子島六郎殿

肴籠相添

○

以手紙得貴意候愈御安康奉珍重候就テハ今日
溪山様豊後守様御出被遊候付貴所様ニモ唯今ヨリ御出可被成トノ御事
ニ付乍御苦勞直様御出被下候様此段得貴意度早々如斯御座候以上
五月二日
尚以通用御門ヨリ御出被下候ハヽ御案内ノ者差出置可申候以上
種子島六郎様　生田善八郎

當用

○

學問稽古ニ付テハ格別ノ事候處兼出精ノ段相聞得候付願ノ通入門被仰
付候左候テ附届等自分稽古ノ筋ニテ御物御計被仰付候
三月廿四日　勘解由

○

中小姓
上原甚助
別府千藏
有馬四郎次
種子島六郎

右來亥年江戸御留主詰被仰付候條可申渡候
十月
下總

下總殿ヨリ被相渡候御書付ノ寫
花一條ニ付内々承知仕候樣申上候處貴答被仰越候儀委曲承知仕候矢張
中將樣御氣被爲附候處ニテ御世話被進候筋ニテモ御女才不被爲在
少將樣夫形御承知被遊候ヘハ御差支有之間敷イツレ　中將樣思召ニテ
今一人被召拘候樣被仰進候テモ又ハ高輪御亭ニテ仙波ヘ被仰付三左衛

門ヨリ致吟味爲究候上被進候筋ニテモ兩條ノ所極御內々　少將樣へ奉伺　思召次第取計候樣猶又御細答儀御尤奉存候右ノ儀極御內々奉伺候處右兩條ノ筋候へハ　思召寄モ不被爲在ニ付三左衛門へ私ヨリ篤ト被內談候處承知仕候付內密及示談イツレ成共猶又篤ト勘考可給御內談イタシ置候處先日外御用ニテ宗膽高輪へ被爲召罷上リ候節　御前樣其後御妊身有之御模樣モ不被爲在又すは事モ其義モ無之候處去冬被召拘相成候御事ハ何樣可有之哉旨　中將樣ヨリ宗膽へ御沙汰ニ付思召相叶候筋ニテ奉伺候へトモ未年輩モ參リカネ候者故此涯御子樣奉持上候義何樣可有御座哉ニ付程好申上候由然處一昨日三左衛門ヲ以承知仕リ候其後　御子樣モ不被爲在御事故今一人　中將樣御見立ニテ可被進思召ニテ三左衛門へ內々聞合イタシ候處被仰付候へトモ兎角冨事ハ猶又六郎方ヨリモ不事候樣內分申談イタシ相應ノ者モ承主候ハヽ三左衛門へ申談申上候樣可仕候テ猶又篤ト御吟味被遊候ハヽ高輪へ暫被召置追テ可

被進思召ニ付右ノ儀內々六郞ヘ申聞置候樣トノ御內沙汰承知仕候尤右通先御內々ノ御事故相究リ候上　少將樣ヘハ可被仰進　思召ニ付其心得ヲ以御用承合候樣トノ御事御座候右ニ付少將樣ヘ極內右御趣意申上候處何樣共思召次第御承知被遊トノ御事御座候就テハ內實至　中將樣思召被爲附義モ右通承知候ヘハ急相應ノ者承立候義可有之哉御䚮ノ都合御座候イツレ其手續ハ猶又三左衛門ヘ篤ト內談イタシ見分等ニ出候者モ候ハヽ自高輪ニテ御見分モ愈ト奉存候左樣ノ義ハ猶又追々委可申上候得共先々左樣御內含被成置可被下候

內談右次第ニ候ヘハトコ〳〵迄モ　中將樣思召ニテ被進候御事故此上ナカラ仙波ヘ猶又何モ內密申度外ニ響入候儀無之樣呉々取計可申候

○

七月廿九日米國商法條約ノ儀ニ付　齊彬公御意見書

軍艦製造ノ儀御願ノ件

今般亞墨利加船ヨリ差上候書翰和解二冊拜見被仰付商法之可否ハ不容易御大事ニ候間存慮之趣不殘申上候樣被仰付奉畏候

亞墨利加人願之儀此以前阿蘭陀ヨリ申上琉球ヘ滯留之異人ヨリ每々噂仕候事ニテ一朝一夕之考ニハ無之於彼方モ御國禁之段承知之上押テ渡來仕候間國法之趣モ仰渡ニ相成候共一通ニテハ承知モ仕間敷乍然御打拂之義ハ海岸御手薄之折柄故必勝ヲ得候儀無覺束奉存候假令一往ハ追拂候共海上自在之夷艦殊ニ近來ハ唐國幷無人島之邊モ數艘滯船罷在候樣ニ相聞候間時々海運之妨可仕候此度之御所置實以御大事之場合ニ奉存候且此節御許容ニ相成候テハ御威光モ薄キ形其上和蘭陀國主ヘ相對候テモ御義理合不相濟譯ニモ相當リ且又戰爭ヲ御厭ニテ御免モ不成候ヤト外國ニテ心得候テハ永年之爲其殘念千萬ニ奉存候テハ此節御免被仰出候儀ハ不可然御時節歟ト奉存候乍然來年之節迄ニ御斷ニ相成候テハ戰爭之端ヲ開キ候モ難計候得ハ成丈ケ年ヲ延シ候樣ニ無據御譯合被

仰聞候間歸帆仕候樣被仰付其內海岸之御手當十分被仰付度儀ト奉存候
三年程モ丈夫ニ延候御所置可有之奉存候左候ハヽ三年相立候得ハ元來
勇壯之人氣御座候間打拂被仰付候共勝之計策如何程モ可有御座ト奉存
候御手當場所モ浦賀ヲ第一ト被仰付其外要地之場所御評議之上委細被
仰付度兼テ異國ニ於テモ日本之人氣勇壯之儀ハサグリ罷在候段承知候
間御手當嚴重ニ相成候得ハ無禮之振舞仕間敷軍艦御全備之上ハ通船妨
ル共如何樣ノ御所置ニテモ被爲在候間其上ニテハ急度仰出候上ハ願立
一身ニ引受致總裁之者無御座候テハ行屆間敷事人心第一ニ御座候間御
連枝ノ內御一人諸指揮被仰出度右被仰付候儀迄申上重疊恐入候得共當
時御年輩ト申人望ト異國ノ事情委細ニ御會得被爲在共水戶前中納言殿
外ハ被爲在間敷ト奉存候間海防之儀御委任被仰出候樣乍恐奉念願候此
度ノ儀ハ天下之御大事ニ御座候間彼ヲ知リ己レヲ知ル後々之御所置無
御座候テハ必勝之御良策ハ行屆間敷ト奉存候間能々御評議之上被仰出

度奉存候何分ニモ今度直ニ御免被仰出候テハ御國躰之處何トモ恐入奉存候前文之義申上候ハ實ニ恐怖ノ至ニ御座候得共不顧恐愚之赴不殘申上候以上

但石炭置前等之儀ハ猶又御免不被爲仰付方ト奉存候

七月廿九日　松平薩摩守

○

此節質素節儉之儀被仰出公邊モ嚴敷御儉約被遊候間海防一筋ニ心ヲ用ヒ彌嚴重ニ手當仕候樣被仰出難有奉承知候右ニ付右之通奉願候

一此度被仰出ニ付段々勘考仕候處臺場嚴重ニ相構候ハ異船打拂調候テ遠洋へ追出ノ節追打之手段無之關船ニテハ無法ニ追掛候モ必勝ノ儀無覺束打捨置候得ハ彼方取纒又々襲來可仕候得ハ頭上之蠅ヲ追モ同然ニ奉存候間御制禁之儀申上恐入候得共堅牢之軍艦蒸氣船モ急速ニ辨利モ宜軍事要用之品ニ御座候間何卒御免被仰出候樣奉願候蒸氣船ノ儀ハ一昨

年家來ヘ申付工夫之上可ナリニ製作可相調奉存候處此度家來等召呼冀望ノ至リ難有奉存候間何卒軍艦蒸氣船兩樣トモ御免之儀偏ニ奉願度左候得ハ

皇國ノ御爲メ勿論琉球迄モ御威光相響キ候樣仕度心底ニ御座候尤琉球砲船ハ製作最中ニ御座候ハ

皇國之軍艦製造御免之儀奉願度且又乘習ノ爲平日運送船ニ相用申度左候得ハ異船海防候儀モ有之間敷奉存候間何卒願通之樣御評議奉願候

一昨年蘭船ヘ軍事要々之器並ニ大小砲其外御手當必用品之分奉行被相運注文被仰付候儀相叶候樣奉願度彼我知己ヲ知後ナラテハ必勝之計策モ難調奉存候間何卒願之通相叶候樣仕度左候得ハ不及ナカラ彼國ヘ書法利器之分相撰御手當之筋ニ仕度奉存候申上候モ恐入候得共二百年太平之御代ニ御座候戰場實地ヲ踏ム者ハ絶テ無御坐候彼ノ國ハ今以戰爭モ有之實地ニ臨ミ試候上追々利器新法相考候事ユヘ便利由義多可有御座

候既ニ蒸氣船之義モ異國ニテ工夫候事ニ御座候間何卒前文之儀御免被仰付候樣仕度左候得ハ彌嚴重之手當ヲモ付御國恩奉報度心底ニ御座候間此段申上候以上

書翰集卷之十二

道中精々差急候得共漸廿五日朝
大總督府へ到著仕逐一言上仕候處早速御沙汰相成其夜先鋒總督へ馳參
候處柳原卿ニハ甲府鎭撫之爲メ彼表へ御出張相成居候間早々御掛合ニ
被及江戸地ニテ御打合之賦ニ御座候處去ル二日池上本門寺ニテ御出會
ニ相成早速御評決ニテ田安へ御達相成江城へ御入込之御手段ニテ御座
候間重役又ハ國事關係イタシ候者罷出居候樣トノ事ニテ昨日御兩卿御
入城ニ相成纔計リ之御供ニテ天下ニ敵ナキノ御仕向ヲ以擒ト被爲成候
決心ニテ乍此上十分賊軍ニ面ヲ當テ候御賦ニ御坐候得共都テ落膽ノ模
樣ニ相見得申候昨日四ツ過キ御入城之處田安中納言御玄關迄御出迎其
外若年寄以下拾余輩罷出候テ御中途其外目付々々皆警固人麻上下ニテ
至極恭順之次第ニ御坐候兵隊抔之堅ハ更ニ無之西丸ニテ田安へ相達相

成候處愼テ奉畏候旨御受相成候ニ付明五日ヨリ一七日之間ニ城引渡シ軍艦銃砲之處モ十一日限リ相納候節御達御坐候付必相違ハ有御坐間敷儀ト奉存候乍然油斷ハ不相成候私ニモ御供ニテ城内ヘ入込候處參謀ハ玄關ヨリ裏ヘ罷通リ候樣承候故直樣書院ヘ刀持ナカラ坐ヘ付倍臣之ケ樣之爲体初テノ事歟ト跡ニテ大物笑ニテ御坐候此度ハ勝房州ヘハ引會等如何可致哉ト

大總督ヨリ御沙汰被爲在候付是迄之引會事ハ先内輪之事御坐候得共表通御達相成候譯ニ御坐候間得（マヽ）ハ是迄之手續ヲ以前以引會等ハ決テ不宜候付出會不致樣可仕段申上イマタ一面會不致候横濱ヨリ薩道書面ヲ以テ英國公使致面會度候間是非立寄呉候樣申來候ニ付駿府ヘ到著之日ニ相達候故定テ勝抔ヨリモ外國人ヘ手ヲ入此節之御處置ニ口ヲ續カセ候儀ト相心得候故是ハ早ク解付置不申候テハ事之差障ニ可相成義ト相考候故委敷談判ニ及決テ不携之モノニ論シ付置申候間御安心可被下候ケ

程至當之御處置相成候義ニ付テハ外國人迄モ感服仕候次第ニテ一言モ申上樣共無之段ミニストル申述候ニ付然ラハ万國之公法ニ於テ批難ハ有之間敷ト相答候處折角
朝廷御一新之折柄万國之批難無之樣ニト相考居候處實ハ感服仕候樣承候故此上違背仕候ヘハ公法ニ於テモ罪アル譯ニテモフハ外國人ヘ依賴スル處ハ無之義ニ御坐候
○靜觀院宮樣御迯場所等之義ハ尙又奉伺候樣可仕ト田安ヨリ申出候由ニ御坐候
大久保一翁抔至極骨折イタシ居向ニ被相聞候間御達通相運可申歟ト相考居申候
東山道ハ板橋宿同年ヨリ甲府ヘ相廻シ候因出之兵ハ四ツ宿ヨリ尾張邸ヘ轉軍北陸道之兵ハ千住宿ヘ滯軍東海道之手ハ長州ハ愛宕下宿陣備前尾張之兵ヲ順ニ相幷テ軍ヲ居御國之人數增上寺ヘ操込佐土原ト一緒ニ

相成居申候大村之兵ハ間部邸ヘ入込肥後兵臺町之邸ヘ繰込四方ヲ取卷候間スハイイハヽ風上ヨリ火攻之術ヲ用ヒ引包テ打タテ可申付御安心可被下候云々略

四月五日

……………………………………

……………………………………

……………………………………

○

關東ヨリ來翰寫

御入城之節兵隊不被召連銃器ヲ不携平常ヨリモ人數減少四月四日午刻御入城御口達ヲ以別紙之通御達相成リ御手扣被下夫ヨリ天朝ヨリ五ケ條御書付田安中納言ヘ御渡相成候處御請仕候右始末御両卿ニハ大廣間御上段田安殿御正面下段左若年寄大久保一翁外ニ四人末席其右ニ西郷海江田木梨等列ス御達終テ田安殿參謀ヘ向ヒ今日ハ不容易寛太成御處置御達相成誠ニ以難有尙此末宜敷トノ挨拶ヨリ若年寄大

久保一翁一紡ヨリ又ハ目附等銘々挨拶有之候事七ツ時ヨリ本門寺へ御歸陣相成申候イツレ來ル十一日夕夫々引渡可有之余程混雜難盡筆紙云々

○

仲間　御馬　濱松藩四人　御手人　加藩二人御傘

馬上
海江田武次附屬

副総督

仲間　濱松藩四人　御手人　加藩二人御草履

仲間　御馬　藤堂藩四人　馬上　西郷吉之助附屬

馬上
木梨精一郎附屬　安場一平附屬

総督

仲間　藤堂藩四人　馬上　吉村長兵衛附屬

御両卿御入城ニ付徳川目附等之者禮服ニテ十人餘品川宿ヨリ御先拂金棒引宿々交替芝札之辻ヨリ町奉行御道御案内西城下邊其外へ恭禮之者有之候事

一萬家始役々二重橋門內へ御出迎田安中納言衣冠玄關式臺へ御出迎御誘引之事

一御両卿大廣間上段ヘ御著坐田安下段ヘ
　敕諚相達之事
一參謀大廣間下段右ヘ誘引席ス
一若年寄大久保一翁其外大廣間坐ヘ席詰
一靜寛院宮ヨリ御両卿ヘ御料理被進トノ事候得共御斷相成候事

○

御口達之寫

德川慶喜奉欺罔
天朝之末終ニ不可言之處業ニ至候段深被爲惱
宸襟依之　御親征海陸諸道進軍之處悔悟謹愼無二念之趣被
聞食被爲垂
皇愍之餘別紙之通被
仰下候條謹テ御請可有之候就テハ本月十一日ヲ期限トシ各件處置可致
樣

御沙汰候事
右限日既ニ寛假之
御沙汰ニ候上ハ更ニ嘆願哀訴等斷然不被
聞食恩威兩立確乎不拔之
叡慮ニ候速ニ拜膺不可有異議者也
第一ヶ條　隱退ノ上水戶表ニテ愼ミ
謝罪實効相立候上ハ深厚之
思食ヲ以死一等被宥候間書面之通水戶表ニ於テ謹愼之義可被差許候
第二ヶ條　城明渡シ田安へ御預ヶ
總督宮思食次第可被　仰付候
第三ヶ條四ヶ條
軍艦ハ勿論銃砲ニ於テハ不殘取收武庫引渡可申事
御處置濟之上追テ相盡可相渡事

第五ヶ條　城内住居之家臣城外引移シ書面之通可取計候

第六ヶ條

罪魁慶喜死一等ヲ被宥候上ハ格別之寛典ヲ以死一等ハ可被宥候間相當之處置致可申出事

但万石以上之義書面之通可被仰付會桑之如キハ問罪之軍兵被差向降伏ニ於テハ相當之御處置可有之拒戰ニ於テハ速屠威可有之事

第七ヶ條　士民鎭撫方手ニ余リ候節官軍ヲ以御鎭壓

書面之通可被仰付候

右ハ

大總督府ヨリ腰書之通御掛合之御評議之上御決定ナリ

○

西郷南洲木場某ヘ送ルノ秘翰

當月十一日付之御懇札同廿三日朝相屆難有拜讀仕候御馴々敷繰返シ巻

返シ候私斯ク罷成候形行ハ決シテ不中上考ニ御坐候得共如何樣之御疑惑モ難計御安心成兼候事ト無據委細申上候間御一覽後丙丁童子ニ御與ヘ可被下候島元ヨリ相考候ヨリハ雲泥之違ヒニテ御府內都テ割據之勢ニ相成居頓ト致シ樣無之模樣故暫之間觀察仕候處當時之形勢少年國柄ヲ弄シ候姿ニテ事々物々無暗ナ事而已出候テ政府ハ勿論諸官府一同疑惑イタシ爲處ヲ不知勢ニ成立ケ樣之事ハ是ヲ引愻(マヽ)此處テ成ルモノトイフ事ハ全ク不知志ハ能ク向候テモ所置ニ至テ疎ク俗人之笑フ事多ク君子之賦ニ候得共爲ス處至テ賤敷手而已相見得君子之所行ニ無之候所謂誠忠派ト唱候人々ハ是迄屈シ居候モノ、伸候テ上氣ニ相成先ツ一口ニ申サハ世ノ中ニ醉ヒ候鹽梅逆上イタシ候模樣ニテ口ニ勤　王トサヘ唱ヘ候ヘハ忠良ノモノト心得サテハ勤　王ハ當時如何之處ニ手ヲ付テ勤王ニ罷成候哉其道筋ヲ問詰候得者譯モ分ラヌ事ニテ國家之大躰サヘケ樣ノモノト明メモ不出來日本之大躰ハコ、トイフ事モ全存知無之幕之形勢モ不存諸國之事情モ更ニ辨ヘ無之ソウシテ天下ノ事ヲ盡ソウトハ實ニ目暗蛇ヲヂズニテ仕方モナイ儀ニ御坐候然處小弟儀　順聖公之被召仕候トノ趣世間ニ相響居此モノカ歸リタラ決シテ事柄モ變ロフトアテニ相成候鹽梅ニテモフハ博奕ニ打ラレ候向ニ無之是カ幸中ノ不幸ニ御座候餘リ高ク直段ヲ付ラレ込リ切タル事ニ成立候　泉公御參府ニ付御大策ト申儀有之是ハ三四輩之處ニテ極祕密之事ニシテ有之候由然處着涯小松家〔一〕ヘ會シ候樣承リ大久保同伴參候處中山尙之介參會有之四人會席ニテ御大策之趣承候處此節ハ京師迄ニテ一橋越前御後見御政事御相談役ト申　敕御申下シノ御事ト承候付委敷承候處頓ト返答サヘ出來兼隨分之御大策モ取處無之鹽梅ニ罷成私ヨリ問掛候者右之　敕ヲ御下シ相成候ニハ手ツルト申モノ無之候而ハ迚モ出來不申夫ハ閣老之處ヘ委敷申込候而ケ樣ニ成サレ候ハ、請合ヲ盡スト申事能々地盤ヲ居ヘ不申候而ハ出來申間敷夫ハ如何ニ候哉ト承候得者全ク手ハ付居不申左樣

ナラ幕府ニテ甘ク御返答申上候而始終敕ニ不應候ハヽ如何之御策相立
候哉承候得者其時ハイツマテモ　京師御滯之賦　京師ヘ一年モ二年モ
トハ御滯相成間敷若不應日ニハ違　敕之罪ヲ御責不被成候テハ名義モ
相立申間敷又　京師御保護ニ付テハ只錦之御屋敷共ニ被爲在候テハ何
共知レヌ事所司代ヲ追退井伊ノ固メヲ除不申候テハ相成間敷違　敕之
罪如何御正シ可被成哉相尋候處一言之返答モ出來不申時日ヲ移ス内異
人ト相結大坂口ヨリ軍船ヲ差向候ハヽ其時之御手筈如何相付候哉一々
難論仕掛候處返答サヘ出來兼候人々御大策トハ餘リ氣强クシマリハ夫
故私ヲ相待候事ニ御坐候任シ呉候樣承候得共是ハ私ニテハ迚モ出來不
申イマタ御内評中之儀ニモ有之候ハヽ如何樣共盡シ樣有之候得共都テ
仕クサラカシテ仕樣ト被申候テハ出來不申段返答イタシ是ハ案外之次
第貴公方ニテハ御論モ出來不申其上甚以疎事之御策ト相考候間　泉公
之處如何御居被遊候哉拜謁仕度申出候處自然拜謁被仰付賦ニ候間両三

日中被召出トノ事ニ御坐候然處四月十五日舊務ニ被復直樣被召出候處一々右之難論申出其上私愚考トハ大キニ違ヒ申候只手之御手數ハ先公方被遊候御跡ヲ被爲踏候御事ニテ其時ヨリハ時態モ相變　順聖公ト一樣ニハ成サレカタク江戸ニオヒテモ御登城モ六ケ敷諸侯方之御交モ無之一体成サレ方相變不申候テハ彌成シ應候處見留付不申イツレ大藩之諸侯御同論相成リナサレ合從連衡シテ其勢ヲ以成サレ不申候而ハ相濟間敷此　御方樣ヨリ　京師御保護被遊候ハヽ　勅ト一時ニ諸大名俄ニ御登城ニ相成速坐ニ御扱不被成候テハ迚モ出來申間敷又　京師御滯ニ付テハ必ス變ヲ生シ可申ト委敷理ヲ盡シ申上候處尤成譯ニテ今更致シ方モ無之此度之儀ハ御屆捨ニテ最早延モ難致是非平常之處ヲ以成サルトノ事ニ御坐候得共非常之備ヲ成シ非常之事ト被成候ニハ平常之處ヲ以出來不申若合從連衡之策出來不申候ハヽ固ク御守被遊候處相當之御處置ニテハ有御坐間敷哉是非御病氣之處御中立被遊御參府御（マヽ）成被成ツ

マリツマリ候ト割據ト申御腹合ニテ被爲在度愚考之形行不殘申上候處
二月廿五日御發駕被爲延三月十六日ト相成申候然處只今之處ヲ以立候
樣承知仕候ニ付二策書取ヲ以申上候第一策ハ是非御參府御延引幕へハ
參府ニ差掛候處非常之世態ニテ國中ノ人心動立號令ヲモ不顧人々踏出
候勢ニ成立騷動可致候間當年之處ハ相延家老ヲ以名代差登候趣ヲ以テ
被爲延度御國中へハ御家老中ヨリ御危申上候ト御引留申上候趣被仰達
度トノ所置モ相付申上候第二策ハ是非御延引之處不被爲出來候ハヽ天
祐丸ヨリ關東迄御乘船ニテ御參府被爲在度左候得ハ違變輕重相計候得
ハ　京師ニオヒテ變動可致ハ案中ニテ御坐候故難易之處海上ニテハ輕
ク御坐候ニ付右之計被遊度趣申上候處二策共御取用無之實ニ仕方ナキ
事ニ御坐候故一日出勤仕候而ヨリ直樣足ノ痛ニテ引入夫ヨリ湯治ニ差
越何樣ノ事ニテモ足引上ケ不申考ニ隱遁之賦ニ御坐候處諸國ヨリ有志
ノ者共御國元之樣參私ニハ湯治留守御坐候處罷歸リ承候へハ右之次第

ニテ一夕大久保參リ實ニ心配イタシ居彌變ヲ生シ候トノ趣承候故不得止出足仕候事ニ御坐候是ヨリ先キ御國家ノ人心不平ニテハ治モ變モ出來不申候尤君子ノ爭大幸ニテハ無之是非兩全之策相立久留米ニオヒテモ君子ノ爭ヨリシテ混乱ニ及候前車之覆轍モ有之候間是非一致シテ御國中勤　王ニ相成候樣被成度頻ニ切論ニ及候處是カ畢竟一番惡事ト相成申候又豊州之一黨ニオヒテモ起テハナラヌト二度押甚以君子ノ爲スヘキ業ニ無之小人ノ黨ハ利ヲ以相結候故黨中ノ內頭立タルモノ一兩人モ不差障處ヘ被爲出候ハヽ一黨致疑惑悉ク崩立可申頓ト先無シ小路ヘ追込候ハヽ決シテ小人ト見コナシ候而モ面々ノ知惠丈ハ又外ニ働キ可申決テ恐レ居不申ト委敷解立候得共一躰土臺頗少ニテ增々小ク罷成候許ニテ如何成明智ノ人出候而モ今通ニテハ今日之處サヘ六ケ敷勢ニ成立申候來春御歸府ノ上親敷御覽可被下候

一村田新八同道ニテ下之關ニ參考ニテ尤他國ヘ出張儀大監察方大キニ

六ヶ敷漸ク下之關迄ハ差支有之間敷ト申事故夫ヨリハ被召列トノ御内達モ有之候然處飯塚ニオヒテ森山新藏方ヨリ差立候飛脚ニ逢ヒ早々下之關之樣急候樣トノ趣有之又々相急候處三月廿二日朝白石方へ參著申候處豐後岡藩二十人參會居卒度面會イタシ右之人數ハ直樣大坂之樣出船有之候新藏船手當イタシ居既出船之處へ參付跡へ一封相殘シ其暮方出船ニテ同廿六日大坂へ著イタシ候處宿屋へモ難相付新藏案内ヲ以テ加藤十兵衛方へ相付潜匿イタシ居候次第ニ御座候大坂ニ出候處諸方ノ浪人等都テ堀計ヲ以御屋敷へ御潜メ相成居候關ニテ筑前浪人平野次郎ト申モノ此以前月照和尚之供イタシ御國元へ參リ臨終ノ時モ同處ニ罷在候人ニテ夫ヨリ方々へイタシ周旋奔走勤　王之爲盡力イタシ艱難辛苦ヲ經候人ニ御坐候右之者至極決心イタシ居候故又其方ト死ヲ共ニ可致我等ニ相成マヽ候イツレ決策相立候テ共ニ戰死可致我等ニ相成マヽ候イツレ決策相立候而共ニ戰死可致ト申置候勿論皆死地ノ兵ニテ生國ヲ捨父母

妻子ニ離　泉公之御大志被爲在候段奉慕出掛候ニ付都テケ樣ニ申候而者自負之樣御坐候得共私ヲ相手ニイタシ來候趣私死地ニ不入候テハ死地ノ兵ヲ扱フ事出來申間敷何篇諸方ノ有志ハ大坂ニテモ都テ私ヨリ引シメ置候處有村俊齋阿久根ヨリ極々急ニテ京師ヘ參リ早々御中途又々踏返申候其折平野ト川下リ一緒ニイタシ候處私ノ決心ヲ平野ヨリ相咄候由然處俊齋ヨリ右之趣直樣申上候處至極ノ御立腹ニテケ樣ニ罷成申候畢竟下之關ヘ罷在候ハヽ彼處ヨリ被差下賦ニテ有之タル由其時迄ハ兩全之策ヲ立候者左州之一列ト與合何篇　泉公ヲ御惡敷申ノ私出立ノ前晩桂右衛門殿宅ヘ參候儀共大不都合相成候由ニテ被差下筈之處又々右之俊齋口上ニテ大咎相成申候右咎之趣ハ四ケ條ニテ○浪人共ト與合決策相立候一條○年若之者共尻押イタシ候二條○御歸京相計候三條○關ヨリ大坂ヘ罷出候四條ニテ一向胸ニ落不申大坂ニテハ加藤所ヘ潜匿伏見ニテハ御假屋ヘ潛居候事ニテ京都ヘモ出掛不申其上大坂ニ於テ面

會ノ人々モ纔ノ者ニテ右樣之儀相計候人ヘモ逢不申堀次郎咄ニイツレ此節京師御滯ニテ御盡不被遊候テハ不相濟關東ヘ御下リ相成リ候テ何ニモ不相成トノ咄ハ承申候全御滯京ヲ計リ候覺無之候○浪人共ハ始終私方ニテ押ヘ付居候テ動シ不申又年若ノ者共ハ尻押ノ事ニ無之始終私ヘケ樣云聞シテ呉候樣致シテハナラヌカラセンヤウニ申聞テ呉レト被頼始終叱付置申候先生方之人々ハ十分ニ二才衆ニサヘ立衆只我身構而已ニテ僞謀ヲ以テ致シ居ラレ候事共ニテ御坐候乍然堀ヘ久々振於伏見面會イタシ候處昔日ニ變只智術ヲ以テ仕事イタシ居候間ヒトク面責イタシ申候自分ノ身カオソロシク成ルト術ヲ不用候テハ致方無之候間都テ取止メ候樣大事ニ懸候テハ只誠心ヲ以不盡候テハ不相成譬仕損候テモ誠心サヘ相立候ハヽ感慨シテ起ル人モ出來候間術ニテハ決シテ不相濟尤長州永井雅樂ト申大奸物ト腹ヲ合セ與合居候間ヒドク其儀ヲ責若永井ト同論トイタスニ於テハ永井儀ハ長州ノ有志共ヘ可刺申置候間同

論イタサセ此方ニオヒテモ汝ヲ亭主振ニ可致其時ハ二才衆其脇ニ居合候故右ノ人々ヘ可申トハ申事ニ御坐候是モ今更相考候得ハ大邪魔ニ相成候筈ニ御坐候永井ヲ打ノ策ハ實ニ手荒ヒ様ニ御坐候ヘ共天下ノ奸物ニテ御坐候　京師ヘ罷登候譯ハ幕府ヨリ御頼ヲ以出居候夫ハ是迄ノ御扱振宜敷無之前非ヲ悔テ御改被成トノ趣ヲ以テ
朝廷ヲタマシ付候策ニテ書取ヲ以テ　朝廷ヘ差出候書面有之其内ニ第一異人交易　敕許相成候様偏ニ申立黄金ヲツカイ九條殿下ヲダマシ開港　敕許ニ相成候ハヽ直様堂上方御寃罪ヲ解又諸侯方モ同様可致抔ト誠ニツマラヌ事計書建候テ薩摩ト同意ニテ申上候長州侯ト連名ニテ可差上候得共急速ノ事故其儀モ不相調候間其證據ニハ堀次郎被召呼御聞取可被下候申上御聞取相成申候堂上方有志ノ御方々御論御正敷　和宮様御下向ニ付テモ御願通御縁談被爲濟候ハヽ早速異人ハ所置可相付ト申上其通御許容相成候イマタ舌モ不乾ニ開港ノ一條甚以不屆之次第ト

永井ハ見出サレ候由ニ御坐候夫故無據打方ノ儀長州ノ有志へ申含候尤長州ニオヰテモ永井ノ黨ト有志ノ黨ト両立イタシ居候
一長州へハ　朝廷ノ御取扱諸藩トハ格別之御譯合モ有之當時一向御頼ニ相成候譯故主上御直筆ヲ以御書取相下リ候右ハケ條書ヲ以上已之者共モ　皇朝ノ御爲メニ盡シ候儀ニテ誠忠ヲ旌表イタシ候樣堂上方ヲ御始メ有志ノ諸侯方モ一向　皇朝ノ御爲メ被爲盡候處都テ御打込ニ相成候間本々之通被復右之取扱イタシ候役人誅罰イタシ候樣又右之　敕令通不應候ハヽ有志ノ諸侯ヲ　京師ニ被召遣　敕ノ罪可正候間其通可出來哉否可申上トノ趣十五ケ條有之候由其儀ヲ悉ク永井ハ可打崩策ニテ相働候向ニ御座候間ヒドク黄金ヲ相仕ヒ候由御坐候此儀ハ慥ニ長州大坂御留守居宍戸九郎兵衛ト申スモノヨリ承候宍戸ハ直ニ拜見イタシ候由御坐候決シテ行先我國ノ爲メニモ永井邪魔ト可成ハ案中ニ御坐候是ハ畢竟幕ノイタヒ處

ヲ程能致シ成シ自分ノ功ヲ立天下之權ヲ可取計謀ト被察申候余程幕府ニオヒテハ此節ノ　勅使御同伴之御一條ヤカマシキ由ニ御坐候○浪人共御屋敷へ御引受ニテ御構ヒ相成候儀　泉公御不合點ニ御坐候處堀申上候者私御受合申上候ト御返答申上夫ニテ御安心相成候由夫々伏見ニテモ混雜到來イタシ候テハ如何之申譯イタシ候哉奸人ノ舌頭可畏モノニ御坐候又決シテ此儀モ私へ打カフセ候半ト被察申候私四月十日罷下候樣承知仕早速船へ乘付申候至極穩密ニ被致人氣混雜可致トハ相考候由然シナカラ私ヲ置候テハ實ニセワシク故落シ候向ト相見得申候落サレ候跡ハ堀ハ大坂ニテハ宿屋へ臥候儀モ不出來若哉被打候半歟ト臆心ニテ御屋敷内御納戸へ潜臥イタシ候由可笑之志ニテハ有之間敷哉大坂見聞役中私ヲ落シ候儀不合點ニテ御側役へ突掛大ニ論判イタシ候由ニ御坐候御國元ニオヒテ御供ノ役掛中ヨリ又大キニ議論相起候由ニ御坐候大監察小監察ノ處一圓承引不致嚴敷中

立是非對談ヲ懸申度被申立候由御座候得共喜入不受入夫形伏見ヨリ
申來候ナリニテ參申候夫ハ面白キモノニテ只德ノ島ヘ被遣ト許ニテ
羽書ヲ以被相達何之罪狀モ不相分候決テ此節ハ御助米共被下候向ニ
ハ無之島元ニオヒテモ相愼候樣島代官ヨリ可申達トノ趣ニテ御坐候
故假屋本ヘ五里隔候岡前ト申所ヘ潜居仕候頓ト世事ヲ忘却仕候處何
ノ苦モ無之尤御助米不被下儀難有次第ニ御坐候先ツ右等之形行ニテ
細大書盡シカタク又自身申ニテ能キヤウニ相見得候間其處ハ御推讀
可被下候御存之通暴言ヲ咄候儀ハ多ク有之候其罪ハ難逃候間安然ト
シテ罷在申候間御安堵可被下候

一森山儀私ニ者眼病相煩ヒ養生方ニ上陸イタシ居候處及自及候段承リ
驚キ候次第ニ御坐候私ト村田儀ハ島方相分候得共森山儀一向不相分
尤先年之一向宗又々發起イタシ六ケ敷向ニ承居候事ニテ夫等之處ヲ
以御吟味六ケ敷相片付兼候半歟委敷不相分候勿論三人ハ大島ヘハ不

差遣樣伏見ヨリ申來候由是ハ畢竟桂氏へ聞カセヌ賦ト相見得申候婦女子ノ所行ト片腹痛ク御坐候私儀ハ愚痴ニハ有之候得共片劦負共イタシ候考ハ全ク無之候處中山奸謀ヲ以左洲一列ト結合候テ事ヲ計ト申成シ其罪ヲ以被落申候此中山ト申スモノ我意强ク只無暗ノモノニ御坐候一番寵ヲ得大久保抔ハ私一件ヨリ大ニ被忌位ヲ保候儀モアフナキ儀ニ御坐候得共私ヲケ樣ニ致シ又大久保迄落シ候テハ人氣混雜可致迚漸ク助ヒ候向ニ御坐候カ只今共ハ如何之振合ニ罷成候哉頓ト相分不申候

一田中河内之助ト申スハ中山家ノ諸大夫ニテ　京師ニオヒテ有名之人ニ御坐候右之人　粟田宮樣之　御令旨ト申スモノト錦之御旗ヲ捧居候由右ハ僞物ニテ是ヲ以テ人々ヲアサムキ候ト申スモノニテ　御國元迄被差下トノ趣ヲ以船中ニテ私ニ隱然ト父子三人外ニ浪士三人都合六人被殺候由譬僞物ニモセヨ　朝廷へ被差出眞僞明白御取捌可被

爲在處ニ私ニ　天朝之人ヲ被殺候儀實ニ意恨之事ニ御坐候モフハ勤
王之二字相唱候儀出來中間敷此儀ヲ若哉朝廷ヨリ御問掛相成候ハヽ
如何御答相成候モノニ御坐候哉頓ト是限ノ芝居ニテ御坐候モフハ見
切人モ有之間敷ト相考ヘ申候
一此度　敕使御下向ニ付テハ餘之儀ニモ有之間敷勿論大原三位公ト申
セハ聞ユル慷慨家ニテ如何樣ノ御議論出ル儀モ難計若哉幕ニオヒテ
猶豫イタス義モ有之候ハヽ益憤言出ル儀相違有之間敷迚モ黄金共ニ
テハ打付被申間敷彌
敕ノ通相調候得ハ　御國家ニオヒテモ御大幸　泉公モ御大切ニテ此
上モナキ御事ニ御坐候幕役ハ中々一ト通ノスレモノニテハ手モ突掛
ラレ候丈ケニ無之イマタ幕情　御不案内之事ニ御坐候間チヨツトシ
タ事ニ御乘リ被成候ト直ニ突込夫ヨリ見コナシ候間一藩ノ力ニテ平
押ニ押候テハ弱居候幕ニモセヨ些六ケ敷此方ノ御勢ヒ御扱次第ニテ

敕ノ立ト立ヌトニ有之譯ニ御坐候餘程幕府ニオヒテ六ケ敷申立候トノ評判ニ御坐候如何罷成候モノニ御坐候哉今共ハモフ相分居候半遠海ノ事故全ク通不申紛情此事ニ御坐候私ニモ大島へ罷在候節ハ今日々々ト相待居候故肝癪モ起リ一日カ苦ニ有之候處此度ハ德之島ヨリ二度出不申ト明メ候處何ノ苦モ無之安心ナモノニ御坐候若ヤ亂ニ相成候ハヽ其節ハ可罷登候得共平常ニ候ハヽ譬御赦免ヲ蒙候テモ滯島相願ヒ可申含ニ御坐候骨肉同樣ノ人ニサヘ只事ノ眞意モ不問シテ罪ニ落シ又朋友モ悉ク被殺何ヲ賴ニ可致哉老祖母一人有之是計氣掛ニ相成居處大島ヨリ罷登候節迄存命致居候而滿悅イタシ候ニ付モフハ心掛モ無之罷登候テヨリ死去仕候ニ付何モ心置コト無之候迚モ我々位ニ而補ヒ立候世上ニ無之候間馬鹿等敷忠義立ハ取止申候御見限可被下候

○

是ハ書入ナシ其書寫ノ様ニヨリ如此

尚々當島代官三ケ條ノ仁政相發申候一ケ條ハ大島同樣書役ノ奸計ニテ

御注文品宜キ物ハ御渡シ不足ト相唱當人ヘハ不相渡自儘ニ申受候處其弊ヲ改人々注文品ノ通帳ヲ以テ御渡候節引合ノ樣罷成候由二ケ條ハ寒中砂糖煎方頓ト取實モ無之實ニ作人共込入候由御坐候處十分熟シ候上春正月ニテモ宜敷候間作人ノ心次第煎方取付候樣トノ趣ニ御坐候處一同雀踊イタシ候由ニ御坐候三ケ條ハ當島ハ大島トハ引違正餘計砂糖ハ過返シト申テ三合代米被下候由然處揔勘定不相濟內ハ右之過返米不被成下候處手短ノ作人共ニテ右之正餘計ハ羽書ヲ以テ取引イタシ揔テ一斤モ不作姦商ニ謀取ラレ候處此度ハ內斤ヲ以正餘計ノ者ヘハ速ニ代米被成下全不作人ヘハ不相渡直ニ自分正餘計ノ者ヘ配當相成筋ニ相決シ是以大ニ勢立ハ向候御坐候當島ハ小島ニテ一躰弊モ薄ク豪族モ無之其權無之中通ヲ以オシ候鹽梅ニテ至テ仕安由ニ御坐候勤方內意ニ付テモ前以進物等イタシ候儀ハ決テ無之內願ハ申出候由ニ御坐候得共其弊無之由ニ御坐候○假屋本ヘハ一度モ出懸不申度々申來候得共却テ面働ク

サク掛リ合不申候五里計モ相濟居候故頓ト物音モ聞ヘ不申候至テノ田舍ニテ仕合ノ事ニ御坐候大島ハ餘程夷ノ風盛ニ御坐候此度ハ遠島人同樣掟抔ヘモ根付ニテ畏リ居申候乍然島役迠モ大島ノ樣ニハ無之遠島人ト申テモ餘リ卑劣ニハ取扱不申向ニ御坐候頓ト夷ノ風ハ取馴居候處不馴不遠始終初テノ振合ニイタシ居候故サセル取ニクル樣子ニ御坐候○當島ハ米國ニテ茶等少々抔參候處揔テ米ニ相成貳石計モ相成候付飯斷等ハ全ク差支不申乍殘念品替等不致候テハ此度ハ出來不申候故俗人ト相成雅風ハ出來不申御一笑可被下候

○

七月十八日付貴札八月十九日相屆御懇札難有拜見仕候殘暑無御痛御勸仕之段大慶奉存候隨而野生無異儀罔前ト申邊鄙ニ罷在候間乍憚御降意可被下候陳ハ一橋尾ノ二公御出世ノ段雀踊此事ニ御坐候先便長文差上候付相屆候半若哉間違難叶當所詰役方ヨリ上封イタシ貫候間相違ハ有

之間歟奉存候其節中上候一件ノ趣ニテハ無之哉又相變　登城ニテモ相
成御政事向御相談ニテモ御聞被爲成下ノ趣相成候哉其迄ニハ至リ申間
敷　粟田宮參　殿相成候樣罷成候ヨシ左樣ノ向ニハ些六ケ敷當分相國
寺之房中廢庵ニ御住居ニテ三度ノ御食事サヘ　伏見宮樣ヨリ御續ニテ
御付一人罷在候由長歎息ノ至ニ御坐候○先便長キ不綴之管切語差上候
通之時勢ニ御坐候間來春御參府ノ上ハ決テ私儀一言モ御咄被下間敷尤
平常ノ譯ニテ御取返共御坐候テモ再上國ハ仕不申了簡ニ御坐候此世ノ
中如何樣保藥ヲ當候テモ内症外邪不可治之極ニ至リ候間三五年ヲ不出
シテ變乱ニ入候義相違無之其内ハ決テ當島ヲ出不申考ニ御坐候又當時
餘程奇虛之取扱而已有之候間何レ二度押之御手數モ難計其カラキコト
ハ酒鹽ナトニテ追付丈ノ事ニハ無之候御遙察可被下候中々島元ヨリハ
御府内ノ事書面共ニテハ察スル所合不申候ケ樣ノ躰ニ罷成三十日モ我
家ニ不在シテ又遠島ト申ハ誠ニ稀成モノニ御坐候此場ニ相成憤激シテ之

變死共イタシ候テハ殘恨ノ次第ニテ決テモヲハ行廻ラス命ヲ奉シハ死ヲ賜トモ如何樣共從容トシテ畏ル考ニ御坐候御安心可被下候變事ニ當リ色々了簡モ變ルモノニ御坐候マタ命モオシカルカト申人モ有之筈ユ御坐候得共惜ムヘ（二字磨滅）ハ何ケ度テモ惜シム考ニ御座候御一笑可被下候○膝素立之御扱誠ニ驚候次第ニ御座候夫迄ハ迚モ出來不申候義ト相考居候處案外ノ譯ニ御坐候先生カ先生故決テ冠ヲ振リ可申ト明メ候處實ニ御蔭ヲ以テ先生モ先生ニナリ後世ニ殘リ可申候此度ハ昔日ニ打變リ何モ聞不申當島ノ事ナトハ丸テ夢ニモ見不申候乍然此度ノ代官ハ餘程寂初ヨリカユキ處ニ手カ付模樣ニテ一同悅ヒ居申候○宮登都一條色々御世話成シ被下難有御厚禮申上候○女子出生ノ由是ハ考ニ相違ヒ申候先便ニハ決テ男子ト權計申上候處女子ノ由何ニテモ乍幽囚モ祝敷御坐候召使置候女ノ儀決テ渡海不致樣尚又御賴申上候桂氏滯島中ハ少シモ懸念無之候間安心致シ居候樣御申付可被下候尤桂氏若哉上國共相成

候ハヽ大島迄ハ島替被仰付候筋御周旋相願申上候桂氏大島へ罷在ラレケルハ六ケ敷由承レ文字不分明奇妙ノ事ニ御坐候此旨御禮答如此御坐候恐々謹言

八月廿日認　大島三右衛門

木場傳内様

書翰集卷之十三

貴札忝致拜見候先以新年之御慶目出度奉存候愈御壯榮被成御加年候由奉恐壽候小子ニモ無事越年仕候乍憚御休意可被下候右貴答可申上如斯御座候恐惶謹言

松　薩摩守

齊　彬（華押）

正月廿六日

松　越前守様

猶々時氣御自愛專一奉存候當春ハ雪多ク寒氣甚敷覺申候追々海船渡來之時節ト甚タ掛念罷在候一体之御様子ハ自若トイタシ候事ニ御坐候シカシ浦賀臺場ハ大普請ト承リ申候少モ早ク御參府專一奉存候小子モ先定例御イトマ之心得拜眉可仕ト相樂申候御著之上ハ早々拜顔奉願候以上

封紙

〇

松　越前守様

松　修理大夫

貴答

過日者尊書忝致拝見候如命不同之季候ニ候處愈御清福恐壽之至奉存候
然者先比入貴覧候書物御返シ落手仕候且又貴國之佳品拝受千万忝奉謝
候當年者最早拝顔モ仕間敷折角御加養専一奉存候此品麁末之至御坐候
得共致呈上候御入納被下候ハ丶大慶奉存候先者貴答旁可申上如斯御坐
候頓首

卯月十九日（嘉永三年）

尚々時氣御自愛専一奉存候早速貴答可致處ニ取込ミ延引御仁免奉希
候以上

〇

封紙

松 越前守様　　　　松 薩摩守

机下

芳翰忝奉存候其後彌御清榮奉恐壽候然者其御地大雨ニ而作毛ニモ相障リ候ヨシ御心配之事ト奉存候且如仰

西城之御義奉恐入候實ニ天下之衰弊海防之大障リト奉存候中山英八相替事モ無之候崎陽蘭船之風説何分不相分候乍然世評色々申候由可惡事ニ御座候海岸別而油斷不相成時節ト奉存候先者貴答迄艸々如斯ニ御座候恐惶謹言

八月二日（安政三年）　　　薩摩守

越前守様

猶々御自愛專一奉存候以上

封紙

春嶽賢兄閣下

齊彬

拜

○

御密翰忝奉存候愈以御清榮奉賀壽候然者昨日ハ拜眉御高論拜承仕忝奉存候扠尾公之義云々致承知候昨日之事歸宅後水府ヨリ醫師使ニ參リ候而承候ヘ者御對顏御願之事ニ而候由當中樣ニモ余リ手強過候ト思召老公ニモ譯ハ御存無之候得共余リ手强過候而者却而不宜候間御意見可被仰進トノ趣極內々承リ申候大カタ今日者　老公ヨリ尾ゝ被　仰進候ヤト存申候小子ヨリ者何モ不申聞委細不存候得トモ　老公御登營ニ而万事御委任ニ相成御手厚ニ海防被仰出度トノ御趣意ト存候得共委細不存段申置候今日右之段可申上ト存候處不取敢申上候右醫師ハ湯川安道ニ而御座候シカシ此義者小石川ゝ者御內々相願申候右醫師參候モ例之御

縁邊之一條ニ御座候　老公ニモ彌御承知ニ相成申候委細申上度儀モ御座候イツレ拜眉ニ而申上度十八日者朝之内御閑暇ニ御座候ハヽ參上仕度其外尾公之一條又下田等新聞モ申上度候間此段相伺候十八日ハ長州ヘ參候間其前ニ參　堂仕度奉存候否明日迄被仰下候樣奉願候余者拜眉之上万々可申上候頓首

卯月十六日（安政五年）

猶々御端書忝奉存候御自愛專一奉存候以上

○

愈御清福奉賀候然者一昨日飛脚著昨日書付見候處琉球ヘ又々異船渡來アメリカ船ニ而船修覆ト唱ヘ罷越候而船ツクロヒハ彼方ニ而見分之處格別ニ無之トテツクロヒ類モ不致滯留人ヘ逢候上ニ而薪水等望候上出帆前滯留人者甚不宜人物ユヘ上海ヘ參候ハヽ列歸候樣可申聞夫迄之處者麁末無之樣申聞出帆イタシ候而滯留人之書狀モ請取候ヨシ右之通ニ

候得共內實之處者彼方心底甚可疑事ト奉存候英國船ニ而者不宜候間アメリカ船ニ賴破船之姿ニ而渡來爲致其後之樣子　見ツクロヒ候而英人申合セ候テ出帆前アシク申候而出帆ニ及候事カト小子者相察シ申候左候而先比之返事ハ當年カ來春比ニ可參其節之都合之爲破船申立參候ニ而者有之間シクヤ破レ候場所琉人へ見セ不申樣子旁不審之一條ト奉存候右通乘頭事滯留人ヲアシク申早ク列歸候義可申談ト申候旁之譯ニ而候ヤ御屆モ一両日中ニ差出ニ相成申候尤去年渡來之儀者矢張押隱候而之御屆ニ御座候四五日中ニ者事實書面寫差上可申候得共先不取敢御內々申上置候宜敷御勘考御取計可被下候先者用事早々申上候頓首

九月十九日（嘉永六年）

猶々琉人ニモ彌八月廿一日出立仕候段申來候以上

○

封紙

内密貴答

仲春廿日之尊書季春廿七日於指宿旅亭拜見忝奉存候愈御淸安奉賀壽候
被仰下候條々委細拜承仕候相濟候分ハ不申上候扨建儲之一條別封申上
候通之光景ニ御坐候間此上手强ク諸大名ヨリ申立候カ又者嚴重之廷命
無之候而者如何ニモ掛念ニ被存候近臣幷ニ後宮之內紀之方ヽ心ヲ寄セ
候者必定ト奉存候外ニ以權道志印ヽ申込メ台志ヲ改メ候事モ可然哉御
出府之上

尾越前兩公等ヽ御示談專一ト奉存候本印者兎角御嫌ヒト存申候閣老モ
此節ハ隨分橋之方ヽ心モ向キ候ヤト存候間此節之機會取失不申義專一
カト奉存候手强ニ建白ニ相成候ハヽ一人モ多キ方可然ト奉存候シカシ
被仰談候トモ同意可申上人物ハ扨々少ナクヤト奉存候

一亞奴之事又々出府之ヨシ櫻閣歸府相待候トノ事扨々可惡事シカシ彼國
ニ取テハ良臣ト被存候右樣之諸有司無之事歎息之義ト奉存候扨又御上

書御坐候由大意拜承御尤ニ奉存候江都之樣子委細拜承仕度奉存候
一近衛殿之御タン尺御落手ニ相成候ヨシ御禮之義致承知候京ハ欲之方ハ誰モ有之候間尙々ノ品ニ而モ印ヲ御上ケニ相成候ヘハ以後何ソ御願之節宜歟ト存候間打明ケ申上候
一直助之事致承知候來年迄御留メニ而モ何モ差支無之御爲ニ相成候得ハ小子モ大慶奉存候
一櫻閣之樣子如何伺度候
雲上之御樣子何モ不相伺候内々ハ　左府公ハ正月ゟ御違例ニ而最早御快方ニハ御坐候得トモ未タ御參　内無之樣子夫故尊書モ久々不被下候京地家來ヨリ申遣候處ニ而ハ余程六ケ歟ヨシ申來候
一澁谷ヽ御出之義承知候シカシ留守故何カ不都合モ可有之其段御免可被下候
一土州之事致承知候志ハ尤ニ候シカシ又々混雜無之樣致度事ト奉存候先

便申上候通宜敷御心添專一ニ奉希候其外別紙申上候貴答マテ奉申上候
恐惶謹言

四月三日

猶々御端書忝奉存候

公ニモ御加養專一奉存候建儲之義溜詰之內ニハ可致同意モノハ無之
哉如何尊慮伺度奉存候以上

○

封紙

呈上

貴翰致拜呈候愈御清安賀壽欣然之御儀奉存候被仰下候條々委細承知相
濟候分ハ別段貴答不申上候
西城之一條紀ニ御治定之ヨシ此節承知仕候此上ハ致カタモ無之何卒萬
事無御手拔御所置希候事ニ御坐候御互ニ閣老ハ惡敷存候ハ必定ト奉存

候閉口之外ハ無之ト奉存候
一御建白之御寫拜見仕候至極御尤之御儀ト奉存候
一對柳ハ定而時ヲ得候ト奉存候光景伺度候
一老龍公之策極劣之ヨシ久々御不沙汰申候ユヘ何事モ存シ不申候
一阿州モ其後如何伺度候
一京モ如何ニ候ヤ頓ト陽明家ゟ御文通無之候ユヘ何事モ相分リ不申候
一當中之御建白引替ト相成候ヨシ全ク御情力ユヘト奉存候
一尾ノ事九十余輩ノ結黨モ釀候ヨシ扠々驚入申候御大望以之外之事ニ存候可恐事ニ御座候營中ニテ御逢モ御座候ヤ伺度候
一陽明家ゟ文通之事上田始メ存候ヨシ越ゟ申越候六通ト申越候ヘ共左樣ニ而ハ無之全ク僞作相交リ候ヤト存シ申候陽明三條両公ゟ一通ツヽ申上候事ニ御座候其後何モ申上候事ハ無御座候
一老龍公百間之大艦之御存立誠ニ無用之最ト奉存候夫ヨリ蘭ゟ御注文ニ

而三十間位之船出來候方宜敷ト奉存候左樣之思召ユヘ閣老モ嫌ヒ橋公之御不爲ニモ相成候義致カタ無之候
一もま田之事未タ治定ハ不仕候御厚情忝參府之上御相談可申上候
右五月八日之貴答申上候
一京都ゟ申遣候書付取落シ恐入申候九十人余結黨等之事ニ而御座候間最早差上不申候櫻閣モ危ク候處被仰談候而留リ候ヨシ天下之幸甚ト奉存候其外被仰下候條々承知仕候井伊ニ小子心中御說話千萬忝奉存候猶又宜敷希申候
一三條殿用人ヨリ申上候義云々實ニ恐入候儀此後只々御平穩相濟候樣致度存申候
一鈴木之事云々御良考ト奉存候此上萬事天下之タメ御盡力第一ト奉存候
一隱顯臺ハ含密開宗コバルト條下ニ相見得申候
右廿七日之貴答

一肥前ト商法之義ハ追而委細可申上候
十日之貴答
一近衛殿ゟ之御進物宜敷取計候樣早速京都家來ゟ申遣候
八日御添書貴答
一珍砲之義承知仕候然ル處ニ七月朔日貴書相達候間折角差急キ候得共八月末迄ニ差上候樣ニ可仕候以後急御用之節ハ山崎拵迄急御用ト申事被仰下候而被遣候樣表向ニ而ハ時々延著仕候間此段申上置候玉之製作ハ格別トハ存不申候其內委細可申上候小子ハ未タ所持不仕候間寫モ可申付ト忝奉存候先ハ貴答旁早々申上候猶又申上度事モ御座候得共此度少々多用ニ而夜中認メ別而乱筆大略申上候御仁免可被下候後日萬々可申上候恐惶謹言
七月四日　齊彬
天下仰望藍山聖公閣下

猶々御自愛奉存候英船六艘長崎ヘ參候私領海邊ゟ廿七日碇オロシ候大東風ユヘ半日程罷在江戶ゟ參ルトノ事ニ而直ニ出帆イタシ候今日比ハ混雜カト奉遠察候內外之義少シモ早ク平穩ニ相成候樣奉存候以上

誠ニ乱筆御仁免可被下候以上

○

小暑之候御座候處彌御安康恐壽之至奉存候然ハ其御地亞奴之事色々御建白之事ト奉存候

叡慮モ恐入御尤ニハ御座候得共後來必勝之見込無御坐候間乍殘念假約條之方ニ申上候草案越前ゟ遣候間御披見可被下候福井御差留誠ニ大悅之事ニ御坐候假約條御取結之上是迄之如ク姑息之事ニ而者夫迄之事ニ御座候間折角御建議第一ト奉存候扠亦尾州阿州案外之所存人欲無限事實ニ可歎事ニ御座候外寇ヨリモ可懼事ニ而少シモ早ク西城御治定專一

ト奉存候天下之爲被爲盡御情力候樣奉存候本印御不承知之事岡部ニ上意之儀御內心難量存候間御用心第一ト奉存候大奥樣子相分候ハヽ又々可申上候

一崎陽ニモ亞船參候由未タ細事ハ存知不申候

一蒸氣船木村圖書乘組候而又々參リ申候有益ハ不少候得共度々ハ困リ候間最早當年ハ不參樣ニト賴置申候城下之海岸臺場等之義ハ委敷承リ置申候

一唐國之義當正月以來又々賊勢盛ニ相成候由琉人申出候廣東モ英人ト和約ニ相成候ト申專ナカラ細事ハ分リ兼申候又々六百萬兩差出候哉之風聞之段申出候英船二艘唐方ニ奪取リ候ト申風聞モ有之ヨシ細事分リ兼申候福省邊殊之外米高直諸事不通用之樣子ニ御座候可恐事ニ御座候

一琉人モ追々上國仕候當年ハ雨多ク鬱々敷事ニ御座候十八日ヨリ今廿八日迄降續申候先ハ要用旁可申上如斯ニ御座候恐惶謹言

五月八日　　　　齊彬　拜

天下仰望藍山賢公閣下

猶々御自愛專一奉存候甚々略義恐入候得共暑中御安否伺度奉存候

土州之義其後如何ニ御座候哉伺度奉存候以上

○

封紙

遠江守様　　　　薩摩守

貴答

其後ハ鉬不沙（本ノマヽ）申ゐけ恐入存候追日暖氣相成候得共愈御清安奉賀候然ハ最早御發駕被爲在近々御著ニモ可相成哉御著之上者萬事御密示奉希候傳聞仕候處ニ而ハ京都色々御趣意モ有之候ヨシ相伺申候彌其通之御事ニ御座候哉只今ニ

相成俄ニ御手切ニ相成候ハヽ一應ハ血氣之勇氣ニ而可致憤發候得共度々異船渡來之節ハ終ニ和親ニ可相成左候得ハ當時之御耻辱ヨリ却而相增可申哉其處何分小子ハ見留メ無之如何之尊慮ニ候哉伺度當時之急務ハ異人之旨任セ富國强兵之術ヲ專ラニイタシ武備全相整候上ハ五大洲制御之手段イタシ候而當時之耻辱ヲ雪キ候外ハ有之間敷樣ニ奉存候亞奴之英奴ヲ追拂候モ同樣ト奉存候偖亦彼西城之一條何モ六ケ敷御座候委細越前ヨリ可申上候得共大奥之處甚タムツカシク余程手ツヨク國持一同申立候外ハ無之哉ト奉存候細事ハ其內可申上候當年越前ハ是非滯府爲致度事ト奉存候

一國元何モ無事ニ御座候得共米價高直ニ相成困入申候小子ニも指宿湯治罷越余程相應仕候扨去ル三月十五日朝長崎之日本丸山川に乘組人十八人乘組勝麟太郎頭取ニテ御座候其夜山川に一宿翌日小子も見物ニ參リ寬々船中見物三里程走ラセ申候而上陸蒸氣船ハ城下に參リ一宿翌日磯反射

爐ホールバング等見物申付其夜滯船十八日山川ヘ參リ又々乘船イタシ
寛々臺場其外之事相尋申候而十九日朝出帆ニ相成申候臺場等之事色々
承リ申候尤之事多ク御座候此方ニ而拵候蒸氣船モ見セ申候處蒸氣モレ
候而不宜取直シ候得ハ五十馬力位ニハ可相成「トノ事故近々長崎ヘ可遣
ト約束仕候スクルーソ之樣子誠ニ目ヲ驚シ申候拜眉萬々可申上候

一京地之御樣子モ委細伺度奉存候

一當地ニ而モ打拂之論多ク御座候得共此節實用ニ可相成論ハ誠ニ少ナク
御座候

一先年ヨリ拵候大船之事五艘共深サ三尺三尺程深過申候樣ニ考付候夫故
風之當リ强キ事ト存當申候此節蘭人ヘ質問ニ而考付申候先者要用旁可
申上如斯ニ御坐候惶謹言恐

四月三日　　齊彬拜

宇和島賢公閣下

猶々御自愛專一奉存候皆々樣ヘ宜敷奉希上候以上
ライフル筒漸々出來仕候蘭人ヘ見セ候處始而見候由申候以上
〇
封紙
添書
書添申上候閣老之樣子ハ如何之事ニ而御坐候哉每々御逢モ有之候事ト
奉存候昨年之樣子トハ萬事相替候ト奉存候間樣子內々御知セ可被下候
堀田長ヘハ如何ト存候是又相伺度候變化無極世態ニ而可恐事ニ御坐候
猶後便可申上候謹言
五月廿八日
〇
極密西籐之儀者申上兼候得共中山一條中々根深ク先々甚タ心配之事故
萬々一事ムツカシキ節一身ハ兎モ角モ國家安全之一助ニモ可相成極意

之所存ユヘ少々不足ハ構譯余ハ御察可被下候市兵衞ニモ不申遣候義他
言御免可被下候頓首
二月廿九日　麟　洲　拜　呈
藍山公御密覽

○

封上
藍　山　大　君　麟　洲　拜
昨日之尊書忝奉存候愈御清福奉賀候然ハアメリカ船渡來之儀ハ六月廿
五日參リ七月朔日出帆仕候事ニ御座候且又今日ハ御寄合被下候段忝奉
存候宜敷御談奉願候小子之所存之處ハ別紙ニ荒增奉申上候御覽後ハ御
用濟御返シ奉願度候昨日不殘清書之上可差上ト存候處昨夜ハ存外オソ
ク相成候故其儀出來兼候而其儘差上候間外ニ小子留メ無御座候將又遠
山ニ內匠之儀承リ申候中々急ニハムツカシクト奉存候其ソツニ拜顏可

申上候例之坊主之事モ承リ申候是ハ先御安心之方ト被存候口振リニ御坐候其內拜眉可申上候先ハ用事早々奉申上候頓首

菊月廿二日（安政三年）

〇

封上

龍土大君　　齊彬拜答

先刻ハ貴答忝致拜見候愈御清榮奉賀壽候然者辰之一條今朝御密話有之候處決シテ云々トハ出不申由ユヘ書面差出候樣ニトノ趣且安心可致旨被仰下誠ニ難有次第御禮難盡筆紙奉存候則事實之書面差上候間宜敷奉希候呉々モ此義　御沙汰出不申樣猶又奉希候猶委敷ハ朔日ニ伺度奉存候阿州之一條モ御承知之由昨日ハ未タ差出之有無ハ不申聞候間其思召ニ而今日御申聞ニ而相濟候處ニ御咄奉希度彼之老人ハ實ニ誠實之心底ニ御座候條何事モ打明ケ申聞候間其思召ニ而御密話奉希候實ハ

入道老公ヨリ伺候而甚タ心痛之余リ申遣候事ニ御座候大坂等之義ハ少
シモ不存事ニ而仰天仕候全惡笑之手段ト奉存候彌實事ニ候ヘハ不屆至
極之義ト奉存候自ラ阿州可申上候間委細ニ不申上余リ之事ニ而信用致
兼候ヘ共平日之所行之内不思議之事ト引競候ヘハ有間敷トモ不被申實
ニ汗顏之至ニ御座候來朔日土州之一條月番計リト心得申候間廻勤濟罷
越可申候
先ハ當座之御禮迄奉申上候度々書狀差出候モ如何ニ付南部ヘ賴申遣候
又申上候阿州ヘハ今日辰ヘ御示談相濟候儀明日可申遣存候間申上置候
先ハ艸々頓首
八月廿七日

○

封上
藍　公　閣　下　　麟　洲　拜

愈御安榮奉賀候然者昨日申上候中山之義此度之アメリカ船之屆ハ差出ニ相成申候へ共去年渡來之英船之義之矢張押隱シ何事モ御屆ケ無之アメリカ參候義ハ此度御屆ニ相成申候昨日之御文意少々思召違ニ奉存候間念ノ爲申上候事實之書面且御屆之書面モ近日差上可申候且又御風氣之由如何奉伺度廿二日鐵砲洲ゝ御出之ヨシ種々御配慮忝奉存候イツレ小子所存モ申上度可仕廿二日ニ參度候へ共夫ニ而ハ不宜候間參リ不申候廿二日晝頃迄ニ成丈所存之處書付差上可申候先ハ早々如御座候頓首

九月廿日　嘉永七年

○

封上

宇和島公閣下

齊彬拜

以急便致啓上候暖和之節愈御清安奉賀壽候然ハ一昨九日京都家來ヨリ以急便內々申越候趣別紙之通ニ御座候右ヲ以テ考候へ者西丸之義被仰

出候事ト奉存候其御地之光景如何ニ御座候哉相伺度且マタ諸大名所存
再應御尋之被
仰出モ有之ヨシニテ候關東之御樣子如何ニ候哉覽
西城被仰出ハ至極ニ候得共夷人之御所置ハ乍恐可歎事カト奉存候當時
必勝之見居ヘ無之打拂ニ相成申候ハヽタトヘ一兩度ハ打拂候トモ根强
成性質之異人ユヘ度々可致出役ハ必定左候得ハ國中之疲弊ハ勿論內乱
モ難計其上和親ニ相成候ヘ者
御國威ハ益衰ヘ可申只今異人之事實ニ暗ク血氣無謀之面々ノ申立又浪
人等立身ノ爲ニ申族モ不少ト存候處夫々ノ事御取用ヒニ相成申候而ハ
誠ニ以ノ外成御事ニハ無之哉夫ヨリハ先々十五年之御約條ニ而御差免
ニ相成其內武備嚴重ニ被仰出富國强兵之御所置被爲在候上ニ而如何程
モ御計策可有之ト奉存候如何之御賢慮ニ御座候ヤ早々伺度小子ハ御尋
モ候ハヽ前條之意味ニテ可奉言上心得ニ御座候又一ツ考候得者京地ニ

而モ實ニ打拂之　思召ニハ無之候ヘ共余リ是迄關東ヨリ之御仕向如何
ニ付能機會ノ
叡慮ニテ十分ニ御威光ヲ被示候而其上御差免ニ相成候御計策カ此両條
何分難解右之トヲリニ候得者隨分好機會ニモ可有之哉ト奉存候右之御
賢慮モ相伺度奉存候前文之御樣子伺候而ハ何分安心不相成候間和戰ニ
無構手當第一カト奉存候未タ評議中ニ御座候ヘ共臺場大砲軍船之手當
可取計哉之內存ニ御座候何卒閣老ヘ御逢之上口氣伺度且萬事之光景伺
度極急便ヲ以テ申上候越前ヘモ書通ト存候ヘトモ出立モ難計貴君迄申
上候間宜敷御通達可被下候早々恐惶謹言

四月十一日（安政元年）　　齊彬拜

宇和島賢公閣下

猶々時氣御自愛專一奉存候此節ハサソ〳〵關東ハ御混雜之義ト奉遠
察候且又不靜世上ニ御坐候間此後之樣子ニヨリ密事ハ以隱顯墨申上

候義モ可有之尤本文ハ墨ニテ一通リ之義申上書面之內○星御座候ハヽ隱顯ニ被思召火ニ御當テ可被下用心之爲申上置候以上

○

一筆申入候其後御平安珍重存候此地相替儀無之候然者異船之樣子箱館下田共先可也ニ相濟候哉ニ聞得申候應接人之以心得最早交易モ開候哉ニ聞得申候先両三年戰爭之掛念ハ有間敷異人益我儘之振舞可有之掛念計ニ候琉球モ是迄日本服從內々ニ候得共此節之場合ニ而者夫ニ而者相濟間敷トノ事辰ヨリ相談モ有之候イツレ今少シ治定相成候ハヽ誰々差下シ委細可申入且琉ヘモ細事申遣シ篤ト治定無之候而者相濟間敷存候此上ハ琉ニ而モ商道開ケ候ヨリ外御座有間敷ト存申候扠例之義モ異人之儀炎上旁何分難分辰之口ニ而モ當時何分返答難致少々折合候上之事ト此間モ被申候三次郎母子案シ可申ト存候間內密御傳可給候何分善惡相知兼申候

一異人下田之樣子七里方勝手ニ步行イタシ品物モ自由ニ取替モ有之ヨシ此間內々人遣候處誰ニ而モ金銀ト取替出來候段見屆ケ罷歸申候其通故琉地ハ猶更之事ト存申候武備何分御手薄之樣子ニ御座候委細ハ後日可申入候恐々謹言

五月廿九日　　薩摩守

周防殿

猶々御自愛專一奉存候海國圖志之內亞國之分出板ニ相成候間煙草入相添致進入候取込早々申入候以上

封紙

周防殿　　薩摩守

申入　　とら五月廿九日

○

一筆申入候愈御平安珍重存候然者外夷之事ニ付而京都ヨリ申來候事有之急ニ御談申度儀モ有之候間何トナク今日者登城可被成候尤イマタ家老中ヘモ不申聞譯故只定例御出之積ニ而御出可被成左候ハヽ九ツ過ニ者御逢可申候誠ニ不容易儀到來イタシ候委細者御面談之上可申述候恐々

四月十二日

周防殿　薩州

用事

○

過日者芳翰忝存候其後愈御平安珍重存候扨御書面二通被遣篤ト致披見候至極宜敷御座候間此節便堅山迄爲持遣シ永江ヘ及相談候樣申付候外壹通是又御尤ニ存候委細御面談之上追々御相談可申候此間ヨリ御腫物之ヨシ如何ニ候哉御加養專一ニ存候扨又江戸之樣子早川ヨリ內々申遣

候不容易事ニ而万一奉書ニ而御取極メ之段被仰上候ハヽ
京都之御都合以ノ外之事カト存候左候得者外寇ヨリ内乱之方一大事ト
被存候扨々不思議之時節到來ト存候早川ヨリ之書面内々相廻候猶又御
勘考専一ニ存候御覽濟御返却可給候庭之菊咲候間御慰ニ致進入候要用
御報旁早々以上

四月廿七日

周防殿　　薩摩守

御報

○

鬱々敷天氣ニ候處彌御平安珍重存候然者此度別紙御尋ニ付上書案致出
來候間掛御目候御考承度候外ニ早川ヨリ申來候江戸様子書是又掛御目
申候明日中御返却可給候急飛脚廿八日差立之筈ニ候以上

五月廿六日

周防殿　　薩摩守

用事

封紙

周防殿　　薩摩守

用事

午五月廿六日

○

愈御清安珍重ニ候昨日町便著別紙申來候間掛御目候折角橋公ト存候へ共致方無之此上何卒平穩ニ相成候樣致度存候先者早々以上

七月三日

周防殿　　薩州

封紙

周防殿　　薩摩守

用事

安政五午七月三日

○

芳翰辱拜誦仕候如來命不揃之時候ニ御坐候得共彌以御勇健被成御坐奉恐賀候然者今般主君不幸之儀達賢聽被仰聞候御深情之趣徹心肝拜讀仕候御賢察通拙者初重役共者勿論國中一統遺憾之次第難盡毫端儀ニ御坐候就而以來之所置巨細御敎諭被成下不淺辱奉存候折角先君之遺志不致失墜國力不及疲弊樣家老中ヘ申聞候所存ニ者御坐候得共何分井蛙之偏見ニ而諸事行屆兼可申ト心痛仕候先者御芳志奉謝度如斯御坐候恐惶謹言

八月廿八日　周防

麟太郎樣

貴報

尙々早速御報可申上之處幸便無御坐延引仕失敬之段御宥恕奉願候以上

○

一筆拜呈仕候愈御安泰奉欣賀候然者其後色々取込御不音申上恐入奉存候京地モ存外用多又大坂モ繁用ニ而一日ツヽ滯在延シ申候而今日出立イタシ申候委細南部ヨリ今度申遣候通只今ニ而者中々細事ニ而モ取計六ケシク御座候折角中山所置モ人數等渡シ度又淸國掛合等モ追々手ヲ付度御座候ヘ共歸國候而モ十カ一モ六ケシキ樣ニ奉存候條南部手紙等御覽ニ而御勘考可被下候御手傳ヨキ機會ト奉存候間人數其外細事南部ヨリ申遣候儀御相談可被下候イツレ筑ヨリ面會ニ而又々可申上候ヘ共貴所樣御立後ニモ可相成候條ヨク〱南部ヨリ御致示可被下又辰等ヨリモヨクヨク御談置可被下候扠御手傳之儀存外ニ候得共シカシ御茶入無事ニ取計有之候代リト御尤ニ奉存候早速手當モイタシ候筈何時而モ上納之考ニ

御座候辰之口氣如何伺度奉存候イツレ筑面會國元之家老申談候上何事モ万々可申上此等之儀辰等にモ都合ヨロシキ様ニ奉希候色々申上度事モ御坐候得共取込候條南部に之書面等御照シ合御覧可被下候將平等之義モ委細南部に申遣條御聞可被下候先者要用旁奉申上候且又來參比合等之義モ御勘考可被下候巽人來年迄ニ罷歸候ハヽ何卒御賞之處同苗にモ奉願度兼テ申上置候其他之儀申上落候義モ御座候ハヽ何事モ宜敷奉希候

一其御地之様子何事モ御教示可被下候肥前縁組內匠頭等之義モ如何伺度奉存候以後尊書被下候ハヽ何卒筑迄被下候様左候ヘハカヘツテ早ク相達シ申候此度モ南部に賴申上候中山人數之儀モ是非渡候様云々南部等ヨリ牧等之口氣ニ而不申參候而者行レ不申候夫ニ者少シモ早ク平ノ分取除ケ不申候而者內實難取計様子有之様ニ存申候委細者國元ヨリ可申上候貴所様に國ヨリ差上候書狀モ筑に賴申上候條左様思召可被下候先

者艸々奉申上候恐惶謹言

薩摩守

卯月七日(安政五年)

遠江守様

猶々時氣御自愛專一奉存候以上

○

封紙

美濃様　薩摩

一筆申上候愈御清安奉賀候扨一昨日之飛脚ニ申上落候間申上候此更紗初而拵候間致進入且此手紙少シモ早ク伊達ヘ遣度存候ヘ共両三日跡急便外用ニ而出シ間モナク候而少々不都合ユヘ奉願度候京都之事等色々掛合候事ニ御座候當月中ニ江戸ヘ參候樣相願申候頓首

四月十二日

○

封紙

他見御断

伊達江守様　　松美野守

平安極々祕用御直披

中封

宇和島明公　　福岡

平安極々祕用御直披

一筆致啓上候秋暑之節彌御安寧奉賀候然ハ先月廿二日不時登　城亞人假條約調印相濟候旨御達有之候由去廿三日相達拜見仕候此節神奈川ヘ參候魯亞之船ハ定而長崎ヘ過日參候船ト存申候其後同所ヘ英船六艘參リ内壹艘献上之蒸氣船ニ有之候最早江戸ヘ參リ居候事ト奉存候内壹艘リーニーー船驚眼候船之由實ニ英佛ハ唐國ニ打勝候勢ニテ只今戰爭ハ不

容易候事出來可仕儀ニ付右ハ調印被仰付候儀先差當ル御取計ト奉存候
然處
御養君御一條右飛脚先月廿四日出ニ候處其日迄ハ不相分候由然處大坂
詰家來ヨリ申來候ニハ紀州樣御養君被仰出大坂町觸有之候由申來誠以
當惑之至御坐候尤紀州樣御賢明之由ニハ候得共御幼年且又京都ヨリハ
一ツ橋樣ト御內命有之候處如何之儀ニ而右之通ニ相成候哉兩條違
敕ニ相成候事故　京都ヨリ違
敕之段被　仰進候ハヽ如何江戶ニ而御答へ可有之哉異國ハ闔御國內人
心如何可有之日夜苦心此事ニ御坐候其上老中進退段々有之如何之譯ニ
候哉遠國ニ而不能勘辨候定而薩州ニ而モ大心配ト存申候近日委細相談
掛合候心得ニ御坐候何分江戶表之事一向不相分候間御內祕何卒以御敎
示奉願候且又京都詰大坂詰家來ヨリモ種々之風說申來候如此御時勢ニ
相成候得ハ古今同樣種々之惡說中フラシ京都ニ而江戶老中初之事堂上

方御立腹被成候樣ニ相聞へ江戸老中初ハ京都之儀立腹イタシ候樣ナル事ナト侫人共種々工風イタシ所々ゟ流言仕事不少不容易御時節奉存候此上ハ余事ハ兎モ角モ京江戸御和熟之外ハ有之間敷ト奉存候皇〔マヽ〕安危之際何卒貴君御骨折偏奉願儀御坐候今日飛脚差立候ニ付何分右之一件片時モ心底不安奉存候間極々秘事奉伺候貴答日々相待申候恐惶謹言

初秋廿六日　　　　福岡拜

宇和島明公

猶次時候御自愛専一奉存候東海道段〔マヽ〕洪水之由貴國ハ如何ト奉存候弊國モ大風雨之模樣ハ段々有之心配仕候處格別之事今日迄ハ無之候然シ時候不順田方不十分候

一京都初段々御警衛被仰付候由下會大悦ト存申候如何存居候哉御内秘奉伺候京都之御警衛右ニ而宜敷ト思召候哉御賢慮内々奉伺候

一此節於長崎一種之病流行一日ニ數十人死亡多分之日一日ニ六十人死申候奉行蘭醫ゟ尋候處コレラト申病ニ候由右ニ付蘭醫ゟ療法申付候由之處全快者段々有之候其余漢法醫ニ掛候者一人モ不殘死亡右ニ付常日蘭ヲ不好人迄皆々蘭醫ニ相賴申候事ト相成申候右流行中平日飲食等之儀又藥法之儀蘭口傳長崎ヨリ委細申來候ニ付江戸迄流行可致モ難計候間此節委細戸塚靜海迄申遣候間早々靜海ゟ御尋可被下候右之書昨今參候ニ付數冊寫候間無之候別段差上不申候何分多用余事ハ其內可申上候此節騎馬隊蘭直傳池田茂吉事昨今歸リ申候實用軍馬初而相分感仕申候其內委細可申上候以上

三白大急認落字書損可有之候御一覽投火必奉願候以上

〇

用事御直披

一ミニーケウヱールト淸ク寫取先日差上候得共イマタ木形モ出來不仕候急

導不致コマリ入申候然處鑄形之圖取ニ　公儀御筒於長崎拜借仕候內家來共少々鑄立昨今參候間二ツ入御覽申候尤常之筒込候而ハ不宜候御承知トハ奉存候ヘ共爲念申上候余ハ其內可申上候以上

同日

○

幸便ニ付致啓上候其後愈御安康奉賀候然者先日者俄之事ニテ何之風情モ無之殘念ニ存候シカシ寬々拜話蘭人ヘモ質問等イタシ大慶奉存候然者其節內話申上候トオリイツレ來五月ハ蒸氣船幷ニ傳習之家來モ差出候樣相考申候間其節者奉行目付等之處宜敷希申候且又兩三年前ヨリ註文申立置候劔付筒五百挺今以テ御渡無之候慰ノ爲ニモ無之武備手當之爲ニ候處余リ御捨置ト存候如何程手當被仰出候トモ右樣之事ニ而者折角ト存候而モ不相叶人氣ニモ相抱リ候間少シモ早目御渡ニ相成候樣イタシ度只今之姿ニテ者手當者不致候而モヨロシキユヘカト存申候宜敷

御勘考之上其筋江被仰談候而御取計希申候
一極内京都之御様子モ御承知ト存候此節承リ候ヘ者再度御三家始諸大名
存慮可及言上其上
敕答可被仰出段三月廿日備中江御達ニ相成候ヨシ左候得者御不承知ト
奉伺候外國之事情モ不存時ト位ヲ不辨
神州之御耻辱ト一圖ニ相考必勝之見居ヘモ無之色々申立候モノ又者浪
人共立身ノ爲口ニ任カセ申立候事ヲ御取用相成候テ者誠ニ可歎事ト存
候　公家之面々如何程義論被申候トモ現事ニ臨ミ候得者武家ニ御任セ
之外有間シク万一此末彌
御不承知ニ而打拂ニ相成候ハヽ血氣無謀之面々競立可申候得共一両度
手强キ目ニ逢候ハヽ第一和親ト申立候者必定其上之和親ニ而者猶更
御國威モ相立兼御耻辱彌增可申候實ニ心配ニ存申候御尋モ御座候ハヽ
十分ニ所存可申上ト心得罷在候右之通之御時節ユヘ別シテ海防第一之

事ト存候間劒筒等之事者勿論軍備之事ニ付註文等申立候品者早々御渡ニ相成方可然事ト存申候實ハ奉行ニモ可申入ト存候へ共万事江戸御差圖ト存候間心配被致候計ニテ詮立申間敷ト存シ扣申候得トモ余リ不得其意事ユへ内々心中申上候宜敷御勘考可被成候且又此後當城下ニ御出被成候ハヽ前以内々伺度先日之ことき見物人ニ而者甚タ心配ユへ取締可申付ト存候且圖書殿ニモ御出可被成哉此義モ内々爲御知可給候且臺場等之圖モ近々可差廻候間蘭人ニ御質問可被下候猶追々家來ヨリモ可申上候先者要用可申述早々如斯ニ御坐候恐々頓首

四月十二日（安政五年）　　薩州

勝　麟　君

猶々御自愛專一ニ存候伊澤氏御歸府之ヨシ左候ハヽ貴公ハ御滯崎ニ候哉伺度存候以上

○

安政五年余和蘭海軍教師ノ許可ヲ得テ遠洋ニ航シ演操ヲ聽サル此歳九州ヲ巡航シ薩摩山川ノ港ニ入ル時ニ侯同所溫泉ニ浴ス余ノ至ルヲ聞キ單騎來接甚喜色アリ懇切優渥余其知遇ノ辱キニ感ス又再ヒ鹿兒島ニ到ルヲ約ス侯曰今後大ニ國事ニ關係アルモノハ書翰ヲ以テ足下ニ談セム他人ヲシテ知ラシムルナカレ是足下ノ爲ニ猜忌ヲ避クナリト嗣後屢手書ヲ辱ス要皆國家ノ大事其世變ヲ察シ時勢ヲ審スルモノ旁其本藩ノ守衛臣屬ノ擧措懇々切々示教益厚シ鹿兒島港ノ炮臺得失兵制ノ利害如キ是ヲ蘭師ニ問ヒ侯ニ告ク侯是ヲ納レ其規劃以テ參考ニ備フ

侯天資溫和容貌整秀臨而親ムヘク其威望凛乎犯スヘカラス度量遠大無執一之見殆ト一世ヲ籠罩スルノ概アリ方今ヲ顧往事ヲ追想スレハ鹿兒島縣士英材輩出スルモノ此侯ノ薫陶培養ノ致ス所豈凡情ヲ以忖度シ易カラム哉惜天其歲ヲ不假其偉跡半途ニシテ廢弛ス可謂皇國ノ一大不幸也

○書面致披見候愈無事珍重存候扨申遣候條々心得申候小野寺之事兼而承候人ニ御座候先比申入候趣意モ有之候間其方自分心得ニ而能々習ヒ可申候直助之義者何分人氣如何ト存候間折角習ヒ候而モ以後人々氣請イカヽト存候間其方習置左候而後年者呼候間不離樣能々可申置候且屋敷出入之義此節筑後江申遣候間心得可申候

一豐印之事下總ヨリ申遣候ト存候來年ニ相成武兵衛可差出其節ト存候細事申入候筈ナカラ寒中書通多取込早々申入候之

十月廿九日（安政四年）

圖書江

上封

返事

書翰集卷之十四

○

一筆申入候追々秋冷相成申候處彌御平安珍重候道中無滯今夜正條ニ致
止宿候扨江戸ニ而モ相替儀モ無之段申來候廿二日之風雨ニ而串良邊余
程痛ミ候由先便申來候條折角無手抜救助等行屆候樣ニ序之節豊後ニモ
御達可給候同人ニ者此度書面不遣候其外ニモ大損之場所モ同樣之事ニ
御座候道中筋モ久留米備前者大イタミニ相見得備前者三丈余之滿水之
ヨシニ而十万石余之損失ト承リ申候作州出雲ハ猶更大破之趣死人馬大
造之由相聞得申候江戸ハ十日十六日両日風雨有之段申來候倒家等モ有
之由ニ御座候道中天氣都合別而宜敷終日雨ハ一度モ無之候式日延ヒ候
而漸々今日著ニ相成候其地ニ者余程延著ニ相成候ト存申候橋口彥助之
義南部ヨリモ申來候得共委敷譯ハ不相知候ヘ共古谷堅助ト引合候譯ニ

而モ有之哉ニ被存候堅助義モ急病ニ而死去ト申來候イツレ江戸著之上委敷承リ合セ可申遣旨是又豊後ゟ御ハナシ可給候一体豊後ゟモ書面遣候筈ナカラ両三日歯痛旁不申遣候

一種子不快ハキト無之ヨシ松壽院トノヨリモ申參候其後如何ト案シ申候松壽院トノゟ之返事モ著之ウヘ可遣候間序之節宜敷御申シ可給候

一此品到來故御目ニ掛候外姫路革幷ニ文庫御目ニカケ候先日立前之鰹魚フシ今日迄モ風味相替不申別而忝存候只今之様子ニ而者江戸迄可宜ト存候先者幸便ニ付用事旁如斯御坐候恐々謹言

薩　州

菊月十七日（嘉永五年）夜

周防殿

猶々御自愛專一ニ存候

高輪ニ而モ此間ハ初而大井ゟ被爲入一夜御滯在御座候ヨシニ御座候

以上

封紙

周防殿　薩摩守

子九月御道中ゟ

申入

○

芳墨相達忝存候愈御清安之由珍重存候小子無事ニ道中無滯致著府候
高輪ニ而モ益御機嫌能被爲入恐悦奉存候扨當地相替候義モ無之候來年
アメリカ參候事ハ何トナク評判御座候ヘ共世間ニ而者格別ハ不申閣老
中者余程心配之樣子ニ而辰之口ニ逢候節モ心配之趣被申聞候未タ御評
議治定無之由ニ御座候委細追而可申入候

一日當山湯治被成候由御相應被成候事ト存申候
高輪ニ而モ毎日之樣ニ御蒸風呂被遊至極御相應ト伺申候

一近日中ニ辰之口ゟ夕刻參リ委敷申談シ軍船等之事モ申候筈ニ御座候
此間參候節鳥渡船之事申候ヘ者至極承知之樣子ニ御座候西丸之一條モ
昨日御城ゟ掛合申候簾之方ニ今一應取計候積ニ申談シ置候
一大目付之義未タ御都合無之候間伺不申候
一其外御申越之趣委細心得申候先日之御答旁早々如斯御座候恐々頓首
十一月二日　薩摩守
周防殿
猶々御自愛専一ニ存候此方無事ニ御座候久々之參府故別而取込
未タ少シモ閑暇無之候當地御好之品モ御座候者無御遠慮承度候
以上
封紙
周防殿　薩摩守

御答

子十一月

○

一筆申入候寒冷之節愈御平安珍重ニ存候此邊無事ニ御座候然者阿部ヨリ封書ニ而異國之義申來候間猶又取扱方モ伺候筈ニ御座候封書寫取家老座ヘ遣申候何分不容易時節ト存候万々一下國前異船等參候ハヽ必ス無御遠慮御差ハマリ豐後等ヘ可被仰談候

一大目付之儀モ永江迄申談シ以御都合申上候筈ニ御座候

一西丸之儀近日阿部ヘ申談シ候筈ニ相成申候

一御本丸御數寄屋御寶藏三棟之内一ツ之御土藏廿七日夜出火燒失相成申候火之緣無之場所別而不審ト申事ニ御座候御代々之御筆類幷ニ敕筆類有之御藏之ヨシニ御座候

一此品麁末ナカラ御目ニ掛申候寒中御見舞旁申入候恐々謹言

霜月廿日　　薩摩守

周防殿

時氣御厭專一存候以上

一封紙

周防殿　　薩摩守

嘉永五子十一月晦日

○

封紙

上　御直覧　薩摩守

下ケ札

嘉永六丑七月十日

一暑中御機嫌伺呈書

別帋

唐國爭乱等之儀

一筆啓上仕候大暑之候御座候へ共益御機嫌克被遊御座恐悦御儀奉存候
在府中ハ
御懇之御儀難有奉存候乍恐暑中奉御機嫌伺度如此御座候恐惶謹言

七月十日　　　齊　彬（華押）

薩摩中將

上

猶々時氣折角　御壓被爲在候樣奉存候猶別紙要用奉申上候以上

○

返翰扣嘉永丑之

暑中御見舞之朶章忝候先々貴府愈御無事欣慰之至ニ候尙又當節凉氣爲
國御保嗇令至禱候此段草略如此候也

八月念四　　　　　水戸隱士

薩摩中將殿

梧右

○

書添奉申上候

一此度異船渡來仕候ニ付而者色々ト御賢策モ被仰付候事ト奉存候先々一往歸帆者イタシ候事ナカラ又々可參ハ必定ト奉存候乍恐御十分ニ御差圖被爲在候樣奉希候過去之義致方無之候得共此節十分之所置無之候而者後來之義何トモ難計恐入奉存候間呉々モ十分ニ被仰出候樣奉願候

一極內世評承リ候ヘ者アメリカ者新國ニ而御制禁以後之國ユヘ邪宗之處サヘ嚴敷被仰付候ヘ者御免ニ相成候トモ先者宜敷姿ニ候ナト申モノモ御座候ヤニ傳承仕候此義乍恐以之外之義ト奉存候亞船御免ニ相成候ヘ者英佛魯之三國ハ如何可相成哉是非可參ハ必定其節之御所置不容易事カト奉存候御免之儀者何分不宜樣奉存候此節御打拂之義者御手當乍恐

如何ト奉存候間以計策年ヲ延シ其内軍船造立其外諸大名ニ海防嚴密ニ被仰出候義第一之事カト乍恐奉存候既ニ此節琉地ニ而滯留英人申聞候ニ者今度亞人ハ戰爭之手當迄イタシ是非願達之心得ユヘ終ニ者　日本モ承知可相成左候得者英佛魯之三國ハ先年ヨリ望候處ユヘ同樣ニ不相成候而者不相濟左樣相成候ヘ者琉地ニモ諸國之船々參候而繁昌之土地ニ可相成ト爲申由ニ御座候間乍恐此段奉申上候

一唐國爭乱之義追々盛ニ相成候樣子申來候未タ歸唐船當地ニ著不仕候間委敷儀分兼候得共琉人手紙之趣ニ而者明之裔孫ニ而朱氏ト申モノ有之其外名將多奇妙之策ヲ以テ五六省余攻取就中南京省ハ北京往來第一之要所ニ候處被攻取萬事之運送不行屆米穀高直ニ相成飢死之モノ不少賊之方ハ米穀モ多下直ニ而昔仁政ヲ施候ユヘ致降參候モノモ多ク皇帝ニモ至極之御配慮ニ而　敕諭段々有之候ヨシ福州モ當時用心最中之事ニ御坐候

一當分兵乱之所ハ江南省ト申所ニ而官兵防方有之候得共漸々被攻取候ヨシ右ニ付蘇州府モ右省之内ニ而御注文品等モ買調六ケシキ旨彼地商人ヨリ申來リ三月十五日ニ者官人幷ニ官兵己罷在余者方々ヘ逃去候段申來蘇州請(詰カ)之者ヲ始館中一同致心配候

一兵乱之儀福州ニモ攻入可申哉ト相尋候處八九月比ニ者可攻入ト申モノモ有之又者直ニ北京ヘ可攻入間北京奪取候ハヽ福州ハ直ニ降參之事ユヘ參ルマシクト申人モ有之五六月比ニ者大体可相分トノ事ニ御座候右旁之形行申上候尤歸帆之儀例年ヨリ延引六月中旬比ニ可相成候間左樣御心得可被下候以上

右之通リ之事ニ而海賊等モ多ク相成候ヨシユヘ是又一大事之儀ニ而御坐候間何分軍船御造立海防嚴密ニ御手當御坐候樣乍恐奉願候

一一昨日琉ヨリ申越候ニ者六月廿一日ニ亞船三艘參候間承候處浦賀ニ而書翰相渡罷歸候ヨシ一艘者用向ニ而中途ヨリ香港ヘ參候段申出候ヨシ

其後之樣子又々　日本ニ可參哉又者如何之樣子ニ可在之哉篤ト承リ合
近日中可申越ヨシ申來候處其後東風强ク吹續候間何事モ不申參候
先者大凡之處奉申上候何分ニモ御十分ニ御所置被爲在候樣奉願候琉球
サヘ可也ニ只今迄通商之儀者斷申候間一往之書翰ニ而新國之處ニ而御
免相成候儀幾重ニモ殘念ニ奉存候遠國ニ罷在候而不入義ト　思召モ恐
入候得共內々右之段承候而甚タ心痛仕候間乍恐奉申上候何卒軍船之義
御所置奉願候

一御內々相伺候ヘ者
御本丸樣　御違例之ヨシ誠ニ恐入候（マヽ）奉存候何卒早ク御順快之處奉祈上
候中山一條其外申上度事モ品々御座候得共色々用向取込罷在候間大略
奉申上候京城ヨリモ種々言上仕候事ト奉存候越前守サソ〱心配仕候
事ト奉存候猶追々可申上候恐惶頓首

七月十日

猶以テ一日モ早ク奉申上度候得共伊勢守ゟ此節中山屆等申出其方々ゟ文通等ニ而無據延引仕候以上

又々書添奉申上候

又々書添奉申上候極内傳承仕候處此節異船之儀兎角御祕シニ相成候哉之由ニ相伺候此義乍恐人氣之動乱ヲ老中共恐レ候故ニモ可有之候得共余リ御祕事過候ヘ者猶更人々疑念ヲ起シ少事ヲモ大事ニ申フラシ候譯ニ御坐候日本ニ生レ候モノ者一人トシテ　皇國ヲアシカレト存候者ハ無之事ユヘ此度之如キ義御祕シニ不及御三家方御三卿方ハ勿論國持諸大名ゟモ委敷被仰聞存寄之御尋等モ御座候而御評決ニ相成候ヘ者人心一和之基ヒニモ可相成當時之コトク御祕事計リニ而者如何程之御良策ニ而モ人心疑惑可仕ハ必定ニ奉存候加樣之義申上候者誠ニ恐入候得共何分ニモ後來之處心配奉存候而外ニ愚存申上候所モ無之候間書添此段申上候彼ヲ知己ヲ知テ後ノ御評議ニ無御坐候而者両全之御良策ハ出來

申間敷乍恐閣老中格別心得候モノ者無之候間異國之事情十分御教諭被爲在候而御評議被仰付候樣奉願上候實ニ差出ケ間敷儀申上恐入候得共何分ニモ心配ニ奉存候間奉申上候且又此義老中江モ粗申達候ヘ共琉球ヨリ申越候處モ　日本ニ而商法御免等ニ相成候而者琉球之義者致カタモ無之多年斷リ罷在候心配モ水之泡ト相成候間可相成者御免無之樣ニトノ事

公邊江御内訴申上候樣ニ攝政三司官始ヨリ申出候事モ御座候其譯ハ滯留英人余程退屈之樣子ニ相成近々ニ者可引取模樣モ御坐候處此節アメリカ渡來ヨリ又々勢ヒ立チ代リ合之事等申遣シ前以唐人二人呼寄候樣子ユヘ此節アメリカ之義絶念ニ相成候ハヽ自カラ英人代リ合之モノ參候而モ追々可引取此節之亞船御免等相成候ヘ者彌琉地江者諸國之船々可參唐國盛成時節ニ候得者致樣モ御座候ヘ共當時之有樣自國サヘ治兼候間屬國迄之差圖ハ勿論異船之渡來ヲ制候義者難叶船々渡來之上者自

然ト通商之義可申掛日本ゟ者御免無之候間品物交易有之候而モ可遣品モ無之引請候而モ致カタ無之自然ニ彼國政令ヲ請候樣相成候者必定ニ御座候間何卒日本ニ而御免無之樣仕度趣申出候事ニ而彼地ニ而モ唐國爭乱ニ付而者只々
皇國計リヲ便リ罷在候樣子ニテ御座候定而御賢策モ有之候事ニ而申上候モ恐入候得共琉球事情人氣之樣子御心得ニモ可相成哉ト大凡之義奉申上候宜敷御勘考之程奉願候以上

十日

是ハ阿閣へ爲見候書
切取候之

御配慮モ被爲在候御事ト奉存候夜中ニ老中登
城モ両度御座候由余程之仰天ト奉存候七日ニ
者伊勢守罷出候ヨシ此節コソ閉口ト奉存候
色々

封紙

○

義異國之事モ有之處別シテ閣老共仰天罷在
御手當等之義如何之評議可仕哉乍恐甚タ掛
念仕候何卒
御賢慮ニ而十分海防御手當相調候樣奉願候
御違例之義宗益ヨリ申越候御樣子ニ而者何分
恐入候御樣子ト(下文缺失)

上　　　　　　　　松平薩摩守

申上

一筆啓上仕候

公方様薨御之段承知仕恐入奉絶言語候内外一時之　御混雑重畳恐入奉

存候右御機嫌伺御内々奉申上度如斯御座候恐惶謹言

八月廿九日　　　　薩摩守

上

猶々時氣折角被遊　御厭候樣奉存候以上

○

封紙

密啓御直覽

別啓仕候此節

御登營被　仰出海防之儀

御差圖被爲在候段承知仕此節中之恐悅誠ニ以難有次第奉存候先頃中ヨリ日夜ニ心配仕候處　御委任之儀承知乍恐安心仕候此上者兼而申上候嫌疑之恐モ無之候間十分ニ手當仕御奉公可相勤奉存候乍恐思召之義モ被爲在候ハヽ　御敎示奉願上候此節城下之海岸ニ相應之臺場造立ニ取掛申候中山之義モ御屆申上候通ニ而恐入奉存候ヘ共何分攻戰之要具無之人氣柔弱之國ユヘ頓ト致方無之此義モ御賢慮伺度奉存候

一此程老中迄軍船造立蒸氣船製造之儀幷ニ軍事必用之品蘭人ヘ註文相叶候樣願書差上候何卒

御含被爲入願達之儀奉願上候

一先日所存申上候通此節御免之儀者第一

御國体ニモ響キ可申其上例之勘定邊安ニ甘シ可申處甚タ掛念ニ奉存候

門厚ク

御勘考奉願上候來年渡來之節者御代替御混雜之所ニ而歸帆被仰付度色
々申上恐入候得トモ先日節儉之儀被仰渡海防一筋ニ心ヲ用ヒ候樣被
仰出難有奉存候ヘ共御書付計リ被　仰出候而モ諸國全備仕候者無覺束
既ニ今度御書付拜見之上手當向申付候處兎角
公邊之御樣子見合候而手當イタシ度所存之モノ多ク御座候間他國ニ而
モ同樣之振合モ可有之哉ト奉存候間乍恐於
公邊諸方ヘ響候樣御手當被　仰付左候而少々成リトモ諸大名ヘ金銀拜
領被仰付候ハヽ人氣モ進ミ立彌御手當可相調哉ト奉存候且又　御勝手
向御不如意之段兼而奉伺候得共大坂等ヘ年々相應之御有余金御座候由
承及候間二百万位之儀者御差支者有御坐間敷其上御不足之義モ御座候
ハヽ大坂町人共ヘ非常之
御一大事之譯被仰渡出金被仰付候ハヽ早速可相調右ヲ諸大名ヘ配當被
仰付度儀ト奉存候尤有志之向者配當不被仰付候共身上丈ケハ手當モ可

仕候得共異國之事情不存太平之習俗ニ馴候モノ共ハ如何可有之哉ト奉存候重疊恐入候得共心配之余リ奉申上候

一此程申上候御手當永久連續之義是又一大事ト奉存候少々之　御宥免位ニテハ中々永年行屆候儀無覺束恐入申上兼候得共諸大名三ツ割ニ被仰付一年在府二年在國被仰出候ハヽ先者可行屆哉夫ニ而モ十分之儀無覺束奉存候間御手當全備之上外國渡米　御禁制被仰出諸大名ヘ軍船壹艘ツヽ支那印度邊ヘ出張リ商法被仰付候ハヽ
御國威モ相増シ諸大名モ右之以利潤永久之手當可相調乍然諸大名ヘ御免難被仰付事ニ御座候ハヽ
公邊ヨリ御一手ニ通商被仰付其御利益配當被　仰付度儀ト奉存候

一蘭船ヨリ申上候風説書御用部屋外者一切拜見不被　仰付　御定之由ニ而近年者嚴敷　御制禁被　仰付候事ナカラ諸大名ヘ者此節之コトク拜見被　仰付度儀ト奉存候只今ニ而者却而疑念ヲ起シ不取留風説モ生シ

其上異國之事情知兼氣遠ク相成候姿モ有之其上諸大名銘々自分ヨリモ
レ候ト被存候ヲ恐レ却而流布仕間敷不取留風說モ相止ミ御手當之御一
助ニモ可相成哉ト奉存候乍然トテモ御沙汰ニ難被及事ニ御座候ハヽセ
メテ浦賀御固メ之面々幷ニ長崎両家私方ニ者不殘拜見之義奉願上度此
段恐入奉申上候

一蒸氣船雛形製作仕候家來御呼出ニ相成本望至極難有奉存候右者内々箕
作阮相賴和解仕工夫申付候事ニ候得共未タ蒸氣之張方等知兼候間元甫
阮御吟味被仰付候ハヽ可相分ト奉存候尤内々ニ而相賴候間只和解等ニ
而工夫仕候段申上候樣申付置候得共此段御内々申上置候其節御屆不申
上咨恐入候得共表向屆仕候而者可差障御時節故内々申付候儀ニ御座候
右之條々申上候儀重疊恐入奉存候へ共日夜心痛仕候間不顧恐奉申上候
尤閣老中迄申上度候得共兼而肥前私共者蘭好キ之樣被申候ヤニモ承及
候間折角ト存申上候而モ疑念有之候而者詮立不申殘念ニ奉存候間風說

書拜見出張通商等之義難申上無據御内々奉言上候少シニ而モ御取用ヒ
相成候ヘ者難有奉存候
一來年參府之上之御手當心得方モ此程奉伺候遠路之事故早目ニ不相伺候
而者甚タ當惑仕候宜敷
御賢察奉願上候恐惶頓首百拜
八月廿九日　薩摩守

○

書添
一又奉申上候六挺カラミ之筒ハ近々成就仕候間近便ニ差上候樣可仕候綿
藥之義先比申上候法之通ニ而鎔礬水氣取リ候節ニ赤色ニ相成候程ニ火
ヲ掛直ニ油ヲ蒸溜仕候得者宜敷段長サキヨリ承候間申上候猶試候ハヽ
差上候樣可仕候
乍恐今度　御登　營御イタサレタルヲカシコミ奉リ候

雲きりのへたてもはれてさやかなる
つきのひかりを仰くかしこさ

齊彬

○

封紙

上

薩摩守

御請

尊書難有奉拜見候益御機嫌能被遊御座恐悦御儀奉存候然者寒中御尋被仰下殊ニ何寄之御品拜領仕重疊難有奉存候先者御禮奉申上度如斯御坐候恐惶謹言

十二月廿八日

薩摩守

上

猶々時候折角被遊御厭候樣奉存候此鶴御内々奉進上候私モ領分巡見仕廿五日歸著仕候間御請延引ニ相成恐入奉存候以上

○

御直披

御添書難有奉存候先比モ御細書頂キ難有早速御請モ可申上處巡見ニ而漸々廿五日歸著仕夫ユヘ大延引相成恐入奉存候戸田藤田等モ被召出候ヨシ重疊恐悅奉存候乍然カン氣ハ急速ニ難退モノユヘ折角御心長ク御用心專一之儀ト乍恐奉存上候扨霜月之被　仰出難有次第奉存候段々被仰下候趣モ奉畏候乍不及相叶候程者可相勵心底ニ罷在候大船モ先日伺差出候間早目ニ御差圖之程奉願上候中山モ此節申上候通先ツ無事ニ者御座候ヘ共兎角根深ニ可相成樣子扨々心配仕候一刻モ早ク大船造立仕度候得共中々存候程ニ成就不仕殘念至極ニ奉存候先當時之處ニ而者戰爭等之掛念ハ頓ト無之其內全備之上ハ十分ニ人數差渡度心底ニ罷在候何分數百里之海上ユヘ殘念ニ奉存候

一魯船モ又々入津上海ヨリ中四日ニ而參候義誠ニ浦山敷事中山ゝ之通路

モ右様相成候得者如何様ニモ所置相叶候得共以順季渡海ニ而數日相掛リ候而甚タ殘念至極ニ奉存候

一此節被仰出御座候間參府前ニ人數百人余差出候筈ニ手當仕候

一琉球事實尋問等之義者此度伊勢守迄以直書申上候間別段不申上是非來年者亞船可參ヤニ相考申候

一先日被　仰出候御書付ニ而万方手當可仕筈ニ御座候得共イツ方モ困窮之向多ク御座候間何卒御配當金之御工夫專一ニ奉願候尤私ニ者少々之貯モ御座候間船十五艘位之處ハ先者差支無御座候得共外ニ困窮之向モ可有御坐奉存候間何卒御工夫之程乍恐奉願上候同席中モ半方余者財用ニ當惑モ可仕カト奉存候追々私方ニモ軍船造立之問合セ申來リ又者財用頓ト當惑ト申遣候向モ多ク御坐候間御内々奉申上候

一乍恐奉願候以後尊書被成下候節天下之爲ニ御座候間大船其外之手當十分ニ可仕段御書取奉願上度左候得者夫ニ而不得心之家來ニモ篤ト申含

〆十分ニ船其外造立仕度候間乍恐天下之御爲ニ御座候條宜敷御聞濟奉願上候先者御請旁申上度如斯御座候恐惶頓首

十二月廿八日

又申上候綿藥モ彌出來仕リ此間十五間ニ而三ア（寸ノ誤）板試仕候處打拔キ申候今便差上度候得共今少シ不足之處モ御坐候間後便差上候樣可仕候方ハ不相替候得共製藥極々入念不仕候而者難調樣ニ御座候追而委細可申上候以上

○

封紙

上　　御請　　薩摩守

尊書難有奉拜見候先以益御機嫌能被遊　御超歲恐悅奉存上候當春ハ別而寒氣甚敷樣奉存候年始ニ付尊書頂戴被仰下重疊難有奉存候右御禮御

請申上度如斯ニ御座候恐惶頓首
正月廿六日
猶々余寒折角被遊　御加養候様奉存候何寄之御品頂戴被　仰付難有
奉存候豚肉不珍敷候得共御入物返上仕候ニ付奉差上候以上
○
書添
書添申上候龍士ヨリ廻候大炮雛形差上申候御覧濟龍士ヘ御返可被下候
且小子方ニ而寫シ候分龍士ヘ遣候間同方ヨリ可差上候間　御寫濟小子
方ヘ御返却可被下候
一先日拜借之調練之御密書昨日返上ト存候處失念ニ而今日差上申候大取
込早々申上候以上
卯月十六日
反射爐ニ而初而鑄調ニ相成候ボンベ彈昨日國ヨリ遣申候先一安心大慶

仕候一昨春ヨリ取掛漸々初而鑄込相調大慶至極ニヘ御吹聽申上候以上

○

封紙

上　　　　　　　　　　　　　　薩摩守

　　　御請

一筆啓上仕候秋冷之砌御座候へトモ益御機嫌克被遊御座恐悦御儀奉存候私モ道中無滯七月廿五日歸著仕候立前ハ何寄之御品拜領仕重疊難有奉存候中山モ異船出帆仕佛人壹人英人四人相殘リ先々平和之趣ニ御座候猶別紙申上候先御機嫌伺可申上早々如斯御座候恐惶謹言

　　　　　　　　　　　　　　松平修理大夫

八月十九日　　　　　　　　　　齊彬（華押）

上　御披露

猶々時氣折角被遊　御厭候樣奉存候以上

此品御側迄進上仕候以上

○

返翰扣

八月十九日附貴書九月廿六日夜落手則令披閲候先以御道中無御滯七月廿五日貴邦御著之由如諭秋冷之節御起居万福御在城抃賀之至存候御繁務中爲御尋問貴邦之產物御惠投每度御懇慮之至令多謝候先ハ御報迄早々不一

九月廿六日　燈下亂筆御海恕可給候

二白御端書之趣忝存順時爲天下御加養專一ニ存候也

齊昭

修理大夫殿

○

封紙

上　　薩摩守

御請

尊書被成下難有奉拝見候先以新年之御慶目出度申上候益御機嫌能被遊
御超歳恐悦御儀奉存候右御請御禮申上度早々如斯御座候恐惶謹言

薩摩中将

正月廿四日　　齊彬（華押）

上

猶々珍敷連雪余寒不順之節御座候間乍恐被遊　御厭候様奉存候以

上

書添

書添申上候先日之蓮根砲　御慰ニ相成候由ニ而御國製御兜拝領被　仰
付重疊難有奉存候早速仕立候而永年之重寳ニ可仕ト厚難有奉存候御禮

申上度書添奉申上候恐惶敬白

正月廿四日

〇

封筒

藍山賢公閣下　　　　麟洲拜

藍山公閣下　　　　修理大夫拜

臘月之尊書初春之貴翰二月廿一日相達奉拜見候先以倍御清榮奉欣賀候

小子ニモ無事罷在候乍憚

御安慮可被下候如仰寒氣例ヨリ甚敷乍去麥作ニ者可然ヨシ申候領國先

々静謐ニ御座候中山モ其後便船無之相分不申候且又何寄之品被下忝奉

存候當年モ最早不遠御參勤ト奉存候御參府之上ハ萬々宜敷奉希候小子

者八月下旬比迄ニ者是非共出立之心得ニ御座候閏月モ御座候間歸唐船

早著可仕ト存居申候中山ヱ万事申付候ウヘ早々出立之心得ニ御座候當

春モ種々中遣候又去秋申遣候色々ノ返事モ折角相待チ居候事ニ而御座候唐船之風聞ニ而者未タ唐國モ不靜謐之趣乍然此義者内々ニ而モ奉行ヘ不申出ヨシユヘ極内ニ奉希候御密示之儀モ左ニ申上候

一蘭書不殘持歸リ之事ハ不承年寄共手ニ者有之樣子乍然外ヘ讓受候儀伺中トノ事ニ而何分相分不申候辰モ段々考候處内心ハ不好哉ニ存候條御參府之上其心得第一ニ奉存候

一宗益之事冬比ヨリ勤計リニ而外ヘ不參處當正月廿一日ヨリ勤モ引キ候樣子見合居候ヨシニ申遣候根本ハ例之醫藥之事ニ而樂等辰ヘ色々申込ミ夫ニ而モラチ明キ兼候故　奥向口入等之事モ申出候故聞合セ御調ヘ有之事ヲ承リ引入ニ而樣子見合セ候ヨシ申來候

西龐之事ハ樂モ掛リ合ユヘ掛念ニ不及ヨシモ申來候樂掛リ合無之候而者大變ニ候得共樂掛リ合ユヘケシテ宜敷ト申來候遠組酒右京モ醫藥ニ而辰不都合之ヨシ遠組正月中引入既ニト申事承リ宗引入候處又々ドフ

カ都合ヨロシク一先出勤ニ相成候間宗モ先ツ出勤ト勸メ候人モ御座候ヨシナカラ引入候序故丈夫見屆ケ候迄者出勤不致考ト申遣候酒右ハイヤタ六ケシキ哉ト申遣候此人ハ引入ハ不致候右之通ニ而遠組酒右宗等引入ニ相成候ハヽ樂等ノ思ヒ之コトク世上ニモ御制禁可被仰出モ難計ト申遣候彌左樣ニ候而者誠ニセバキ御政道万一異船渡來候而モ御所詮思ヒヤラレ申候

一西簾之儀是ハ極内ナカラ簾ニ無之御部ヤ之方ト申閣中評議ユヘ急ニ出候事モ難計候間誰ニ而モ實子屆差出候樣致置候ハヽ急之時可然旨進メ候趣樂宗ヨリ申來候間内々家老共ト深ク示談之上不足ニ者候ヘ共元一門娘ニモ候間可然同苗所存次第ト申遣候處ニ同苗モ可宜ト申事ニ而誰之實子可然トノ處ニ而樂ヽ申遣候處小子之方當然ト申遣候由左候ト又所存變折角屆候上若ハヅレ候節アシク候間丈夫之處承繕候而可申聞樂宗ヽ申遣候由両人モ請合ハ難致左候ハヽ先見合セ參府之上又々示談可

然ト申事ニ相成候又南鐵共ニ不足ニテ止メ之方望ト見得申候江戸家來モ其樣子ニ而色々申趣ニ御座候夫故イマタヤメニモ無之イツレ參府之上何トカ治定可仕候全ク小子實子之處ニテ同苗ハ差支カト存申候南鐵ハ廣大院樣本モノユヘ不足ト申事ニ御坐候夫モ尤之儀ニ候ヘ共御部ヤニ候ヘ者此方ヨリ直ニ出來候樣子華族名家之息女サヘ上廊年寄被勤候事ユヘ此方ヨリ直ニ候ヘ者御部ヤ相當ト存候本モノ者不相成ユヘ　一位公ニモ近衛殿御養女被爲成候事又如何程實子之屆ニ而モ一門娘之義者自然ト響キ候又彌屆申出候上樣子ニヨリテハ御部ヤ被仰出候比　近衛殿嚴敷被仰立御養女本物ト可致手段モ可有之双方ヨリニラミ居而者トテモ不相分故屆ケ出候ハヽ夫ヨリ樣子モ可相分且マタ今一條極祕之意味モ申談シ家老同意ニテ申遣候事ナカラ只今之光景ニ而無理ニ取計候儀申遣シ不都合ニ而者不宜候間參府之上同苗ヘモヨク〳〵申談可取計ト先便ヨリ參府迄見合候方ニ候

一筑所持遠銃ハ六挺カラミニ御座候其外蘭筒少々入手仕候へ共仕入モノ
多ク馬上短筒ハ相應之品一揃入手仕候遠望鏡モ宜敷品モ無御座候淺黃
色ゾンガラス付一本遠望ハ可成ニ候得共日ヲ見候節淺黃ユヘ黑点ヨク
見得候間其品一本入手仕候

一風說書水府ヨリモ未タ不參由肥前モ立腹之段申遣シ候

一杉板者江戸ニ而可差上候寸尺被仰下候樣奉存候黑カネカツラ在合少ク
候間其分此便ニ差上候跡ハ田舍ヨリ切ラセ差上候間御出船前差上候儀
無覺束折角イソキ候而可差上候

一御著之上ハ不相替辰等之儀幷ニ万事奉希候伊宗之事モ下谷天狗辰に何
カ申候トノ事モ承リ申候万事御油斷無之樣奉存候

一筑前ヨリ當地之事色々聞合申遣シ深切之事ニ御座候虛說交リ候へ共ヨ
ク聞合申遣シ大慶仕候

一高輪引移リモ無滯相濟安心仕候市兵衛丁大骨折之樣子ニ御座候御參府

之上者万々御示談宜敷奉願候
一金山少々手ヲ付候處ニ大ニ様子ヨロシク相成候追々出金モ可相增様子
ニ而大慶イタシ候昔ハ多分出候處故大方相應之出金可有之ト存申候
一中山人氣不相變タメニ當春別段ニ金子遣シ申候多分候ト存候ヘトモ存
意ニ不任三千丸遣シ申候左候而唐物等取締リ嚴重ニ申渡候當地町人両
人井戸ヨリ吹出シも（マヽ）申來候去年二月比之事ト聞得申候近々差出シ可申
筈ニ御座候恐入候事ナカラ以後之取締ニ者ヨロシク御座候笑之家來モ
壹人引合御座候是ハ江戸ニ而病死之様子ニ御坐候多年此口ヨリ拔ケ候
事ト被存扨々不屆之人ニ御坐候將モ色々不正之聞得モ有之候平モ同様
唐物ニ者無之候得共當坐之間ニ合セ計リ取計同苗ゝヨキ様申聞候義追
々承リ申候近初種々申候モ無余義事ト存當リ申候極内々奉申上候
一政事向モ差見得不宜義モ家老共ニモ心附候様子ナカラ江戸之聞得ヲ恐
レ候間兎角延ヒ勝ニ相成候ニ者困リ申候常平法取建之儀猶又書面ニ而

大意申達シ折角吟味イタシ永久連續之處申談候樣申付候へ共未タ吟味濟兼申候此義者急度取計候考ニ御坐候

一西洋調練手當之事先ツ是迄通リニイタシ置候へ共幸ヒ當年御用捨ユヘ來月ヨリ其事ニ取掛リ可申考ニ御座候調練之言葉等ハ皇國語可見計哉トモ存シ申候不伏之向キ御坐候間先ツ人氣之進立候樣取計候上追々調練モ申付候考ニ御座候權道ノタメ荻野火矢ハ取用ヒ可申哉トソンシ申候

一隱レ臺場雛形申付ケ候へ共少々分兼候間何卒雛形拜借奉願候

一ダラーイバス此節初而取立申候近日中ニ打試之考ニ御坐候

一若々例之伊丹酒御入用ニ御坐候ハヽ大坂留守居カ伏見留守居ゟ御世話申上候樣被仰付候ハヽ早速出來候樣申遣置候間無御遠慮可被仰付候

先者貴答用事旁可申上略義ナカラ以半切申上候宜敷貴覽奉希候恐惶百拜

二月廿九日　薩　州拜

藍山公閣下

猶々御自愛專一奉存候

皆々樣ゟ宜敷奉願候

宇和島賢公閣下　薩　州拜答

御直覧

○

藍山公閣下　薩　州拜

此間ハ御尊書忝奉存候愈御清榮奉賀壽候然者被仰下候條々忝致承知候御考之通中々行レ不申余リ色々細カ成世話ニ而不入事之樣ニ申候由ニ内々承リ申候將仲共右樣之心得之樣子ニ而稲留ト中山事質相違之事公儀ヲ僞ルニ當ルトノ事更ニ不心付樣子乍然内心者心ニ覺ヘ有之而モ不心付振リニ致居候ヤトゾンシ申候同苗ニモ仲ヨリ不殘申聞候ヤ不存

候得共仲之申候ニ者申上候處小家ニ對シ申樣成儀國家ニ者入ラサル差圖打捨置可申右樣ニ申候トモ此間屋シキ江申出候書付等者矢張其儘ニ而ヨロシク其樣ノ細カ成事申候而者老中之人物ニ者無之小子ニモ立前迄辰江不參樣イタシ可然ト申候由ニ御坐候其通故折角辰之厚志ニ而親類之場ニ而南部江申候而モ左樣ニ者不存同列中ハ誠之申譯辰カ壹人ニ而色々申候樣子ニ引受候間中々少シモ詮立不申此上者實ニ致カタモ無之當惑至極ニ御座候只今通リ万事差圖ニ而者中山之一條少シモ相變申間敷同苗ト將仲之申ニ任セ候外者無之左候而者

公邊閣老中配慮之詮モ無之又押張リ中山ノ所置可致ト申候而者同苗如何樣可申モ難計實當惑至極ニ奉存候細事望日可申上候得共先此段奉申上候仲江此間イツレニモ中山ハ今少シ人數ニ而モ不遣候而者相成間敷ト申候處驚キ候樣子ニ而其思召ニ御座候ヤト申候程之事ニ而中々只今之樣子ニ而者トテモ相變候樣子ハ無御座候小子用取次之モノヽ申ニ者

將仲等一向構ハヌ樣子ニ而入ラヌ世話ト存候樣ニ而辰之口之不入世話ト申サヌ計リ之ヨシニ申候間中山事實之相違稻留改名等之事ハ牧ヨリ申出ニ相成候ハ、辰計リニ無之閣老一統之評議ニ驚可申夫モ少シ者强ク出候而將仲一變可致程ニ出不申候而者トテモ詮立申間敷ト奉存候色々考候而十五日迄ニ万々書付可申上南鐐モ所存モ可有之候間此度ハ此方所存不申聞加樣々々之樣子ニ候間如何イタシ可然ヤ兩人之所存委敷書取可申上ト被仰遣而者如何左樣ニ無之此方ヨリ考申遣候トイツモ只同意トノ事ユヘ一工夫兩人ニ爲致見度奉存候シカシ御賢慮次第ト奉存候十五日ニ持參ト被仰遣候而者如何ニ候ヤ此度之次第ハ简老ニモ望候御咄御座候樣何ソノ爲宜シクト奉存候委細万々書付出來次第可申上候誠ニ御配慮千万忝奉存候頓首

二月十二日

一御賢考之通ニ屋シキ中ニ申出候ヲ聞付候ト申處ニ而辰ヨリ出候トモ矢

張同様カト奉存候

一假之義實子御座候而モ未タ屆ケ無之事故夫ニ而差返シニ相成候而者猶更假ニ相成候ハ不宜候間トテモ因ノ例不出來事ニ候ハヽ何事ナク假ニ相成候カタ増シト奉存候若只ニ而ムツカシク候ハヽ美ヨリモ申越候趣ニ而南鐐ヨリ内意書カ内願書面ニ而モ出候而者如何ヤト奉存候左候へ者南持參ニ而渡シニ相成可然事カト奉存候

一敕使之一條最中掛合有之京都ゟ度々飛脚往來イタシ候ヨシニ御座候内々承候事故ニ如何之都合カ不存候程ヨク御勘考奉願上候以上

一先日之御書面御返シ申上候以上

幸便ユヘ

尊大君ゟ相願申候事

○

文久四ハ誤リナリ安政四年ナリ　　後日ノ書入ト見ユ
文久四癸亥春國ヨリ返事
サツ

御返事覺

第一ヶ條之儀御尤ニ奉存候差極難申上候得共臨機應變之場合ト存候上
方近邊ニ候ハヽ諸司代御城代江承リ合セ東海道ニ候ハヽ駿府御城代等
江引合所置仕候外有間敷存候事
一二ヶ條是又差極考モ無之候得共
公儀御差圖次第ト存候
一三ヶ條之儀致拝承候小子所存者參府之上程克可申上候
一四ヶ條之儀先達高輪田町手當伺候得共未タ御沙汰無之候其節外守衛十
分ニ難行屆旨申上置候其上被　仰付候ハヽ其時之樣子次第ト奉存候
一五ヶ條田町砲臺築出シ者伺濟ニ相成最早取掛居申候高輪者其儘ニ候得
共此間致傳承候ヘ者

公儀ヨリ屋敷前ニモ築出有之哉ニ承リ申候
一六ケ條參勤人數ハ定例之通ニ候廿五六日比二ヘロトン程之人數差立候
去年モ別段一ヘロトン程者遣申候樣子次第ニ而者又々二ヘロトン可遣
候手當ハ申付置候
一七ケ條此義外ニ考モ無之候得共內々傳承之趣內藏に申含候間御勘考專
一ニ奉存候猶參府之上聞合可申上候
一八ケ條此義極而難申上深宮ハ未タ不相分シカシ先歌橋カト存候へ共是
又參府之上可申上候
一九ケ條此義先便申上候通
近衞殿ヨリ
殿下に密達有之內々關東に被　仰遣候ト相伺申候水戸にモ
殿下ヨリ御直ニ被仰遣候ト存候
一十ケ條魯奴御考之通ト奉存候筒井等之義論行屆兼候樣ニ內々承リ申候

一十一ヶ條別段使ハ不遣手書遣シ返事モ參候取込ニ而委細不申來候得共根深ク可惡樣子ニ申來候カラフト之境界種々義論有之樣子ニ御座候
一十二ヶ條此義別段內藏ゟ申含候中休ミ相違無之候
一十三ヶ條參府ハ最早伺濟ニ相成申候琉人モ承知ニ而手當罷在候
一拾四ヶ條渡唐船便無之候間委細不相分候
一十五ヶ條此雛形江戶ゟ有之候
一船之圖伺濟ニ付今日內藏ゟ相渡申候
一十六ヶ條九大夫尋次第相渡申候
一十七ヶ條願書出候得共未タ返事無之候此義於江戶留守居ヨリ御家來ゟ申上候由故最早御承知ト存候細川云々之儀崎陽通詞共內々所持之品ト存候右樣之品者隨分當時モ入手相成事モ御座候

書翰集卷之十五

封紙

上　　　　　　　　　　　　　　　　薩摩守

申上

尊翰謹拜見仕候追日冷氣相成候處益御機嫌能被遊御座恐悅奉存候然者

不存寄御尋被　仰下御國產之佳品頂戴被　仰付重疊難有奉存候先者御

請御禮可申上如斯御座候恐惶謹言

九月廿九日　　　　　　　　　　　　　薩摩少將

上

猶々時氣折角被遊

御厭候樣奉存候痢病此節者宜敷御座候へ共先比中ハ流行仕候私ニ

モ少々中暑ニ而下痢仕候此節快氣仕候へ共用心之爲拜受之品早速拜味仕候而別而難有奉存候且又此品御禮迄致進上候以上

○

別紙御請

別紙申上候其後未タ奇書等入手不仕候綿藥之儀者格別要用ニモ無之ヨシュヘ其後モ試不仕候山煩車之雛形初而持渡之ヨシユヘ折角掛合仕置候未タ入手不仕候肥前ニ入手相成候モ難計奉存候イツレ其内ニ者相知候事ト奉存候

一木綿之義奉畏候弊國ニモ當時無之候間來春中山ゟ申遣實取寄候筈ニ御座候間參リ次第可差上候乍然中山ニ而モ十分ニ成木不仕國益等ニ相成候事無之ヨシユヘ　御領分ニ而者トテモ成木無覺束奉存候

一琉國之儀今以同樣之儀ニ而此節人數モ又々差越段々申遣候義モ御座候間來春ニ無之候而者樣子何トモ難申上唐國幷ニ中山ニ而モ是迄不致手

段申遣候間夫ニ而少シ者樣子可相分如命如何ニモ琉人柔弱ユヘ存候十分一モ防禦之手當ムツカシク御座候間先々此方持分之島々ヲ追々手當可仕存罷在候夫モ順季ニ而渡海故此節漸々差渡シ彼地之樣子申越候上追々手當可仕心組誠ニモトカシク奉存候へ共何分太平ニ浴候人氣ユヘ甚タ心配仕候事ニ御座候夫ニ去々年去年之不作ユヘ別而人氣ムツカシク漸々此節折合ニ相成申候團米其外之儀モ是ヨリ追々手ヲ付ケ候筈ニ御座候クナジリ之義薄々承候義南北共甚タ危キ事万一之義御座候節之御工夫被爲　在候樣奉存候内藤等モ轉役ニ相成候樣ニ承知仕先々恐悅奉存候此節武藝見分等ニ而取込罷在候來月中ヨリ海岸巡見仕候筈ニ御座候猶後便可奉申上候以上

九月廿九日

猶々當地順季モ宜敷米穀十分ニ出來ニ而先々安心仕候時候モ時節相應ニ而綿入壹ツ位之季候ニ御座候以上

○

封紙
上　　　　　　　　　　　　　　　　　　　薩摩守

御請

過日者尊書被成下難有奉存候甚暑之節御座候得トモ益御機嫌能被遊御
座候恐悦奉存候然者琉地一條相願候處御含可被遊旨被　仰下難有奉存
候辰ﾉ口中立候書面ハ近日差上候樣可仕候間宜敷奉希候且先日　御贊奉
願候處頂戴被　仰付拜見仕候處楠子之儀迄有之本望之御贊誠ニ以難有
奉存候將又虎壽丸之儀モ委細被　仰下誠ニ以テ難有次第奉存候御禮御
請奉申上度如斯ニ御座候恐惶敬白

七月三日

猶々時氣不順之節　御厭被遊候樣奉存候此品々如何敷御坐候得共　御
禮之印迄ニ進呈仕候乍末

中納言様ヨリ毎々御懇之蒙　御意難有奉存候以上

〇

尊書難有拜見仕候寒冷之節御座候處益御機嫌能被遊御座恐悅奉存候然者時氣御尋トシテ　尊書頂戴殊ニ御國產之佳品拜領被　仰付重疊恐入難有奉存候右御禮御請奉申上度如斯ニ御座候恐惶頓首謹言

十一月廿九日　　薩摩守

上

猶々寒氣折角　御厭被爲在候樣奉存候此カラスミ如何敷奉存候へ共進上仕候以上

〇

先月中東ヘ申通候見分日限心得違ニ而當月ト相心得定而　御聞ニモ入候哉ト恐入候御當日九月廿三日見分ハ廿一日ニト申テ承リ同月ト存込

誠ニ申譯無之奉恐入候先日ハ雨天ニハ見分殘有之候ニ付來ル十二日又候見分御座候ヨシ雨天之節ハ代日十六日ニ相成申候由ニ御座候右之名前左之通

御錠口
瀧尾
岩尾
佐川
表使
谷浦
織江
御右筆
るむ
御錠口介

せよ
くわ
りう
御次

御當日來廿一日モシ御當曉大雨之節ハ廿八日ト申事ニ承込申候尚又御日取相違候ハヽ早々奉申上候近日ニ御次第書取出シ申候間早々可差上候

九月八日
○

封紙

過日之御請奉申上候

中封

過日之御請旁奉申上候

此度ハ寒中ニ而方々文通取込別而乱筆之段御免奉願度宜敷御披露
奉希候　以上

過日者厚以思召段々仰頂キ重疊難有奉存候實以テ中山防禦少シ成共人數差渡置候事ニ而モ出來候得者寛猛之場モヨロシク御座候得共扠々恐入候事寛ニ過申候事ニ而御座候被仰下候　思召モ誠ニ以テ難有乍恐雲上　思召左程迄御遠慮御坐候ハヽ今少シ被仰出方モ可有ヤ恐ナカラ夫程御遠慮御座候得者難有奉存候カ此處如何可有ト恐ナカラ奉存候其後佛船一度渡來一人殘置候先便申上候ト存候其後英船三艘渡來ニ而何事モ不申先年ヨリ英船渡來之節之挨拶申述歸帆仕候實者殘居醫師見舞ト相見得申候兎角只今成ニ而者中山者勿論　皇國之存亡甚タ恐入奉存候當年者先相濟來春參府可仕難有奉存候得共來年ヨリ追々根深夷人追々氣隨之振舞可有ト奉存候先々當今通ニ而者最早下向之義誠ニ恐ナカラ當惑仕候事ニ御座候猶追々可申上候得共御厚情被仰下候御禮旁御内

々奉申上候以上

十一月廿九日

○

上　　　　　　　　　　　　薩摩守

御請

尊書難有奉存候益御機嫌能被遊御座恐悦奉存候然者時候　御尋仰戴殊
ニ豚拜領被仰付重疊難有奉存候右御禮奉申上度如斯御座候恐惶頓首

九月廿一日

猶々時氣被遊
御厭候樣奉存候豚肉不珍敷候得共　御禮迄進上仕候以上

○

別紙御請

別紙奉拜見候先日

御大政御相談被仰出候段天下之御爲無此上恐悦奉存候右ニ付御內書之趣難有奉拜見候夷狄之樣子扠々可惡次第ニ御座候當時御手當御行屆無之御時節外ニ致樣モ無之ト奉存候大船ハ勿論海防御手當御全備ニ相成候樣之御所置專一之義ト奉存候倂當時之コトク諸大名及困窮候而者中々急ニ御全備無覺束奉存候右之御所置願度義ト奉存候蝦夷地之事箱館奉行計リニ而御手當相成候而者十分之義無覺束樣ニ乍恐奉存候可然御普代之面々ヘ於彼地領地被下引受手當被仰付候ハヽ十分ニモ相成可申乍然不容易大任ニ御座候間御人撰第一之義ト奉存候世上一同金錢不通用諸色高直ニ御座候間此御所置第一ト奉存候近來色々被仰出モ御座候得共長ク被行不申夫故被仰出モ行屆兼候譯モ御座候ト奉存候間乍恐以後被仰出候義永年被行候樣ニ御所置有之度初發ヨリ手强キ御法令被仰出候而者却而人々恐怖仕候間行ヒ安キ事ヨリ追々被仰出候ハヽ人々難有御法令相守可申哉ト奉存候當時世上ニ而申候者近々ニ者何カ手强キ

義被仰出候哉ニ取沙汰仕候俄ニ嚴令被仰出候ハヽ御善政ニ而モ一應ハ
人氣動乱可仕哉ト乍恐奉存候此節之樣
上ヨリ金銀御道具御下ケニ相成神田祭禮等之被仰出誠ニ難有次第御妙
策ト奉存候乍恐上ヨリ右樣相成候得者自然ニ御法令被行可申ト難有奉
存候此上ハ永年不相替處第一之義奉存上候右之條々誠ニ恐入奉存候得
共心ニ存候而建白不仕モ恐入候間極內奉申上候御覽後御火中奉願上候
謹言

齊彬

○

返翰扣

一昨烏ハ御細答殊ニ御別紙之趣逐一御尤ニ存候ヘ共大小名ノ窮迫ヲ御
救ヒハ如何樣ノ御仕合ケニテ可然哉金穀ヲ以救ヒ候ハ際限モ無之候間
定而御制度ノ上ヨリ御救ヒノ貴考ト存候處其廉々全ク愚老ノ心得迄ニ

委細承知イタシ度建白イタシ候迚モ成否ハ勿論難計候ヘ共ヨロシキト
存候事ハ乍不及力ヲ盡シ申度候号令等剛勢ハ不宜云々御尤千萬ニ候是
ハ愚老モ元ヨリ右之見込ニ有之文略草々也

晩秋念三　水隱士

薩州殿

○

別紙

別紙炮術四季不苦重疊之儀奉存候只鴨ニ者少々禁物御一笑可被下候扨
又譯文之事尤之儀ニ奉存候以後ハマキラシキ書有間敷何寄之事ト奉存
候小子譯文申付置候防海試說未タ成就不仕候如何イタシ可然ヤ尤譯書
爲致候人ハ永庵ニ御座候カ譯爲致申人ヲ此方ヨリ屆之處少々差支申候
只書名之分幷ニ家來江譯申付候處ニ而屆ケ可然ヤ夫トモ最早一二冊ニ
而成就ユヘ前以出來候姿ニ而此以後之譯文之處ハ屆ケ候樣可致ヤ御內

々明日御尋可被下候外ニ可致ト存候書物モ御座候得共未タ是ト治定不仕イツレカハールレリー又者海防要用之書物可爲致ト存居申候猶朔日万々可申上候以上

菊月廿六日

○

一別紙申上候此程閣老御逢之儀　御都合如何ニ御座候ヤ御内々伺度且下田之様子承候處誠ニ言語ニ難述横行イタシ候趣殘念至極奉存候其外佐久間之儀モ達御聽候ト奉存候長々滯船之内ニ者不意之災害到來仕リ罪人モ多御國体モ損シ且者人氣モ自然ト衰ヘ可申候間過去之儀者致方無之候得共以來下田御取締者勿論海岸万事之御手當之儀格別嚴重之被　仰出無之候而者年々ニ災害到來無疑其内ニ者色々浮説等モ起リ不容易御時節ト奉存候私共如何程ニ存候而モ難及義何卒御勘考之上天下万全之御良策偏ニ

相願申候此度之　炎上モ實ニ恐入候次第外者トモカクモ
御所向者何卒過當之御節儉等無之樣ニ仕度第一ニ一同之氣請ニモ相掛
リ申候此節万端御改正無之從來之習風一變不仕候而者甚タ無覺束御時
節ト奉存候色々考候程心痛彌增候而致方モ無之候　小石川ト万事御和
熟ニ而十分ニ御建議無御座候而者不相濟御時節ト奉存候其内參上万々
相伺候得共此段申上候別而乱筆宜敷御覽奉願上候以上

卯月十一日

猶々申上候當時之両勘定奉行伊勢腹心之モノニ而此両人不心得ニ而色
々申立候故萬端六ケシキ樣ニ世評モ御座候御内々御糺シ有之候ハヽ相
分申候去ル人之申候ニ者両勘取除ケ不申ウチハ御良策ハ不被行段承リ
申候極内々奉申上候以上

○

花野井より　　さね文

御申入

かへす〴〵時氣御用心とそんし候此方いつれも無事御心易おほしめし候めて度かしく

時分から少々あつさ催し彌中納言殿御初御安全めて度そんし候御まへ〳〵ニもいよ〳〵御障なくめて度御悦申入候猶委しく承度そんし候

扨ハ今度御をくりの御劍御かけにて作出來深々かたしけなくそんし候

私事先年より賀茂下上社傳奏ニ而候まゝ年々祭ニ出仕候今年去十七日まつりにて右劒を初而もたせ候幾久しくかたしけなくそんし候御禮申入候亦御けん上の御劔もいつ比御けん上候哉其内御けん上トそんし候

亦　内裏御普請も追々出來候かたしけなかり候此度南かハ東西御地めんもひろく成候大ニ有かたかり候何も御禮申入度あら〳〵申入候めて度かしく

今度近衛様ゟ御傳献にて薩州ゟけん上ニ相成候筆誠ニ結構なる管ニ候

此比

上ニも御樂日々あらせられ私も日勤ノ事ゆへ被召候まゝ此比ハ毎々御樂御相手仕候右笙ニて吹候事ニ候夫々ハよろしき管ニ候彦根ゟも二管けん上ニ相成候是ハ三條ゟ傳けんニ候二管ともよろしき管ニ候古ルさハ七八百年も立候樣ニ相見へ候又　前中納言樣ゟ御けん上の御琵琶もひき候事ニ候音いろもよろしく〳〵と存候御樂器ハ追々けん上ニ相成候事ニ候

追々暑さニ成日勤の上御當座も毎々御樂も毎々扠々ゑらき事ニ候しかし先々丈夫ニ勤居候御安心願入候

先ハ御返事旁あら〳〵申上〳〵めて度かしく

（二行朱書）安政卯五月二十一日

花の井迄されふみゟ送ゟ文

齊昭曰薩州ゟ進献の笙ハ水野大監物之父越前守老中の節買入置たる品之右を薩州ニて四百五十金計ニて取入たるゝ進献の後於京地取調候へ

ハ先年法隆寺ゟ出候て
光格天皇御物之よし頭を御取かへニ相成リ鈴虫と被命候由法隆寺ニ有
之時ハ太子丸と申趣此度陽明家ゟ被仰遣候之右御取捨ニ相成頭ハ今遠
山金四郎所持之よし
右ハ大名ゟ縁者又ハ天奏を以て傳献進献之例を記し置

○

一筆拜呈仕候先以益御機嫌能恐悅奉存候然者不意參上之義十四日ニ者
如何ニ御座候哉ト今日者相伺候考之處又々京地御大變之由相伺誠ニ恐
入奉存候右ニ付他出差扣候付十四日者參上相伺不申候其内日限相伺候
樣可仕候奴　炎上之儀天災トハ申ナカラ何共恐入候次第ニ奉存候右ニ
付愚存之趣乍恐奉申上度左ニ奉申上候
一先比　近衛殿ヘ參　殿之節御內々相伺候趣者今度異船渡來之儀ニ付節
儉被　仰出右ニ付

御所向殊之外御取縮メ被　仰出少々之義モ難相調別而
御不自由ニ被爲入無據御好之品等モ出來兼候ニ付御内々ニ而　右府公
ヨリ御進献等モ御座候ヨシ是迄モ別而　御不如意ニ被爲入候而御慰事
モ年ニ両三度之乱舞殊之外之御樂シミ御座候處五ケ年之間ハ御斷ニ相
成候而何之　御慰モ無之旨其外　御手元御不自由之趣相伺申候勿論
右府公仰ニモ
關東ニ而者左程之事トハ不　思召委細御存シモ無之全御附之面々等關
東ゝ之御奉公振ニ取計候事ト思召候旨極内々相伺誠ニ恐入候事ニ奉存
候へ共致方モ無之只々歎息罷在候事ニ御座候右之通ニ格別之御儉約被
仰出御不自由被爲在候故天理之シカラシムル處ニ而却而非常之天災モ
生シ莫太之御失費到來仕候道理カト奉存候乍恐假令如何程於
御所向節儉御用ニ相成候而モ差知レタル事ニ而格別御手當之御一助ト
申程ニ者相成申間敷聊之事ニ而第一氣ニモ掛リ乍恐ツマル所ハ

御不德之基ヒニモ相成候間何卒以來者猶マタ御手厚ニ被　仰出
御所向御造營ハ勿論万事御不自由之儀無之樣被　仰付候ハヽ自然ト天
感モ有之諸國一同益奉仰
御仁德彌無爲太平之基且者外國江之聞得モ宜歟ト奉存候間何卒
神君御規定之通リ益
天朝ヲ被遊
御尊崇候樣奉願上度不顧恐奉申上候
右之趣閣老江モ申述度奉存候得共
近衞殿ニモ御內話之儀且者私共ヨリ申述候而モ被行兼候ト奉存候間申
上候趣　尤トノ思召ニ御座候ハヽ小石川江モ御相談之上
思召被爲附候處ニ而閣老江御沙汰被爲在候樣奉願上度此段奉申上候今
日出仕之上　御直ニ申上度存候得共少々不快ニ而不參仕候ニ付乍恐以
書面奉申上候宜歟樣御勘考奉願上候恐惶頓首謹言

卯月十一日（安政二年）

猶以時氣折角被遊

御厭候樣奉存候以上

○

又々一書呈上仕候益御機嫌能被遊御座恐悅御儀奉存候然者別紙御內々

申上候宜敷御勘考奉希候先者早々申上候恐惶頓首

卯月十三日

一大內炎上之儀ニ付一昨日申上候通之事其後猶又樣子相伺候處是迄之御

普請誠ニ御麁末成事ニ而小御所邊壁ナトハ透間多ク

主上皇居之樣ニ者無之其上天明之度追而御造營ト申場所只今迄モ其儘

ニ御座候由且是ハ極內々ニ候へ共當殿下只々

關東之御都合計御計ニ而極御不自由之儀者格別御頓著モ不被爲在哉ニ

相伺申候此義ハ水公ニ者　御近親之事ニ御座候得共

御心得迄ニ奉申上候昨日龍土ヨリ極内尊書モ拜見仕候處　御同意之御様子ニ相伺扨々難有奉存上候十分ニ被　仰立候樣伏而奉願候

一松越前事當年御暇年ニ而最早近々御暇ト奉存候此人天下之御爲精忠之モノニ御座候間此節者不容易御時節ニ御座候間何卒御差留メニ相成候樣奉願上度

水老公ニ者龍土ヨリ申上候由ニ御座候何分御賢考之程奉願候御固メ之方細川岡山等罷在候得共格別頼ミ難相成奉存候越前御差留メ之儀呉々モ奉願上候其次ハ立花モ宜敷乍然是ハ外樣之義越前之外有間敷ト奉存候

一伊勢牧野引入モ御斷之樣子ニ相違無之段承申候當時伊勢引入候ハヽ猶更閣中手弱ニ可相成和泉事ハ浮説ニ者御座候得トモ兩筆頭引入者悦カト申義モ承リ申候間　兩公ヨリ嚴重ニ　御沙汰無之候而者長引可申哉ト奉存候

尊慮難計候得共此段奉申上候先者極内々奉申上度如斯御座候頓首再拜

卯月十三日

○

別啓御直覽

別啓仕候扠例之御一條御養女熟談之屆差出申候未タ　御沙汰ハ無之候得共七日夕願濟ニ可相成旨今日辰ヨリ申來候追々御手續ニ可相成ト奉存候右ニ付倉橋事厚ク世話ニ預リ忝仝ク

貴所樣御周旋故ト厚忝奉存候御序之節宜敷奉希候實ニ万事差圖有之甚タ都合宜敷大仕合ニ御坐候呉々奉万謝候

一水府之儀先ツ治候ヘ共又々　両卿御食事之内ニ如何之事有之ヨシ此程朔日登　城之砌ニ當公ヨリモ御直ニ相伺候未タ奸物相殘候事ト被存候且マタ辰ニモ去月罷越候節口氣モ承候處閣中モ不承知之樣子只今之通ニ而者御營　營等之事六ケ敷奉存候仝ク　當公之御心底御治定ニ相成候而其上ナラデハ安心之場ニ者相成間敷哉ト奉存候　老公モ御義論無

之先々當世ニ御從ヒ之上ニ而寛大之御所置不被爲在候而者十分平和無覺束奉存候何分三家之御方色々混雜候而者第一天下之御爲不可然義尾公ニモ能々被仰上候而此節者　尾公御口入ニ而御登　營之義有之候樣致度左候而水府御國政モ　當公ニ十分御讓之姿ニ被遊候而程能御敎諭被爲在候而當公之御心中　老公ニ眞實御從ヒニ相成候樣無之候而者十分ニ者治申間敷哉ト乍憚愚考仕候呉々モ厚ク御勘考專一奉存候

一一橋刑部卿御簾中之儀去ル十六日御自害可被成處漸々取留メニ相成候由夫ヨリ只今モ御不快之姿ニ相成居候風聞ニ而者刑部卿殿德信院殿之事幷ニ老女之事惡事有之段御書置有之由承申候夫ニ付イツレ京ニ御歸ニ可相成哉未タ委敷樣子者相分不申候右モ矢張水府之御續旁ニ而　御本丸評判何カニ付而不宜樣子兼而西丸之事モ右樣之事御座候而者甚タ六ケシキ事カト奉存候

一老公之事此節大奥向評判ニ而者　線姫君ト如何之義被爲在候テ　當公

御立腹ニ而　姫君ニ御對面無之其夜之老女御中ロフ等モ引入ニ相成ト
ノ事申フラシ候由實者前文御食事之事ニ而其節之女中引入居候ヨシ夫
々ノ事取受申候ニ相違無之候ヘ共タトヘ風評ニ而モ右樣之義申候者全
當時　老公之事惡樣ニ申度モノ有之申フラセ候事カト被存候
一讃州之事辰ニ申見候ヘ者格別工ミモ有之間シク第一　當公不宜色々ト
御心底變リ候故之義此節御心付ニ相成候而讃州ニ惡事ヌリ付之思召之
樣ニ存候趣之口氣ニ御座候實者其譯モ可有之候得共讃州ヨリ余程ヨク
辰ニ申含メ有之哉ニ存候間是又能々御勘考專一ト奉存候只今之儘ニ而
者又々色々事起リ候ニ相違無之ト奉存候小子ニ者表者　老公之事時々
アシク申居候而諸人之口氣相サクリ候考ニ御座候辰ニ申候節モ少々惡
樣ニ申候而相サクリ申候義モ有之候間殊ニ寄　水府ニ小子之義如何ニ
相聞得候モ難計候間此段ハ　貴君ニ兼而申上置候御含置可被下候
一兼而御存シニ候哉川路方ニ居候水府浪人宮崎事當時日下部伊三次右者

元國出之者之忰ニ而兼而願望有之ヨシニ而水府モ御承知ニ而此節小子
方ヘ召抱申候是ハ只御ハナシニ申上候
一伊達ヘ過日被仰遣候御手傳之義辰ヘ承候處是ハ急度　御沙汰ハ無之ト
ノ事ニ御座候先者要用迄早々申上候乱筆御仁免可被下候猶後便可申上
候頓首
七月五日（安政三年）
猶々御用大船廿四間之方去ル廿九日品川ヘ著船二十間之方ハ横濱迄參
リ當時普請取掛罷在候先少々安心仕候色々取込乱筆呉々御高免奉希候
以上
上　　　　　　　　　　　　　　　　　　　　　　　　　　　　　薩摩守
○
申上
薄暑之節御坐候處益御機嫌能被遊御座恐悦奉存候然者其後久々御機嫌

モ不相伺恐入奉存候此豚肉砂糖漬此節從國許相屆候間御機嫌伺申上候
印迄ニ進呈仕候
琉國モ其後先靜謐ニ御坐候佛國船モ去秋渡來仕候而約條取カハシ候後
未タ渡來不仕候唐國乱之儀モ少々鎮候樣子ニ相聞申候先者御機嫌伺申
上度如斯ニ御坐候恐惶頓首
四月廿七日

○

扣

如諭薄暑入梅後乍冷無御恙抃躍候所欲之両名品芳意感荷領所之通永好
ト存候也
五月十一日　水隱士
薩州殿
梧右

○

奉復　　　　　　　　　　　　　　　　　　薩摩守

奉呈

昨日ハ尊書被下難有奉拜見候日々不同之季候ニ御座候處益御機嫌能被遊御坐恐悅奉存候然者今日發駕之儀入　御聽候由ニ而　御懇書頂戴被仰付難有奉存候御暇乞參上可申上處此節者長々之滯府旁大取込仕罷出候儀不相叶重疊恐入奉存候且又先達者古代寫之龜品奉差上候處御用ニ相成候由被仰下難有仕合奉存候在府中者品々蒙　御懇命難有以後不相變奉願上候先日者　一橋ゟ罷出初而寬々ト　拜顔仕品々御懇之御義是又難有奉存候昨日御請御禮可申上處留守ニ而不申上恐入奉存候出立掛取込御請迄早々奉申上候猶著之上万々可奉申上候恐惶頓首

四月二日

猶々時候　御厭被爲在候樣奉存候以上

○

上　　　　　　　　　　　薩摩守

申上

大暑中御座候處益御機嫌能被遊御座恐悅奉存候然者其後色々取込旁ニ而御機嫌モ不相伺恐入奉存候先比者日本史之儀被　仰下重疊難有奉存候何卒拜領被　仰付候樣奉願候扠又當屋敷庭モ廣ク御座候間野菜仕立候處可也ニ出來仕候間　御慰ニ進上仕候先日帆柱痛候大砲船モ一艘者品川ゟ著船仕大安心仕候先者御機嫌伺旁申上度如斯御坐候恐々頓首

七月四日

猶々當季御自愛被爲在候樣奉存候例之通不珍敷候得共豕肉カステラ進上仕候以上

書翰集卷之十六

○

（前文缺失）

一綿藥之義彌無相違趣ニ御座候兩精共發煙之品ニ而合候得者沸騰仕候其暖氣止ミ候處ヲ見當ニ木綿ヲ漬候而ヨロシキヨシニ御座候近日兩精ヲ拵候筈ユヘ其ウヘ試候ハヽ猶又可申上候

一蓮根炮之義　思召ニ相叶難有奉存候外ニモ六挺砲之仕掛違之品極密入手仕候間只今國元ニ而寫申付候間出來之上可差上候ゼルマニー之筒ニ御座候

一一昨日モ勘定方ゟ家來余事ニ而差出候處例之異船之義色々風聞モ候得共過半ハオドシ之コヽロト被存候段申候ヨシ右通ユヘ誠可歎義ト奉存候先比美濃守ヨリ上書仕リ軍船之義且　御三家方ゟ御相談之義申上候

ヨシナカラ頓ト詮立不申候只々嫌疑計多ク恐入候事ニ御座候既ニ於中山内々交易モ始リ候ナト世上申フラシ候ヨシ心外至極之事ニ御座候羅紗類持渡候譯者左樣之義ニ而者無之外ニ無據譯合ニ而夫ラモ早速取締リモ仕候得トモ方々に差支候間急ニ十分ニ行屆兼候シカシナカラ両三年中ニ者行屆候樣可仕ト奉存候兎角習俗之シカラシムル處恐入奉存候右樣之嫌疑ニモ御座候間色々工夫仕リ無掛念情忠ヲ盡度存罷在候事ニ御座候先者此程之御請御禮迄奉申上候頓首敬白

正月廿四日

上

○

申上

薩摩守

新春之御慶目出度奉申上候先以益御機嫌能被遊御超歳恐悅御儀奉存上候年始之御祝儀御内々奉申上度如斯御坐候恐惶謹言

松平薩摩守
齊彬（華押）

正月三日（安政元年）

上

猶々余寒折角被遊
御厭候様奉存候以上

書添奉申上候

一別紙申上候綿薬モ彌宜敷様子ニ相成候今日差上候考之處少々乾兼候間後日差上候様可仕候

一スチールチースヘルドアルチルレリー之内ニ五挺つゝきモルチール相見得申候間當時色々工夫申付置候反射爐モ此間鳥渡試モ爲仕候處鉄忽チ溶解仕候事ニ御座候高竈モ近々成就仕候間其上鑄立可仕ト奉存候

一大船造立諸家ヨリ差出候事ニ御座候ヤ當惑仕候向多キヤニ承リ候間加

樣ニ製造ト申義被　仰渡候ハヽ早目ニ出來可申哉ト乍恐奉存候內御內々申上候內々ハ方々ヨリ如何製造ト申義問合モ有之候得共未タ御差圖無之間不相知段返答モ申遣候事ニ御座候極御內々奉申上候以上

正月三日

薩摩守

上

○

謹上

一筆啓上仕候先以益御機嫌能被遊御座恐悅奉存候然者此節參勤之御禮モ無滯相濟難有奉存候參府仕候ニ付御機嫌伺申上度御內々奉申上候且又國產錫呈書之印迄進上仕候近日罷出万々可奉申上候恐惶頓首

三月十九日

猶々不順之季候折角

御厭被遊候樣奉存候以上

○

返翰扣

芳翰両通披見乍略儀一帋ニテ及御答候先以今般御道中無御恙御參府且御禮モ無滯御濟重々目出度存候

一墨夷御所置云々來諭一々御尤ニ御座候愚老モ海防御用ニ付登營之義ハ御免ヲ願此節引籠居候間今更御細答不申候

廟堂之事ハ姑クサシ置大小名ニ一家ツヽモ正論多ク相成候得ハ詰リ神國ノ正氣振ヒ可申候間貴兄抔爲天下御努力相祈申候

一琉球之事安道ヲ以御示ニ可相成旨委曲承知イタシ候帳面等一覽イタシ候迚モ格別之了簡モ有之間敷候へ共イツレ一覽可致候

一敝館へ御出之事承知イタシ候處前件願之趣イマタ　御沙汰無之引籠中ハ拜　面モ遠慮イタシ候間イツレ是ヨリ御左右可申候

一六挺銃御投惠不堪感謝候先年拜受之八挺銃一同長ク珍藏可致候過日ハ

南無阿彌へ御直答之趣毎々入御念候御事御厚意不淺令感荷候先ハ御答迄草々也

三月念三　　水戸隱士

薩州殿

錫三百斤鯛一折目錄ニテサシ出シ錫ハ明朝相廻候由申來候故考候處昨年阿部勢州ヨリ古法眼元信ノ懸物但シ出來モ至テ美事贈リ候ヲ返シ候ヘハ此度ノ錫モ當時天下直段甚シク引上リ品少キ折柄且ハ海防御用米御免ニモ不相成旁賄賂臭ク受候モ如何故早速斷申候處何共恐入候左候ハヽ任仰相止可申全ク近頃領分ヨリ多出献上モ致候處右献殘ニ付指上候事ニ候又御用ノ節ハイツ成共被　仰越候樣云々申聞ヨシ南無阿彌ヨリ申出候ニ付如本文申遣ス

○

別啓

別啓仕候亞奴之義未タ不殘退帆不仕候ヨシ世評ニ者下田ハ地所拜借被
仰付候哉ニ專ラ申候乍恐余リ寛過候御所置如何之事カト恐入奉存候乍
然過去之義者致カタモ無御座候得共以來之御所置誠ニ一大事之御場合
彌武備嚴重之命令急度不被　仰出候而者益人氣衰弊之基乍恐　御國威
モ是迄ト奉歎息候何卒
御英斷之御所置偏ニ奉希候市ケ谷モ御參府之義此機會ニ失ヒ候而者猶
更以ノ外ト奉存候間宜敷
御明斷之程乍恐奉願上候
一琉球之義以安道申上候義　當公ハ相願候處御承知ニ相成難有奉存候兩
三日中ニ安道ヨリ細事可申上候尤家老方帳面之儘入御覽候間御覽濟ニ
者御下ケ奉願候十ケ年程之事ユヘ一同ニ者不差上四五度ニ差上候樣可
仕候左候而　思召モ相願度御不審之義者何ケ度モ御尋被下候樣奉希候
尤閣老ハモ不申達分迄モ無殘差出候間宜敷　御含奉願上候

一御目通之義モ近日中運阿彌迄相願候樣可仕候間何卒御序之節寛々御目通奉願上度此段御內々奉申上候猶委細安道ヨリ可申上候
一六挺砲漸々出來候間乍不出來進上仕候是ハ四五年跡中山ゟゼルマニヤ船渡來之節薪水等遣候返禮ニ國王ゟ贈物之內ニ御座候而中山王ヨリ內々到來仕候筒之寫ニ御座候
一其外申上度義モ御座候得共御目通之節万事申上度奉存候以上
三月十九日

○

上　薩摩守

過日者尊書難有奉拜見候日々不同之季候御座候處益御機嫌能被遊御座恐悅至悅奉存候然者竹下清右衛門之儀細々被　仰下難有奉存候兼而申上候通反射爐之事極不案內ニ候間御役ニ立候儀無覺束乍然十分ニ被召仕候樣奉希候此間能都合御座候間肥前家來刀武ゟ清右衛門遣シ初而面

會爲仕書外仕覺之儀一通リ相尋以後不審之處文通ニ而辨別仕候樣申談
爲仕候間此段モ申上置候火度之工合第一之趣ニ御座候
一御別紙以安道云々之義者御一條之事ニ而段々厚キ
思召ニ而　御取扱被下候右之義御沙汰相伺難有奉存候海岸等之事ハ何
モ不申上候右之通ニ御座候間尙又可然　御含被下置候樣奉願上候
一琉球書面之儀云々拜承仕難有奉存候辰年之書面ハ何時ニ而モ宜敷候得
共當今之分者御用濟相成候ハヽ早目ニ御下ケ奉願度候辰之口ヨリ近日
琉地之儀色々相談有之ヨシニ承候間其節殊ニ寄持參可仕爲ニ御坐候辰
ヨリ相談之儀モ相知候ハヽ御內々可奉申上候
一晦日ニ辰對面ハ斷ニ而四日ニ對面仕候大砲船之義相談仕候外ニバッテ
イラ三艘當御地ゟ取寄度趣等之用向ニ而御座候只今半方成就之琉砲船
ヲ御免ニモ相成候間　日本軍船ニ取立度トノ事申談左候得者當年中ニ
者當御地ゟモ廻船可仕トノ事申談置伺書差出候事ニ御座候琉砲船ハ跡

ニ相廻シ候考之趣モ申上候其節少々炎上之話ニ相成候處御大鼓ニ相成候ニ付立ナカラ近々琉球之一條色々相談有之候間退出後寛々罷越候樣ニトノ事ニ御座候夫故心底モ未タ不申述候夕刻逢ニ候ヘ者寛々對話相調候間其節万事及示談候樣可仕ト奉存候

一御登　城モ先ツ相止ミ候ヨシ御安心之段拜承仕候乍然此後頓ト見當無之當惑至極奉存候每々遠州等打寄歎息仕候事ニ御座候阿牧モ先當時之處ニ而者引候心底モ無之樣子ニ内々承知仕候乍去此光景ニ而者三五年中ニ御全備之御手當無覺束儀ト恐入奉存候近々御臺場上覽御座候由先々難有事ニ御座候何卒人氣振興之御處置有御座度奉存上候

先者御請迄申上度早々如斯ニ御座候恐惶謹言

五月十二日（安政元年）

猶々時氣折角被遊　御厭候樣奉存候以上

三白乍恐掛モノニ御賛之儀奉願上度委細運阿彌迄申上候事ニ御座候以
上

○

返翰扣（嘉永寅之）

去月之朶雲其節披誦イタシ候事濟候儀故御卽答モ不申候ヘ共過日ハ琉球一條留記之内當春之分ワザ〳〵爲御寫御廻シニ相成御厚意不淺忝存候將又琉球一條阿閣ヨリ內意之事ニ付御心配之事幷御賢息之御事段々承知御心事察入申候琉ノ事ハイヅレ阿ヨリ能承リ不申內ハ難及御挨拶候賢息之事御近緣等ニモ候ハヽ時々面晤乍不及御力ニモ可相成候ヘ共足下ニサヘ面晤遠慮イタシ候譯故不及力候ヘ共及候丈之儀ハ何分相含ミ可申候蒸暑御厭御自愛專一ニ祈候也

夏六念三　　　　水隱士

薩州殿

御報

諸葛之愚贊實ニ責ヲ塞キ候迄ニ候御一笑候孔明ノ贊歟楠ノ贊歟ト疑ヒ可有之呵々

○

上　　薩摩守

御請

尊書難有奉拜見候益御機嫌能被遊御座恐悅奉存候然者時候爲御尋見事之御肴拜領被
仰付難有奉存候右御禮奉申上度如斯御座候恐惶頓首

四月十二日(安政元年)

猶々乍恐時氣被遊御自愛候樣奉存候且此煙豚幷ニ鹽豚致進上候宜敷御披露奉希候以上

○

（安政元甲寅年四月廿七日）

表

書
添

裏

〆

下ケ札

嘉永寅之本書ハ砲丸等ノ事有之故

福地ノ方ヘ丸ヘ越遣ス

書添奉申上候此間以安道御内々琉球一條申上候處
御懇之御返答相伺難有奉存候御覽濟迄追々引替差上候・（樣脱カ）可仕候且又以同
人　御緣邊一條之義モ申上候處是又御承知之旨委細同人ヨリ相伺重疊
難有奉存候願通相調候得者領國中琉球迄之人氣格別ニ相成殊ニ浮說之
憂モ少ク十分ニ手當モ出來御奉公心置ナク相勤度心願ニ御坐候間猶又
宜敷　御勘考奉願上候御禮旁此段奉申上候

一下田モ余リ自由相働候ヨシニ而鵜殿ハシメモ罷越候ヨシ急度規定相立
候樣致度事ト奉存候

一越前守御差止メ之義不相調發足之儀甚タ殘念至極ニ奉存候

一老若御料理御斷燒飯ニ相成候由御臺所人恨居候由承リ候成程尤之義ニ
者御坐候得共左樣之小事計リ之評議ニ而者中々以天下之人氣振興ハ無
覺束實ニ歎息之義ト奉存候

一家來竹下清右衛門之事今日表向樣子申上候此上　思召次第差出候樣可

仕候段々當人ゟモ承候處鑄鉄之義實ニ不案内之モノニ御坐候間其　思召ニ奉願候且又肥前家來之名前

力武彌右衛門

右之モノ最初ヨリ反射爐ゟ相掛リ今日差上候玉モ此間爲見候處火度至極宜敷ト申聞候此モノニ御座候へ者急度御用立可申ト奉存候當秋迄者在府仕候樣子殊ニ寄候へ者春迄モ在府可仕哉未タ治定不致段承申候

一肥前守ゟ御懇之義難有奉存候先ツ私ヨリ内々所存承ニ遣候樣ニ可仕候

先者要用申上度如斯ニ御坐候頓首

四月廿七日

猶々琉大砲船モ當月三日半方出來候而船浮へ申候是ヨリ上之方仕立ニ取掛候段申遣候一体右船相願候者日本船ニ而願達不仕ユへ相願候處此節之樣子ニ而者一艘ニ而モ日本船早ク取立度存候間帆前化粧之處計リニ而日本船伺濟通ニ相成候間近日辰之口ゟ承リ候而日本船之方ニ仕度

ト奉存候此段モ申上置候右通ニ相成候へ者來春迄ニ者江戸海に取寄候
儀モ可相叶哉ト奉存候猶追々樣子可申上候以上

○

別紙
猶又相伺候先比申上候
御所向御手厚ニトノ事辰之口機嫌見計程ヨク申聞候而者如何可有之哉
夫トモ無益ト
思召候ハヽ差扣可申晦日比ニ可罷越ト奉存候間極内々
尊慮奉伺候以上
猶々以來海防之義申出可然ャ是又　御內慮奉伺候以上
廿七日

○

別啓

京地
炎上誠ニ驚入奉言語絶候私方ニモ　近衛殿ハシメ御類焼モ無之候先安心ニ者御坐候得共誠ニ以恐入候次第ニ奉存候
一昨日異船沙汰有之處亞船之內下田出帆之船之ヨシ只今承リ候乍然其內ニ者魯船渡來可仕ト奉存候先者御請奉申上候頓首

四月十二日

○

御本文御別紙共披閲先以無御障大賀鑄鉄丸幷火帽御投恵每度御厚意感謝々々御書中縷々御申越之趣逐一謹承致候事濟候儀ハ文略イタシ候
一御所云々ノ義拙老モ心付有之炎上ト承リ候ト直樣內々　京地ノ方探索イタシ置候ゑ（マヽ）も有之候小田原濱松ノ時代ヨリ今ニ至リ候迄建白致候義モ色々有之候尚此度モ又建白致候事ニ候
貴兄御建白可被成哉否之趣右ハ外之儀ト違御造營早速取懸リ以前ヨリ

ヨロシクハ出來候共御箍末ニ出來候而ハ決而不相濟ト老中始申居候ヨシニ承候御承知之通リ京師ノ事容易ニ建白イタシ候ヘハ嫌疑有之候所御建白ノ被成方ニテ嫌疑モ有之間敷早ク申サバ京師ヲ御手厚ニ被遊候ガ却而幕府ノ爲ト申所ヲ專ラニ御論シノ方歟海防等之事モ老中ヲ向フニ不被成御爲之廉ヲ以誠實ニ御論之方可然歟シカシ御尤至極トハ可申候ヘ共事業御施シ候否哉ハ御請合申兼候急キ御答迄草々也

四月念八當賀　水隱士

薩州殿
御報

○

扣

不順之時氣愈御健勝雀躍イタシ候扨去月中芳翰御惠投之處其節ハ晦日閣老ヘ御逢云々之事當用故其事ノミ草々及御答候處追而考候ヘハ竹下清ノ事同朋ヲ以度々御懸合申候ノミナラス御書中委細ニ御申聞之儀ヲ

更ニ御挨拶不申段等閑御海恕ニイタシ度竹下ニテハ御不安心御謙退ハ御尤ニ候ヘ共元來竹下ノ食客ニ南部ノ者有之此者元取（マヽ）故聊不及御心配候肥前家來之儀御心添忝存候先ッ試候而仕損候ハヽ肥前ヘ頼候方ト致（存カ）候竹下ハ十三日發足水戸ヘ參候樣爲御申付ニ致度此段草々也

五月八日　　水隱士

薩州殿

二白琉球ノ御記錄トクニ返璧可致之處少々ハ付札ニテモイタシ候而ト存シ大ニ延引之內湯川ヨリ家來迄御サイソク御尤ニ存候今以日々執筆モノ多ク候ヘ共四五日中少々モ付札御返シ可申候不盡

書翰集卷之十七

○

先月廿八日之芳翰昨五日相達辱拜讀仕候向寒之候貴體御平和奉恐賀候
愚拙ニも先月十二日弊邑發足海陸無恙去ル三日著　京仕候乍憚御安慮
可被下候然は貴君御登　京之御旨趣巨細被仰聞致承知候容堂兄ニは
中川宮より暫時御猶豫之　御内命御坐候由何等之御子細候哉難辨御坐
候然處此節愚拙兵庫著船之候家臣高崎猪太郎
宮之御内命ヲ受致下向居土州且貴藩ヘも致渡海御両兄御上　京御催促
申上候段申出候ニ付拙子ニも其趣御勸申上候由申含出帆仕候ニ付多分
御両兄ヘ拜謁細事申上候筈と奉存候就而は此上別ニ
宮之御内慮奉伺ニ不及と奉存候間何卒一日も早く御登　京候樣奉存候
拙子ニも途中より少々風邪ニ被侵未何方ヘも參殿不仕候間

朝議等之處委細伺得不申候一躰之形勢ニ於は自猪太郎ゟ申上候筈と文略仕候先は著際大繁雜中以乱毫貴報如此御坐候恐々謹言
孟冬初六
二伸時季御保護專一奉存候乍恐
朝廷正議被爲立兼候御模様候間御両兄早々御登　京之上は御互ニ周旋仕度奉存候間是非速ニ御登　京之義再三奉渴望候書餘は奉期拜眉候頓首
豫州賢兄　　　三郎拜
貴答

○

春暖聊相催候處先以彌御清安可被成御坐奉大賀候然は今日は
大樹公御參　内御都合能被爲濟候御事と恐悦御儀奉存候扠昨日御相談之二條御集會愈明日相整候哉刻限はいつ比ゟよろしく御坐候哉御伺申

上候尤明日惣出仕有之趣も承申候得共貴君ニは定而表通之義ニは御出
無之筈と奉存候乍併爲念此段得貴意候頓首

孟春廿一

再白僕ニも供奉相願置候得共夜前ゟ腰脚痛彌甚ク迚も相勤リ候丈ニ
無御坐乍殘念御斷申上候定而貴君ニは御供奉之筈御苦勞千万奉存候
禁中之御都合何分奉承知度奉希候以上

弄鏃賢兄　　三島拜

要用

○

舊臘十七日之芳墨本月朔相達拜讀仕候追日暖和之候愈御安泰奉大壽候
爾后契濶之御論解御同意奉拜承候
○京攝初冬云々實以一大變動慨嘆之至不盡筆頭儀ニ御坐候貴兄御心事
も同然と遠察仕候故文略仕候

〇條約も相濟云々議論一定と申處如何可有之哉强盛獨立之御國威更張之御注目は御尤奉存候

〇先般吉井尊藩に推參仕候一條跡達而承り御高論御尤之至殊ニ御丁寧被成下候由御厚意奉感謝候併餘計之推參と申聞置申候近日頗暴論云々實地左樣之義ニは無之由候へ共傳聞ニ於ては過激とも可申義無にしもあらす於僕ハ御賢察通持金ヲ主とし候は從來之本意ニ御坐候尤腰痛は近來頻ニ發動半百之所令然と了解仕候

貴兄之御堅剛は實以奉欽羨候先は貴答迄例之麁毫ヲ以如此御坐候御海容奉希候恐々頓首

仲春初九　　大　簡

弄　鎌　賢　兄

貴答

二仲御端書忝奉拜承候修理へも

御鶴聲御禮申上候以上

○

貴翰拜讀仕候如來諭適宜之候彌御清安奉大賀候扨幕政參謀御免願之義は先日帶刀を以一橋ゟ申込候處尚又評議可有之との事其後何之返答も無之候　貴君ニは御登　城ニ而御願之處矢張是迄通との由僕ニは右次第故願達歟と存候得共未安心難致御坐候

一一橋素願通被　仰出候由且守護も兩人ニ相成併大藏ニは容易ニ難被出義は當然之事御坐候人心ヲ屈縮云々實ニ至當之御論御坐候右樣京地御警衛段々被　命候ニ付而は餘計之者滯京眞ニ無益と申者ニ御坐候間彌御暇申上候含ニ御坐候未日限等相極メ候事ニは無御坐候

一介石一條尚明日も誰そ差出候而委細可申上候

一御端書有馬京著云々未何之形勢も承り不申候

右御答迄如此御坐候頓首

暮春念六

尙々早速御答可申上之處少々內用取込遲延罷成候每度乱筆御推讀

奉願候以上

對　翠　明　公　　　　　　　　　　　　　　双　松拜

貴報

○

芳墨忝拜讀仕候如來命釀雪之天氣御坐候處彌御堅剛奉恐賀候扨昨日は

御來臨辱奉存候催之義有之候節ニ而御鬱散相成候由辱拜誦仕候併不亭

主振失敬之事共有之候半と恐縮罷在候殊ニ不料

官家之御方々御光臨被下別而難有次第奉存候偏ニ　貴兄之御取成ニ而

御入輿ニ被爲至感謝不少奉存候此方より御禮可申上之處御狀御投與旁

辱奉存候先は右御禮迄乱筆ヲ以奉謝候頓首

十一月十九日

御端書奉承知候實ニ未曾有之御集會
御一和之御吉兆御互ニ奉恐悦候呉々も
貴兄御周旋被下御都合宜於小生別而辱深重御禮申上候尚近日拜顏萬
々可申謝候以上
豫州賢兄　三郎
貴答

○

清和之候愈御清安奉恐賀候然は昨夕は
御來臨之處例之不亭主振嘸御退屈と奉存候殊ニ醉談種々申述至今朝汗
顏之次第ニ御坐候其砌御約束之画贊漸々出來拙惡之愚詠何共赤面之至
ニ御坐候得共御笑種之爲進呈仕候先は右申上度如此御坐候頓首
首夏初三
例文省略御宥恕奉願候以上

對翠明公　　　　　　　　　　　　　双松拜

玉机下

○

芳墨拜讀仕候如貴命昨夕は御緩話大快愉御同慶奉存候併夜半より少々御所勞ニ而

山階宮御從騎御斷之由御保養專一奉存候扨小銃短銃等之義細々被　仰聞致承知候猶能々相糺明日も細事可申上候先は右御答迄如此御坐候頓首

四月初三

二伸御端書之趣も委細致承知候以上

對翠賢兄　貴報　　　　　　　　　　　双松

○

拜讀仕候愈御安全奉賀候夜前は病夫參殿之處差たる盡力も無之處御褒

言承知汗顔之仕合奉存候失敬之擧動も不少後悔至極ニ御坐候容堂云々委細致承知候賢慮は如何不奉存候得共於愚意は方今一藩ニ而も歸國いたし候而は一統之人心ニ關係不容易義歟と奉存候可成は貴君御引止メ之御策略は無之候哉懸念至極御坐候一藏猪太郎之内は委細承知致候早速差出可申候謹言

中春初九

弄　鎌　明　公　　　　　　双　松拜

○

御密用御答

五月既望之芳墨先月中旬相達拜讀仕候先以秋暑之候

御闔門御揃愈御堅剛可被成御坐奉恐賀候陳は縷々之御高諭逐一御同意奉拜聽候卽今防長兵端相開候由貴藩御出軍如何と奉遙察候此末之處定而佛夷之援助歟長大息々々々扨新助始歸國達賢聽五代青木之間可差上

旨委細致承知候不外義應貴意候事本懷之至御坐候得共當節柄種々用向多忙〻〻而此涯之處偏ニ御猶豫奉願候今少時月ヲ經候ハヽ御懸取次第早速差上候樣可仕候此旨不惡御聞濟被下度九拜奉懇願候先は貴答如此御坐候頓首

孟秋初五　大　簡拜

弄鎌賢明公閣下

御例文忝奉拜聽候貴答速ニ可差上之處國事多務之至英艦城下港ゟ渡來應接旁別而繁雜夫故存外遲延相成偏ニ御宥推奉希候貴藩ゟも罷渡候由承候如何之御事歟と奉遠察候頓首

○

春寒之砌御坐候處彌御清安奉大賀候扨粗致承知候得は少々御所勞之由何樣之御容躰ニ御坐候哉不揃之時季折角御大事ニ御保養被成度末萬事半途ニも不至候得は長々御引入共御坐候へは以之外之義と深御案申上

候隨而此品麁薄之至御坐候得共御尋申上候驗迄ニ進呈仕候先は右旁如此御坐候謹言

臘晦　三島

弄鏃明公
侍史

尙々折角御自愛之樣奉存候以上

○

芳墨辱拜讀仕候如來諭寒力栗烈之候彌御安泰奉恐賀候扨明朝五半過比御來臨故障無御座候間御受申上候處風浪烈ク川口ニ碇泊之由依而帶刀ニも天保山ニ出張相待候旨只今申來候いつれ両日中歸京可仕と相考申候先は貴報迄乱書如此御坐候以上

十一月十七日　三郎

伊豫守樣貴答

二白如來命

○

季夏十日之芳墨相達辱拜讀仕候追日秋冷相催候處愈御壯榮可被成御坐奉恐喜候實ニ御互ニ御無音打過不本意之至ニ御坐候貴國ニも多雨之由弊邑ニも同〻（マヽ）御坐候扠　大樹公當時御滯坂中防長御處（置脱カ）・如何と乍餘計奉案勞候結局賢兄之御見留如何ニ候哉愚昧管見之所不及ニ御坐候賢兄ニも例之幕疑故御傍觀却而御休暇之由御心事奉恐察候併於幕疑は僕之半ニも至リ申間敷と奉存候僕ニも例之痛所之上炎熱ニ被犯臥牀勝ニ而世務ニ疎情相成殘念之至ニ御坐候先は貴答迄乱毫如此御坐候偏ニ御海容奉希候頓首

孟秋念八　大　簡拜

弄　鐵　賢　兄　貴答

二白御端書辱奉承知候蒸艦傳習云々別紙亦書委細奉承知候以上

三白愚名之簡は姦之御一笑所希ニ候也

○

華墨拜讀仕候如來命昨夕は緩々拜顏御高論拜聽雀躍之至奉存候扨自春岳兄別紙之通申來候由御同意奉存候猪太郎差遣可申候細事ハ後刻同人より可申上候御請迄早々頓首

孟春第三

二白別紙二通返上仕候以上

南洲賢兄　　双松拜

貴酬

○

昨日伊豫守樣ゟ三郎樣ヘ被仰進候云々之事件有之早速私容堂樣ヘ御使者相勤是迄之手續旁參預之一條且勸修寺宮御歸俗一件等細縷言上仕候處何も逐一御同論ニ而如何ニも御尤之御處置ニ被　思召候段御沙汰

拜承右ニ付容公參預之員ニ被爲加候義御病氣中迚も御堪兼被遊候付御
斷被仰上との事ニ付此義は絕而御差扣被遊候樣奉願置候隨分御許容被
遊候尤　御樣子奉伺候處中々此涯御參　內之義思もよらん勢且は甚御
無理之樣奉窺候近々賢侯方御打揃御參殿ニ而御說得遊ハし候ハヽ御動
搖之期も可有御坐此義は悠遠悠久之御心得可然御事と奉存候其他何も
御異論と申程之事モ無之誠ニ不堪雀躍之至右之事情故歸掛昇殿言上之
含候處昨宵子刻過罷歸不能其義今朝も彼是紛擾昇殿仕兼候間何卒右之
趣宜敷御披露被成下度偏ニ奉仰候將亦長州暴發之御屆書献呈仕候樣三
郎樣ゟ被仰聞別紙差上候付是以御披露御願中上候いつれ縷々之事情は
明朝も參殿御直ニ言上可仕其內大略之事情如是御坐候何卒右之趣は
春岳樣にも
伊豫守樣ゟ御噺合被遊下候樣之義御願被下度奉願何も混淆中乱毫眞平
御海量可被下候恐々不盡所思候頓首百拜

高崎猪太郎

友　愛（花押）

子正月念四

伊達伊豫守樣

御近習中樣

○

昨日は於橋舘緩々得拜顏且高話をも相伺大慶之至奉存候爾來愈御清泰奉壽候陳は容堂兄より別紙之通り申越歸後披見仕候處楮上ニ而ハ朝廷參豫之儀不日上疏して御斷り申上候樣子實は以之外之事にて只今容堂兄萬一御斷り候而ハ此急速累卵之危殆ニ辭避候而は不相濟と相考申候容子如斯思ひ立チ候所ゟ我輩にて論辨いたし候而ハ却而風聞を生し暴發して歸國之念を發し可申も難計杞憂不過之候依之僕相考候處ハ高崎猪太郎今日ニも土州へ罷越何とナク容堂へ參豫之事伺ひ候ハヽ必不日辭表之吐露可有之其節盡條理申陳し只今辭表抔有之候而ハ不相濟

譯子細ニ說得有之候樣致度候此義上策と奉存候
兩兄賢考之上容兄をして參豫を受ケ候樣御心配可被下候迚も
兩兄又ハ小生抔ゟ吐露ニ而は不行届と存候此段申上度區々之意衷御亮
察所希ニ候一刻も早き方可宜候右之用事艸々頓首
春王第三日　　吹蘭眞逸
呈
臨萍雅契
双松雅契
玉几下

書翰集卷之十八

○

十五日夜中八ッ半時頃私事被爲召　御病床へ罷出候處御待被遊居候
トノ
御沙汰ニテ御口ノ涯へ私耳ヲヒタト御引寄被遊候テ此節ノ御不快迚
モ御全快不被遊ト　思召候依之明日左衛門駿河竪山武兵衛三人被爲
召
御直ニ御遺言被遊候　思召ニハ候得共壯右衛門ヨリ三人へ急度申聞
候樣ニトノ
御沙汰ニテ左ノ通奉承知候
一哲丸樣御幼少ニ付御跡ハ周防殿又次郎殿ノ間
宰相樣へ奉伺候テ御取究申上候樣尤瞬姬樣へ御聟養子ニ被遊　哲丸樣

御順養子ニ被遊度思召候事
一御石塔ハ福昌寺南林寺へモ小サ成御石塔建候樣
一御用櫃へ氷劒小判金千両壹歩金千金御入付候樣
一御内用諸御書附類江戸御國元大奥表等へ御格護被遊置候樣壯右衛幸衛
両人ニテ都テ見分ケ大抵成御書付ハ御燒捨ニ致可申候事
一御道具ノ内差立タル御品
御城に差上候樣尤御國許ニモ有之候得共江戸ニ多分被召置候間一人早
々江戸へ差越見分ケ候樣
一知鏡院へモ宜敷御道具ノ内差上候樣
一於壽滿事方ノ字早々被下度左候テ千両被下候テ
哲丸樣御部屋へ被召置追々御部屋樣ト迄御引上被遊度事
一於ユキ於タカ両人ハ三百両ツヽ被下御暇被下候事
一万年丸ハ是非御成就ニ致候樣

一集成舘モ頓著ハ有マヒ十郎モ混雜
一先日京都ヨリ申參候次第ニテハ兎角大變丁度ヨヒハ人モヲシムデアラ
フ
右ノ通御平日ニ御替リナク御慥ニ　御沙汰奉伺候其後周防殿御上リ
何歟　御一口御密々　御沙汰被遊候御樣子ニ候右跡ニテ又々私ヱ
一宜敷時計ハ江戸ヘ舟時計ハ伊達ニ遣ハセ
一琉球人ノ事ハ
宰相樣ヘ伺候テヨロシキ樣ニ
一ミミミミ忠孝ニ有ルト思ヘトミミミミ此　御沙汰ノ節ハ何分別シ
テ御幽カニテ初末伺取レ不申奉恐入候只々御受ハ申上置候事
一右ノ通ニ御座候間爲念相認申上置候以上
右ハ七月十六日曉
御勝不遊段申來早々罷出候處最早極々

御大切ノ御様躰被爲成恐入罷在候處左衛門殿并拙者武兵衛三人御次ノ
間へ罷出候様山田壯右衛門ヨリ相達本文ノ趣イマタ
御事切レ不被爲成内ニ御傳達イタシ候間急度承知仕候様被申達誠ニ以
恐入承知仕候左候處無程
御事切レ被爲成奉絶言語候
但夜中壯右衛門ヘ
御沙汰被爲在候節格別御用筋ニ付御次ニテ早速頭書被致置候處追
々
御大切ニ被爲成候付早々右ノ頭書ヲ以被相達置本文ハ十六日書認
替三人共同案ニテ被相渡候事
安政五年午七月十六日
久仰謹誌
○

或人日誌中（日記破損シ何人ナルヲ詳ニセス）

一嘉永四年亥八月十一日組中窮士之面々へ別段之以思召一戸ニ付三盃入壹俵ツヽ御救米被成下候右ニ付其后御角ノ藏下芝原へ神前へ供物之如ク御賽錢之紙包爲有之由

一同五年八月三日眞米三盃入壹俵宛右ハ當時米穀拂底ニテ兼テ極難澁者共猶更當日之取縮モ出來兼候由相聞得候ニ付別段之御取計ヲ以爲御救右之通被成下候條難有奉承知候樣可被申渡旨御小姓組番頭へ可申渡旨豐後殿ヨリ被仰達

一同月廿四日勸農風俗衣服軍役等之事件御書取ヲ以來年御下國之節ハ屹ト其詮相立候樣被仰出（前日廿三日御參觀トシテ御發駕ナリ）
右本日御小姓組番頭宅ニテ小與頭被召出小與中人別宅へ呼出申渡候樣被達候事

一嘉永六年丑正月廿日

太守樣御事舊臘十六日御城へ被爲召從四位上中將ニ御任官被爲蒙仰候旨昨廿八日御到來今日一統出席ニテ御祝儀有之
一同年六月廿二日御下國御暇ニテ御著城然處去ル三日亞米利加之軍艦四艘浦賀へ渡來之旨申來御著城直ニ御小姓組番頭御用人勤島津隼人江戸へ被著出翌廿三日若年寄島津右門同廿五日四本次郎左衛門初三拾人余與力三人足輕廿八人出立被仰付候
一同十二月比日無故酒食取ハヤシ勝負事ニ取企酒量ヲ忘レ候者之由右者去ル申年宰相樣分テ被仰出置候處近頃ニ至リ緩セ成立候由別テ不可然事ニ付屹ト相守候樣被仰出
一同月廿八日組中窮士之面々へ歲末尙又行廻リ可爲難儀被思召上候テ一戸へ金一両ツヽ被成下候左候テ御直ニ被成下事候間御禮廻リナトヽ云フ儀ニ不及旨御達

一嘉永五年子三月廿八日老人御祝被下八拾歳以上諸士男ハ大平布女金百疋御役人以上ハ紗綾且極士ヘモ御救被成下
一同年四月八日奥表出入一件間鉄砲賄勝負幷衣服追々花美ニ成立候ニ付麁服可相用御筆ヲ以テ被仰出
一同五月三日御城下方限々々郷中都テ平日之作法調書候様左候テ掟書等モ有之候ハヽ同様可被差出尤郷中作法ニ依テハ他方限ヘ秘密之事モ有之由右類之封緘之上可差出被仰渡
一同六月廿五日今日ハ於外御庭表方勤之面々被召出御直ニ御指揮ニテ砲術稽古被仰付御側向勤之面々ハ先月末ヨリ同断式日被召立稽古被仰付
一同七月廿七日御小姓組番頭當番詰衆之面々礒御茶屋ヘ被召呼砲術調練被仰付相濟候上御庭拜見被仰付
一同十月十九日組中窮士別段之以思召御救トシテ一家部ヘ金一両家族ハ一人ヘ應人數金貳朱ツヽ被成下

一同十一月十二日ヨリ櫻島御差立肝付表ヨリ根占日州眞幸御巡見十二月廿五日蒲生御立ニテ御歸殿

㈠

安政五年七月

三條實萬公ヨリ齊彬公ヘ送ラレシ御下書ノ寫

殘暑之節愈御安清欣慰之至ニ存候貴國暑氣如何御坐候哉當地今年ハ土用中ニモ雨勝ニテ暑威ハ薄ク凌能至此頃同樣之事ニ候誠ニ先達テハ御深情ニ御書狀被下候テ大慶之至忝存候昨年不圖於陽明御家得拜謁千万大幸ニ存候其後ハ疎濶ニ打過御無音申入候所預芳諭本懷之至ニ存候旁以早速御答且御見舞モ申入度存念ニ候處彼是延滯相成無申狀候別書荒涼乱書失敬之段偏ニ御宥恕希入候殘暑折角御自愛專要ニ存候萬々期後信申候不盡

七月六日

實萬

薩摩守殿

扠外夷之儀此頃之模樣ニテハ如何之次第ニ相成可申候哉何分天下安全所祈ニ御坐候當春以來誠ニ一同痛心候事ニ候　當地之義ニモ種々御聞及モ御坐候半ト存候人々之義彼是ト世上評説致候尤暴論書生論ナト可採用事ニ無之候得共浮説共申唱候下官儀等モ其類ナトニ御聞取ニテハ甚困苦候決テ左樣ニハ無之唯々　公武御合体國家ヲ不被誤候所冀ニ有之御照察被下度候左府公トモ毎々御互ニ其邊ノ事共申居候事ニ御坐候將又閣老一二御役御免復役等有之旨傳承候委細之儀ハ一向難分何角ト關東ニモ御混雜ト察入候萬々期後便候以上

○

別紙

御別書忝拜讀候右ハ天下之御爲御書取被仰聞之趣段々御精忠之義試以

感佩仕候先達テ夷人申立之儀如御示諭當地へモ被仰上ニ相成下官共へ
モ御沙汰有之致承知候實ニ
皇國之御大事ト御同前ニ痛心候義ニ御坐候於　朝廷深被惱
叡慮誠以恐入候關東ニハ不一方御配慮之御事ト存候列國御方々御苦慮
之程實ニ察入申候國家之藩屏夫々要害御手當御坐候趣ニ承候得共於貴
國ハ殊更ニ御嚴整之趣不誰知者無之被安
宸襟候御事ト存候右一條ニ付關東へ御建白舊冬御差出シ御案文爲見被
下致感悅候段々御精誠之至不堪欣躍候且先達テ御内話モ御坐候關東之
御樣子閣老衆交代之度每御處置振變化候義ニ付テハ厚御配慮有之西城
へ賢明之御養君被仰出候義當時之急務ト御勘考之由其段御申立御座候
趣其儀ハ兼テ御同意ノ御方御申合御心配被成候旨先達來追々御申立之
趣實々以御尤至極之御事ト致承知候關東之御模樣ハ難察候得共右一條
ハ實ニ國家之御大事ニ有之於當地モ深心配仕候此義内敕被仰出候樣御

懇忠之御内志誠以感心之事ニ候尤右ハ左府公ヘモ御申入有之候由宜敷勘考候樣御密示之趣委細御尤ニ致承知候其以來左府公段々御心配下官ニモ乍不及精々勘考左府公御内談申入候事ニテ致周旋居候處彼是都合モ有之漸堀田歸府之前御内沙汰ニテ急務多端之御時節御政務御扶助之爲御養君被仰出候樣被仰含候事ニ御坐候委細ハ先達以來左府公ヨリ御申入之御事ト存候間別段ニ巨細ハ不申入候然ル處當節關東之御模樣傳聞候ニハ紀州ニ御内定ト申趣實事ニ御坐候ハ如何之御都合哉幼年之方ニテハ當節御差急之詮モ無之折角御心配御同志之方御見込モ致相違候事ト甚不堪痛難（歎カ）義ト存候彼是御子細有之候事トハ存候乍併表面御人躰ハ御所表ヘハ未申來先比來モ左府公ニモ段々御心配下官共ニ勘考候得共何共六ケ敷次第ニ御坐候内實大老ヘモ申遣候義モ有之候得共何等之模樣モ難分候彼是嫌疑等有之候テ扠々當惑候事ニ候何分國家公武之御爲專一ト存候得共當今之形勢無術義ニ存候猶々貴官ニモ御配慮之御事

ト御察申入候關東格別之御間柄殊更御心配之段致遙察候誠ニ以御精忠爲天下御苦慮之程實ニ不堪欣感存候何卒此上御都合宜方ニ相成候ハ更ニ雀躍候事ト存候唯々天下之爲メ祈入申候御懇情之御內情千萬忝存候先達而以來得貴意度存候義共有之候得共左府公ヨリ御內々伺候事ニモ有之別段不勞御面働御無音ニ打過キ前條之御答ハ何レニ先頃可申入存居候彼此心外延引致候御含容可被下候先ハ御答旁如此御座候頓首

七月六日

西城之義土佐守ヨリモ先達來被申越御同意之事ト存候是モ深心配之趣定テ毎々御往來被申候義哉ト存候何分關東奧向御都合閣老之邊モ彼是有之歟御配慮之御事ト呉々御察申入候

○

八月

公弟久光七年祭ヲ營ム文ニ曰ク

照國大明神者故薩隅日三州太守兼領琉球國贈中納言從三位源齊彬
之靈也神克修德尊　王朝敬幕府忠貫日月迄比易簀憂世將　徵余久光
有所顧命故銜遺托文久二年趨京及東繼兄誠忠建白公武一和
皇國厚蒙　叡感幕府亦褒賞而十二月贈官如右寔特恩也因及嗣侯少將
茂久議請崇神建社越翌五月神祇管領卜部良義服其精忠荐授神宜特踰
例規陞右神號於是創社於城隣南泉門外命鑄一鏡刻概於陰崇神躰迎季
祭祀焉伏願神威明赫益輝島邦永鎮皇國封內寧謐子孫昌盛士勵文武民
各勤業莫歲不熟以至無窮元治甲子八月穀旦從四位上中將兼大隅守源
久光謹書

十一月二十二日
天皇爵ヲ頒チ從一位ヲ贈リ告テ曰ク
贈權中納言從三位源齊彬朝臣先朝多事ノ際ニ方リ身外任ニ在リト雖
モ心乃チ王室ニ存シ子弟ヲ督勵シ闔藩ヲ皷舞シ上書献忠策ヲ盡シ義

ヲ表シ終ニ厥謀ヲ貽シ後裔ニ垂レ以テ今日盛業ノ基ヲ開キ候段深ク
御追感被為遊候依之贈位宣下候旨被仰出候事

○

一筆拜呈仕候愈御安泰奉欣賀候然者其後色々取込不音申上恐入奉存候
京地ニモ存外用多大坂ニモ繁用ニテ一日ツヽ滯在延シ申候而今日出立
イタシ申候委細南部へ今度申遣候通只今ニテハ中々細事ニテハ取計六
ケ敷御坐候折角中山所置モ人數等渡シ度又清國掛合等モ追々手ヲ付度
御座候得共歸國候テモ十カ一モ六ケシキ樣ニ奉存候條南部手紙等御覽
ニテ御勘考可被下候御手傳トハヨキ機會ニ奉存候間人數其外細事南部
へ申遣候儀御相談可被下候イツレ筑へ面會ニテ又々可申上候得共貴所
樣御立後ニモ可相成候條ヨク〳〵南部へ御敎示可被下又辰等ニモヨク
〳〵御談置可被下候偖御手傳之儀存外ニ候得共シカシ御茶入其外無事
ニ取計候御代リト御尤ト奉存候早速手當モイタシ候筈何時テモ上納之

考ニ御坐候辰之口氣如何伺度奉存候イツレ筑面會國元之家老申談候上何事モ萬々可申上此等之儀辰等ニモ都合ヨロシキ樣ニ奉希候色々申上度事モ御座候得共取込之條南部ヘノ書面等御照シ合御讀可被下候將平等之儀モ委細南部モ申遣候條御聞可被下候先者要用旁奉申上候且又來參比合等之儀モ御勘考可被下候異人來年迄ニ罷歸候ハヽ何卒御賞之處同苗ヘモ奉願度兼申上置候其地之儀申上落候儀モ御坐候何事モ宜敷奉希候

一其御地之樣子何事モ御敎示可被下候肥前緣組内匠頭等之儀モ如何奉伺度奉存候以後尊書被下候ハヽ何卒筑迄被下候樣左候ヘハカヘツテ早ク相達シ申候此度モ南部ヘ賴申上候中山人數之儀モ是非渡候樣云々南部等ヨリ牧等之口氣ニテ不申參候而者行レ不申候夫ニ者少シクモ早ク平ノ分取除ケ不申候而者内實難取計樣子有之樣ニ存申候委細者國許ヨリ可申上候貴所樣ヘ國ヨリ差上候書狀モ筑ヘ賴申上候條左

樣思召可被下候先者艸々奉申上候恐惶謹言

卯月七日　　　　　　　　　　薩　摩　守

遠　江　守　樣

猶々時氣御自愛專一奉存候以上

書翰集卷之十九

御直披

両遠州公　修理大夫

愈御安康奉賀候扨ハ昨日辰ヨリ留守居呼出ニテ未タ國元往返ハ無之ヤ公邊御都合ノ處ハ當月中ニ本願差出相成候樣無御座候テハ御不都合ニモ御座候間兼テ御懇意ノ處ニテ内々申聞候趣段々丁寧ニ申參候テ今朝申聞候處左候ハヽ本願差出候手數可致申付其上京地ヨリモ今朝飛脚參候テ昇進ノ儀ハ宜敷候ヘ共其外ノ義ハ被仰遣兼候旨被仰遣左候テ隱居願差出候樣昇進ノ義ハ隱居後モ先例御坐候間昇進ノ方ハ以僧正被仰入候思召ノ旨申來且田村喜四郎事貞印ヘ參リ候上ニ御座候間先々都合宜敷明日屋シキ中ヘ内達用掛等申付明夕ヨリ近親相談ニ相成候筈ニテ

御座候辰ヘハ今夕留守居差出段々御信切ニ被仰下忝今明日中ニハ國元往返モ可有之候間早速本願差出候樣可仕若又往返無之候トモ近親相談ノ上當月中ニ本願差出候樣可仕尤對客日無之候ヘ共廿九日比差出候テモ可然哉ノ旨申遣候ヨシ今夕治定ニテ直ニ申遣候ヨシ仲ヨリ申間不取敢此段奉申上候御両所樣ヘ別ニ可申上筈候ヘ共取込ノ上今日能有之共儀不叶乍略義以一紙申上候御免可被下候鐵ヘモヨロシク御傳奉希候頓首

廿五日　修理大夫

両遠州公

○

仲春ハ辰ノ口應對留御通閲御返却希候

一委細ハ書取仕置候通ニテ周防ノ儀ニ付テハ追々御承知被下候通イロ々々六ケ敷次第候得ハ迚モ假養子抔相成候テハ不相成乍然近親トモ力ニ

ハ及ヒ不申不得止內々相願候ト申シ書付爲見候得ハ尤ノ御心配ト存候得トモ一躰實子有之候得ハ假養子被相願候筋ニハ無之却テ被願候テハ不宜ト存候得共書面ノ趣ハ早々內々取調可申萬一六ケ敷候ハヽ周防願出候トモ差戻シ可申ト存候何レ同人假養子相成候テハ始終面倒可相生ト存候間是非々々願ニハ不相成樣可致ト存候ト被申候間何卒々々書取ノ通因幡守例ノ通相成候樣被成下度旨申置候事

一此間留守居ヘ御沙汰被成下度ト希候兩條ノ儀ハ如何被成下候哉ト申候得ハ折角御暇早メト申儀ハ頭合ハワサト不申候得トモ留守居ヘ早メ御暇可被願ト申置候間追々可相達ト存候其餘ノ儀ハ留守居ヘ申聞候テモヨロシク候得共是迄近親ノ場ニテ內々取扱儀ニ候處此度留守ヘ申達候テハ大隅守聽受モ不宜ト存候間迷惑ニハ可有之候得共南部ヘ申聞大隅守ヘ委細申述ラレ其外致承知不苦面々ハ申聞候樣可相達ト存候旨被申候間段々御配慮被成下如何計カ難有可奉存候半ト相察私ニテモ難有奉

存候其内南部參リ直ニ大隅守ヘ申聞候得ハ重疊ニ候得共家來ヘ又ヅテニテハ折角被仰聞候テモ御賢考通ニハ闇〻兼可申哉トモ存候得共コレハ差越ノ儀ニテ定テ右樣モ被成下候ハヽ都合モ宜敷候半尙又趣ニヨリ候ハヽ可申上ト奉存候追々樣子可相分何卒思召ノ通御坐候樣仕度事ニ御坐候

一薩州ノ儀爲御見聞追々此頃見聞被遣候哉ト申候得ハ隨分此頃ハ出居申候旨被申候間何ソ如何ト被思召候事柄モ御坐候ハヽ何卒極密御教示被成下度尤薩摩守發足後ニ相成候ハヽ私迄御沙汰被成下度重疊奉願候旨申述候得ハ全体ハ御話可申儀ニハ無之候得共不外御儀ニ付何ソ不宜ト存候儀ハ極密申候半ト存候旨被申候間何卒々々左樣奉願度ト申置候事

〇

齊　彬拜

監山公閣下

貴答

尊書拜見忝奉存候愈御清福奉欣賀候然ハ御細書被成下忝委曲拜讀仕候先日ノ條々萬端承知ニ相成候由近親衆ノ處如何樣ニテモ宜敷御坐候全御配慮故無殘次第奉萬謝候此上ハ以後政事向且中山等ノ義御相談モ可申上候間尊慮ノ儀不殘御敎示奉希候明日留守居ニテ沙汰御坐候趣猶樣予可申上候明日沙汰ニ相成候テ直ニ手數ニ相成候テモ屋シキ中ヘ表向申達シ用掛リ申付候上近親相談御先手頼旁廿九日比ニ無之候テハ本願ノ手數ハ六ケシクト奉存候

一昨日無量ノ一條昨夜ハ嘉藤ヘ逢不申今日モ同苗方ヘ嘉藤出旁ニテ晝比對面仕候テ承候處京地ヨリ承知ノ分ハ是非可申入　內敕殿下ノ義ハ自分ニ承知不致事ユヘニ斷ノ旨且退隱見合ノ義モ別テ難申入事ユヘ斷ニ候旨申候ヨシ同苗ヘモ其通申聞候處夫モ尤ニ候カ此間京ヘ押返候返事且無量ヨリ辰ヘ申込候返事有之迄ハ先々手當見合候樣辰ニテモ両公ノ御沙汰云云當惑可致ヤモ難計申候由ユヘイツレ今一度辰返事且京返

事參不申候テハ本願ノ手數ニハハコヒ不申事ニ候ヘ共明日又々沙汰御坐候ハヽモハヤハコヒモ可致ト奉存候

一昨日モ申上候通一門出立ノ義相知候テモ屋シキ内達且用掛不申聞候事如何ニモ氣ノ毒千萬家來中ニ一人モ役人無之樣ニ聞得汗顔至極ニ奉存候故無余儀申上候處御配慮被成下明日サソヒニ相成候由誠ニ以テ難有奉存候明日ノ都合モ相分リ候ハヽ早々可申上候只今此方ヨリモ可申上ト手書認候處ニテ貴答旁奉申上候猶明夕萬々可申上候頓首

正月廿三日

○

一修理大夫代當年國元ヘノ御暇被下候順年ニ御座候處此度隱居豐後守ヘ家督被仰付候付豐後守ヘ御暇可被下置哉然處遠國ノ義來年參勤時節迄ハ問〔間カ〕合モ纔ノ儀ニ御座候間直ニ此表ニ罷在家督後　殿中勤向猶又見習申度奉存候右ハ表向伺可差上候哉此段奉待御內意候以上

七月十八日　　　　御名内

西郷八郎次

○

(一行朱書)
御暇ノ義願無之候得ハ當年ハ御暇不被下候間表向伺差出ニ不及候事

内中書書添　薩娘ノ事

無據譯ニテ一門ヘ遣候義ハ其頃初之丞様御養子ノ恐レ有之娘有之候テハ猶更トノ事ニテ極密ニ相成候事ニ御座候猶拜眉可申上候以上

一此節國元出生ノ女子一人江戸出生ノ女子一人妻養ノ御屆仕候右ハ國元ニ罷在候娘ハ先年始下向ノ節出生仕候處其節無據譯合有之一門娘ノ姿ニイタシ預ケ置一門方ニテ自分娘ノ弘メイタシ置候處此節少々内存ノ義モ有之候故表向弘メ致妻ノ養ノ御屆仕候當秋頃出府爲仕候筈ニ御座候是迄極祕ニイタシ御座候間人々實正疑惑モ可仕候得共實前文通ノ譯

ニテ一門娘ニイタシ置候事ニ御座候間極御内々申上置候萬一人尋候ハヽ御含ニテ御ハナシ奉願候名ハ篤ト申候江戸出生ノ娘ハ名暐（テル）右ノ通ニテ両人共同腹ニ御座候間御内々御ハナシ置申上候事

一極密ハ御存ノ通リ安藝娘ニ候得共云々故イツ方迄モ實ノ處ニ申候筈此節方々ニテ承リ候モノ御座候間此段申候間前文ノ趣ニテ御含奉願候以上

御一條未タ黑白不相分候得共吉ノ方七分位ノ樣子ニ相成申候御内々奉願候以上

○

改年御慶被仰下忝奉存候愈御清安奉賀候扠建白ノ儀外ニ存寄モ無之候得共儲君ノ義嚴敷致建白候此間又々御尋モ有之候儘何事モ此上致方無御座候間御變革御當然ニ候間後年御國體强大ニ相成候樣御吟味ノ上御所置專一ト存候段申上候此上商道ノ利益ヲ甘シ候テハ益武備如何ト恐

入候事ト奉存候此上ハ商法ノ利ヲ軍備ニ振向ケ候樣有之度事ト奉存候
此節ノ御所置次第ニテハ十分御國威相益可申時節カト奉存候肥前ノ譯
不存候得共財用等ノ譯ト相見得申候其秋ヨリ肥前弊國ト商法取結ヒ申
候極內々申上候直助モ最早罷出申候哉如何伺度奉存候種々取込要用貴
答早々申上候恐惶謹言

二月廿九日

薩摩守

遠江守樣

猶々御自愛專一奉存候扠智鏡院ヨリ別紙ノ通申越候余リ手强ニ申候
テモトテモ不被行事故程能方可然存候貴慮如何思召候ヤ小子ヨリ申
遣候テハ智鏡院ヨリモレ候ト存候時不宜御同意ニ候ハヽ宜敷御勘考
御所置奉希候堀田モ　上京ノヨシ京ヨリ何カ嚴令候ニ無相違ト被存
候大樹公余程御心配ノ御樣子ニ夢ヲ見申候何モ後便萬々可申上候以

上
宇和島賢公閣下　齊　彬拜
表封
伊　遠守江樣　松　薩摩守

○

別紙申上候通十分ノ御手當未被爲整候ニ付テハ假約條御結ノ外有間敷奉存候諸家ノ衆議御參考方々ノ形勢委曲　京都へ被仰上候テ何分ニモ御處置被爲在候樣奉存候　御國政御委任ノ御事ニハ御座候得共今般ノ儀ハ闔國人心ノ歸向ニモ相拘永世安全難被量深被惱　叡慮候段當然ノ御事何共恐入次第奉存候剩公武モツレ合候姿ニテ御座候得共萬一此上御不滿ノ御事モ被爲在候テハ人心ノ歸向難量候付萬端厚御評議有御座度奉存候人氣致動乱候テハ外寇ヨリモ可懼候時節ト乍恐奉存候且亦西城御養君ノ御儀此涯速ニ御治定被遊度申上候モ恐入候得共加樣ノ御時

節萬々一希望ノ御人体有間敷共不被申一大事ノ御儀ニ付一日モ早ク御評議被爲在度尤京師御警衛向其外　朝廷御尊崇ノ儀不被差置御評議被爲在候樣奉存候將又條約於御取結ハ萬事屹ト質素ノ風俗御變革武備嚴重ニ相成候樣被仰出度奉存候浮華ノ舊習ヲ一洗仕リ武備擴充ニ取計仕度心底ノ面々モ不少樣子ニ御坐候得共世上ノ風習ニ泥ミ又ハ無余儀差合ヲ憚リ居候族モ有之哉ニ奉存候充分ニ被行候樣　上ヨリ嚴密ニ被仰出富國强兵ノ基相立　御仁政無殘處樣　御所置有之度伏テ奉願候

前文ノ義不容易譯合等申上恐入奉存候得共當時格別奉蒙御恩澤ノ間日夜心痛難忘不顧恐内々以添書各樣迄奉言上候以上

五月廿八日　松平薩摩守

○

琉球國ヘ滯留之暎人差戻方之儀　御國體ニ不拘樣厚奉蒙御内命候ニ付昨年歸國之上猶又種々及計策清國ヘ歎訴旁深致指麾置候

儀御座候付來春御暇被下候者直致歸國右手當向幷海岸防禦之儀手厚取計可申心得ニ候得共私事六拾餘歲罷成其上持病之痔疾差起候節は致難儀候間嫡子修理大夫儀年齡罷成候付厚申含家督相讓隱居奉願含御座候此段御內慮相伺候以上

月　日　　　　　　　　　　　　　　　　松平大隅守

○

琉球ゟ殘居候唊國人差戾方儀付別紙之通從公儀被仰渡被遊　御承知候付歸國之上中山王ゟ相達攝政三司官へも申聞被仰渡候通役々申談此上猶心弛無之差戾方之儀精々勘辨を加へ一日も早く引拂候樣抽丹誠可被取計候此段可相達旨　御沙汰被爲　在候左候而宰相樣御事追々　御老年ニも被爲成其上御持病之御痔疾被爲差起候節は被遊　御難儀候付御隱居被遊度　思召ニ候間　御隱居被遊候而も異國人一條之儀は是迄之通被遊御指揮被下候樣奉願候處其通之　思召ニ候間此段も歸國之上

內々中山王ヘ相達攝政三司官ヘも可被申聞置候事
右之通申渡ニ相成申候其節平事小子ヘ申聞候には滯留異人之儀は何も
只今通りより外格別譯も無之其外定例之事故格別ニ御困り之義は有間
敷存候と申聞候間如何樣とも思召次第之事と申置候別段南部ヘは不申
遣候間左樣思召可被下候先は早々以上
御覽後南部ヘ御廻し可被下候以上

○

先達而琉球國ヘ渡來致し滯留罷在候異國人共之內佛朗西人之儀者彼是
配慮を相加へ被取計當時引拂一廉は　御安慮之儀ニ候得共未タ相殘候
暎國人差戻方之儀ニ付而は去酉年厚き　御沙汰之趣相達置候次第も有
之候處今般琉球之使者玉川王子參府ニ付委細之事情等彼國より申越候
由は先達而屆被申聞候右ニ付而は此上心地〔弛カ〕無之差戻方之儀精々勘辨を
相加へ一日も早く引拂　御安心被遊候樣取計可被申候是等之趣玉川王

子ニも得と申含遣歸國之上役々ニ委敷申談取計方行屆候樣可被致候事

○

昨夜別紙之通申參候而仲ゟ同苗ニ見せ度別紙書付有之候間夫を以而又々色々と申候而兎角治定ニ不相成仲も大困り之樣子ニ御座候只隱居被相願不苦と申計りニ候へは宜敷處別紙之書付ニ琉球之差圖玉川王子ニ申付候樣御座候を色々辨を付ケ此度は琉球人ニ隱居之義申聞候處以の外之事故先隱居無之樣之願出之趣之書面等取立可申旨申聞候よし誠ニ不決著之事ニ而申上候も恐入候得共右之次第ニ而汗顏之至ニ奉存候夫はともかくも余り度々色々工ミ事仕候而は不宜表立何とか出候時只今迄無事ニ都合よき處水の泡と相成候殘念ニ存候何卒よき御工夫も御座候や伺たく仲も色々御むつかしく御沙汰有之困り候趣申居候尤内慮書下り候儀は小子ニも先不申聞樣ニとの事ニ御座候よし右之義今朝承り申候事ニ御座候

只今承り候ニは嘉藤次今夜荒井ゟ參候而琉人之願之義申見候而明朝辰ゟ右之書取差出候樣との事仲等ゟ申付候由之處仲嘉両人共大困りニ而申談候而今夜荒井ゟ參候而申候ニは王子ゟ加樣ニ申出候へ共只今ゟ左樣之義は不相成と押て其段申置歸り之上は荒井申候は寂早只今左樣之義被差出候而は不宜折角御拜領ものも有之御十分ニ候處右樣之事ニ而萬々一以之外之御都合ニ可相成も難計候間此義は御止メ被成候決心之事故早々御治定ニ相成候樣ニと差留メ候處ニ而申候筈ニ申談し候よし左候ハヽ、明日辰ゟ之書面は止メニ可相成と奉存候乍然又々色々申候而此後萬々一辰ゟ無據書面出候樣之事御座候ハヽ、何卒御持出シニ不相成直ニ御差止メニ而御返しニ相成候樣仕度加藤之事申上候も誠ニ汗顏至極同苗之不決著申上候事故恐入候得共御落手ニ相成候而御用部屋ゟ出候得は別而同苗爲ニも不相成實ニ面目次第も無之事ニ候條宜敷御含被下候而萬々一書面如何樣ニ書取差出ニ相成候とも何卒手元限ニ而下り

候樣ニ致たく家來とも同樣ニ存候よし申居候間極御内々申上候間宜御傳へ可被下候先は用事早々申上候以上

十二月八日

御使番勤

江田平藏

○

六月四日方浦賀へ渡來ノ異國船警固トシテ川越侯御出張ニテ候處異國船ヨリ水汲トシテ蠻人上陸致シ戻リニハ警固ノ船ニ乘リ候付警固人ト騷々敷罷成本船ヨリ既ニ大筒ニテモ擊掛ル勢ヒニ相成候ニ付大和守樣ヨリ小田原へ加勢ヲ乞ヒ候間大久保樣御繰出ニ相成候由夫故御國飛脚鮫島恐三抔モ小田原へ相滯候由然ルニ騷動ニハ不及相鎭リ候由尤爭論仕出候者ハ公義ヨリ御處置相成候由（新納五左衛門記）

○

一

右者　哲丸樣御事今般
御前樣御養　御嫡子ノ御願被爲濟候付御用向致取扱候樣被　仰付候條
先例ノ向ヲ以取シラヘ得差圖候儀共無延引申出候樣可申渡候
四月　新納駿河
右安政五年午四月廿四日於御側御用人友野市助殿御取次ヲ以被仰
付候事

書翰集卷之二十

山路　いろにあかて紅葉の木陰分いれは
紅葉　秋も奥める山路也けり　久　光

○

夷賊御征服
皇威御振興生民塗炭之苦ヲ被爲　救度と之從來之
叡慮ニ被爲　在殊ニ今般以
宸翰被
仰出候上者於　幕府御遵奉被爲在候御（マヽ）儀勿論之御事（儀）ニ而自ラ攘夷之策
略寛急之次第
御建議可被爲　在笘（御坐）候得共今攝海之御手當向ニ相（觀）察（仕）候處海岸ニ彼之砲艦

ニ可對應砲臺乏ク陸上ニ野戰ヲ可營之備無之我何ヲ以勝算可有之哉實
以無人之地同然ニ而迚モ
禁闕之保護京畿之警衛無覺束（御）不安心之儀と奉存候各國之兵備は各國主
之量見モ可有之候得共何分攝海之要港ニ者
皇國之全力ヲ以彼カ砲艦ニ可對應海陸之備ヲ嚴ニシ內外之見据屹度相
附速ニ
叡慮相（被爲）（ニ）立候樣有之度（義と）奉存候既ニ近年諸國ニ而無謀之攘夷相唱候面々モ
嘉永癸丑異船入港以來頻ニ內備之議論モ有之十年之星霜ヲ經候而モ其
驗不相見候ニ付匹夫之分ニシテ始終之遠略ニ不涉一己之管見ヲ以扼腕
切齒いたし候志ニ於てハ一圖ニ不可惡譯ニモ相當り可申哉乍併
御國體之立不立攘夷之成不成克々其利害得失ヲ熟考仕候得者誠以不可
謂
皇國之御大事たるハ事理判然たる譯ニ御坐候堂々たる

朝廷　幕府天下之大議ヲ決せられ候ニ一時之物議ニ拘泥シ不成之攘夷
ヲ（被爲）行ひ候は不思寄御儀ニ而被重
社稷候御趣意ニ被爲　在間敷且ハ後世ニ對シ臣子之分難相立候間是非
攘夷之攘夷たるを行ひ盟天地奉安
宸襟度儀御坐（奉存と）候扠攘夷（眞實）之攘夷たるを行ひ奉安
宸襟候ニは先以彼ヲ制壓スル之武備充實いたし候儀急務ニ可有御坐候
間　御手始神速ニ京攝之御備向盛大嚴重ニ被設度奉存候實以不容易譯（御事と）
は勿論ニ御坐候得共於　幕府勤王之御至誠被爲貫斷然たる御處置ヲ以
天下之耳目ヲ一（御）新いたし假令暴論之輩と雖感泣せしむる（仕候）之　御實跡不
相顯候而は天下人心之居合は勿論
皇國挽回之道相立候義夢々六ケ敷然時は乍恐
朝廷之
朝廷たる　御體裁可被爲立義は勿論ニ而第一は　幕府之　幕府たる御

職掌被爲　盡候厚薄ニ依り治乱興廢之機相分れ可申候間大根本たる武備充實之大業速ニ御取起無之候而は不相濟譯克々　御鑒察被爲　在度奉存候去夏弊邑ニ而英夷ト一戰之砌艦之備手薄候故ヲ以僅ニ擊退之場ニ至り候迄一艦ヲ打沈得サルハ實ニ千載之遺憾武門之瑕瑾と奉恐入候併彼カ伎倆ヲ克々致實察候處我ニ十分之武備さへ相立候得は神州之氣節ニ而は數十年ヲ經すして　御國ニ武威海外ニ輝キ宇宙ニ冠たる强國ト相成夷賊御征服無疑御儀ニ而攘夷之大策不可過之奉存候右之趣於　幕府深御評議之上疾ニ御偉略御一定之筋も可被爲　在候得共

御上洛後殆三十日ニ及候處急務之緊要たる攝海之武備　御手相付候廉無之候故下一同之人氣大ニ疑惑ヲ生シ候哉ニ被相察候此上人望被爲失候樣ニ而は實以不容易御一大事之儀と恐入奉存候間前件速ニ御

處置〔被爲在〕相發度奉至願候不肖之私恐懼之至奉存候得共
朝廷　幕府之御安危ニ關り候機と奉存候間不顧多罪愚慮建言仕候敬
白

十二月　島津大隅守

右は元治元年甲子春京都御滯在中幕府へ御建言の御草案なるを竊に
正風へ
御示ニ相成意見もあらは遠慮なく附箋せよとの御事なりしに程なく彼建言ハ故ありて大ニ文體を改め且至急を要するとありて既ニさし出したれは最早附箋に及ハす原書をかへし置くへしとの御沙汰なりしに間もなく御歸國に相成其儘持傳ふるものなり

○

尊翰被成下難有拜讀仕候如　尊命不揃之時候御坐候處彌御安全被成御

坐奉恐悅候陳は昨夕
皇京より御便有之議奏　御両卿より御書翰被成下難有拜見仕候一橋越
前出職之御請有之候ニ付
御安心　御滿足被　思食候趣細々被　仰下誠以恐入難有仕合奉存候自
から御請御禮書可奉差上候得共猶又
尊卿よりも宜敷被　仰上被下度奉伏願候且其御方ゟ私官位之一條被
仰越候由被仰聞只々當惑至極何共可申上樣も無御坐感涙銘肝之次第筆
頭ニ難盡御賢察奉願候然共此義は實以不容易譯柄ニ而迚も御請難申上
子細は今般私周旋之一條は臣下之當然功勞
御賞譽抔と申御事至極恐入奉存候
思召之御程は別而難有奉拜承候乍併此儀は却而
朝廷之御爲不可然次ニは　關白殿下且　尊卿ニ至る迄大ニ御不都合御
到來も難計實ニ恐入奉存候乍此上是非微功

御賞譽之御事ニ御坐候ハヽ何卒修理大夫へ正四位下中將昇進被仰出候處偏ニ奉仰願候於私は幾重ニも御斷申上候所存ニ御坐候間是等之趣深御汲取被下　尊卿迄ニ而先御扣置被下候樣奉願候尙委曲使之者より御聞取被下度奉存候先は御請迄早々奉捧愚札候恐惶謹言

八月六日

再白進藤著之上は被　仰談今一往　京師へ御伺被　仰上候樣奉願候毎度乱毫を以申上候義御海容奉願候以上

島津三郎

左衛門督樣　御請

右は文久二年壬戌夏江戸御滯在中　敕使大原重德卿へ遣ハされし御返翰にて御賞與云々の事件ニ付同卿より正風へ御內談の事有之候節篤と一覽せよとて渡されしを其儘ひめおくものなり

○

奉哭　前左大臣島津久光公

公是邦家柱石才　豈圖長作九泉灰
年來良友倶艱苦　追感前時涙玉摧
　明治二十年十二月七日
六日薨去七日訃音接到　正二位勳二等松平慶永再拜頓首

十二月
久光公の薨去をきゝてかなしさのあまりよめる
　　　　　　　　　　　　　　　　　　　　　慶　永
千とせもとおもひしかひもなき數に
　入りにし君そかなしかりける
今更に見るそかなしきわかゝたに
　送りし文を君か形見と

解　題

小西四郎

一

本書は、大正十二年三月に『書翰集第一』として刊行されたが、緒言にもあるように続刊される予定であったようである。だが『書翰集』は一冊だけで終ってしまった。この第一冊が、どのような経過で作成されたかは、全く知ることができないが、多くの諸家の書翰からこの冊を編輯したものではなさそうである。というのは、本書に収められた史料は、ほとんどが島津家乃至鹿児島藩に関係するものであるからである。しかも島津関係の大部分が、藩主島津斉彬に関するものである。

この点から考えると、本書の史料は第一には島津家所蔵本であったのではないかと思える。だが島津家から東京大学史料編纂所に移された旧島津家本を調査しても、それらしいものは発見できない。したがって旧島津家本を底本として編纂したと断言できない。或は島津家縁故の家の史料を底本としたのかも知れないが、それもただ単なる推測である。何を底本としたかがはっきりしない本書は、誠に不親切なものと言わなければならないが、今となっては如何ともしがたい。

また本書は、巻之一から巻之二十までに分けられているが、これがどのような理由から生じたかもはっきりしない。二十の巻物から成っていたからこのように分けられたのかとも考えられるが、各巻長短さまざまであり、あまりにも不均衡であることから、どうもはっきりした理由をつかむことができない。

こうして見てくると、ここに収められた史料そのものが、果してどこまで信用できるものであるのかどうかさえ疑わしくなるが、しかし当時の編纂者の見識を考えて、信用する以外なかろう。事実また諸史料を見て行けば、その点の心配はほとんどないと考える。

それにしても年代的にも統一して編輯されておらず、内容的にも同じ性格のものが巻をちがえて入っているというような場合が少くない。さらに書翰集といわれながら、すべてが書翰から成り立っているのではなく、まま覚書とか日記の断片とか、さまざまのものが含まれている。誠に困った史料集といえるが、当時の編纂者としては、より詳しい緒言での説明ができなかった事情があったのであろう。

二

巻を追って、収録されている注目すべき史料を紹介してみよう。巻之一は、安政二年に薩摩藩主島津斉彬が不眠症にかかり、それを侍医田宮安実が治療した話が冒頭にあり、さらに安政四年関係の史料が二点収録されている。巻二には、斉彬から多喜楽春院宛の書翰が収められている。何れも嘉永六年から安政元年頃にかけてのものであり、また斉彬作の和歌十首も収められている。

巻之三には斉彬と徳川斉昭及び松平慶永との往復書翰が収められているが、ほとんど安政年間初頭のもので、琉球関係や日米接衝に関する貴重な史料が収められている。巻之四には斉彬の書翰や、近衛忠煕が安政二年に島津斉興・同斉彬に送った書翰や、文久三年八月十八日の政変関係の史料が収められていて、統一性がない。巻之五には安政五年四月に斉彬が江戸在勤の藩士早川五郎兵衛に宛てた長文の賜書があり、史料として貴重であり、さらに同年医師坪井芳洲の斉彬についての「御容体并御薬方」や、宇和島藩主伊達宗城関係史料なども収められている。巻之六は、時期が下って慶応三年・明治元年ごろの徳川慶喜・勝安房関係の書翰であるが、勝の書翰は「軍門参謀閣下」とあるので西郷隆盛宛と考えられ、慶喜のものも薩摩藩と関連のあるものである。

巻之七は、巻之三とほぼ同様な内容で、徳川斉昭と斉彬の往復書翰や、斉彬から家老宛の書翰がほとんどであり、史料的価値は高い。巻之八は、将軍継嗣問題や桜田事変に関する史料である。巻之九は、巻之七と関連するもので、徳川斉昭と斉彬との往復書翰が主であり、本来ならば巻之三・巻之七・巻之九が一ケ所にまとめられてしかるべきものである。

巻之十は、また時期が下って、慶応元年の兵庫開港問題に関する書翰がほとんどであり、巻之十一は、主として安政年間の薩摩藩士間の往復書翰であり、史料的に見て価値の高いものである。巻之十二は、西郷隆盛の同藩士木場伝内宛の書翰と、江戸開城関係史料が収められているが、これは巻之六と関連するものである。

巻之十三は、斉彬と松平慶永・伊達宗城・勝海舟との間の往復書翰が主であり、巻之十四は伊達宗城・徳川斉昭と、さらには巻之十五・巻之十六も徳川斉昭と斉彬との間の往復書翰がほとんどであって、これらの巻は史料的価値が高い。

巻之十七になると、時代が下り島津久光と伊達宗城その他の諸侯との往復書翰が収められている。巻之十八は、また趣が変って斉彬関係の史料であり、巻之十九も亦同様斉彬と伊達宗城らとの往復書翰などが収められている。巻之二十は、巻之十七と関連するもので島津久光関係の史料である。

このように見てくると、本書翰集は、一つのまとまった底本から成立したものでなく、数種の薩摩藩関係史料を併せたとも考えられるが、それもはっきりしない。全体として約三分之二は、島津斉彬関係史料というべく、残りが島津久光・薩摩藩士関係や、その他といえる。
このような性格の史料集であるだけに、この利用には慎重を要する。できれば原典と照合できるものは照合しなければならない。なおこの史料集の底本についての追跡をつづけるつもりであるが、大方の御教示を得れば幸いである。

島津家書翰集

日本史籍協會叢書 127

大正十二年三月二十五日發行
昭和四十七年七月十日覆刻

編者 日本史籍協會
代表者 森谷秀亮
東京都三鷹市大澤二丁目十五番十六號

發行者 財團法人 東京大學出版會
代表者 福武 直
一一三 東京都文京區本郷七丁目三番一號
振替東京五九九六四電話(八一一)八八一四

印刷・株式會社 平文社
本文用紙・北越製紙株式會社
クロス・日本クロス工業株式會社
製函・株式會社 光陽紙器製作所
製本・有限會社 新榮社

日本史籍協会叢書 127
島津家書翰集（オンデマンド版）

2015年1月15日　発行

編　者　　日本史籍協会
発行所　　一般財団法人　東京大学出版会
代表者　渡辺　浩
〒153-0041　東京都目黒区駒場4-5-29
TEL　03-6407-1069　FAX　03-6407-1991
URL　http://www.utp.or.jp

印刷・製本　　株式会社 デジタルパブリッシングサービス
TEL　03-5225-6061
URL　http://www.d-pub.co.jp/

AJ026

ISBN978-4-13-009427-6　　Printed in Japan